DIREITOS HUMANOS NA TEORIA E NA PRÁTICA

067

LEILA MARIA BITTENCOURT DA SILVA

DIREITOS HUMANOS NA TEORIA E NA PRÁTICA

GZ
EDITORA

RIO DE JANEIRO
2009

1ª edição – 2009

CIP – Brasil. Catalogação-na-fonte.
Sindicato Nacional dos Editores de Livros, RJ.

S581d

Silva, Leila Maria Bittencourt da
Direitos humanos na teoria e na prática / Leila Maria Bittencourt da Silva. – Rio de Janeiro: GZ Ed., 2009.
256p.

Inclui bibliografia
ISBN 978-85-62027-03-1

1. Direitos humanos. I. Título.

08-4896.
CDU: 342.7

GZ EDITORA
SELO JURÍDICO NACIONAL

e-mail: lmj@lmj.com.br
Av. Erasmo Braga, 227-B – Centro – 20020-000 – Rio de Janeiro – RJ
Tel.: (0XX21) 2240-1416 – Fax: (0XX21) 2215-2913

Impresso no Brasil
Printed in Brazil

Àqueles que marcaram a minha existência:

in memoriam *de Arnaldo de Vasconcellos Bittencourt, meu avô materno, preso e torturado durante o Estado Novo, minha inspiração.*

Fernando Whitaker*, estímulo constante, minha gratidão.*

"Atrás dos atentados dos direitos humanos existe sempre uma rede de suborno e prevaricação que, para prosperar, vincula-se a outra, além dos limites geopolíticos".

Alberto Dines
JB, p. 9, 11.10.2003.

A tortura de presos políticos opositores às ditaduras deixam registro no corpo físico e na memória dos torturados e de seus familiares. Dor maior experimentam os torturadores marcados para sempre no espírito e na paz eterna com o estigma indelével da barbárie física e moral praticada, que a História não permite esquecer.

Leila Bittencourt

ÍNDICE SISTEMÁTICO

Parte II

PRÁTICA – VIOLAÇÕES DE DIREITOS NO TEMPO E NO ESPAÇO

ABREVIATURAS

ACNUR	Alto Comissariado das Nações Unidas para Refugiados
CIDH	Corte Interamericana de Direitos Humanos
CICV	Comitê Internacional da Cruz Vermelha
IAB	Instituto dos Advogados Brasileiros
IBGE	Instituto Brasileiro de Geografia e Estatística
OAB	Ordem dos Advogados do Brasil
OEA	Organização dos Estados Americanos
OIT	Organização Internacional do Trabalho
OMS	Organização Mundial de Saúde
ONU	Organização das Nações Unidas
STF	Supremo Tribunal Federal
STJ	Superior Tribunal de Justiça
TIJ	Tribunal Internacional de Justiça
TPI	Tribunal Penal Internacional
TPII	Tribunal Penal Internacional para a ex-Iugoslávia
UE	União Européia
UNESCO	Organização das Nações Unidas para a Educação, a Ciência e a Cultura

ABREVIATURAS

PREFÁCIO

Conhecer os Direitos Humanos é um exercício de humanismo.

O livro da Professora Leila Bittencourt, *Direitos Humanos na Teoria e na Prática*, expressa esse sentimento do humano ao examinar o tema.

A autora inicia a obra indicando e analisando fontes históricas, conceito e relações jurídicas, sujeito e objeto dos Direitos Humanos.

Ela reivindica a autonomia da disciplina Direitos Humanos e se posiciona ao lado da doutrina e dos que militam em prol da sua adoção nos currículos das Faculdades de Direito no Brasil.

O trabalho desenvolve valiosa sistematização dos campos de aplicação dos Direitos Humanos de forma didática, tornando compreensível a disciplina, que se estrutura organizando os fragmentos das normas de proteção aos que estão em situação de vulnerabilidade.

Mas não se omite no relato da tragédia das violações, ao apresentar a teoria e prática dos Direitos Humanos. Ao contrário, enfrenta com coragem as páginas mais sombrias da História recente do país.

É assim que, após encadear os temas relativos ao objeto do estudo, ingressa na revelação e memória dos abusos e violações ocorridos nas últimas décadas. Enfrenta o silêncio histórico acerca da tortura, desaparecimentos e assassinatos no Brasil, na América Latina e no mundo, do século XX ao XXI, e demanda a aplicação dos Direitos Humanos em nosso país.

Também analisa as iniciativas de atuação da OEA e organismos internacionais para coibir, sancionar e buscar reparação adequada.

O livro faz ecoar em cada capítulo o grito dos discriminados, torturados, vítimas, familiares, advogados e militantes que defendem os direitos humanos fundamentais.

É uma obra do nosso tempo. Não para redimir, mas para inspirar a luta diária pelo respeito aos Direitos Humanos.

Glória Márcia Percinoto
Membro do Ministério Público Aposentada
Professora dos Cursos de Pós-Graduação e Graduação da UERJ
Diretora do Instituto dos Advogados Brasileiros

INTRODUÇÃO

Este trabalho procura sistematizar o tema dos *direitos humanos* para facilitar o estudo e a pesquisa de interessados na defesa das vítimas de violações, despertar as consciências para a luta contra abusos de direitos no panorama triste e desalinhado, que é o descaso na proteção estatal, cuja transformação é caminho para uma sociedade mais justa, participativa e inclusiva, respeitadas as diversidades. *Direitos humanos* precisam ser tratados com seriedade nas polícias e nos quartéis.

O objetivo principal é estimular a inclusão dos *direitos humanos* como elemento curricular obrigatório nos Cursos de Direito, Escolas Militares e de Polícia, inclusive nos concursos públicos das mencionadas carreiras. Também devem ser obrigatórios nos cursos de Ciências Sociais e Relações Internacionais; elemento curricular eletivo em outros cursos universitários e ainda a criação de cursos de especialização, extensão universitária e mestrado em Direito; criação de especialização e extensão universitária em *direitos humanos*, com enfoque multidisciplinar e em cursos de Psicologia, Medicina, Enfermagem, Psicanálise, Sociologia, Antropologia e todos os cursos de Ciências Sociais.

Este trabalho tenta chamar a atenção para a necessidade de harmonia e sistematização ao estudo do tema, a fim de que os cursos jurídicos possam ter uniformidade em suas grades curriculares nesta matéria.

A inclusão dos *direitos humanos* nos Cursos de Direito capacita profissionais ao exercício da advocacia, funções do Ministério Público, magistratura e defensoria pública, os quais se deparam com inúmeros conflitos desta natureza.

Integrar o tema nas escolas de polícia, de modo adequado, decorrerá em nova perspectiva para condutas no exercício do dever legal. O conhecimento dos *direitos humanos* por profissionais de todas as áreas resultará em melhor atendimento nos *serviços públicos* e contribuirá na formação de uma consciência crítica das relações entre o gênero humano e as concepções éticas e jurídicas pertinentes a estes profissionais.

Seria oportuno que o Estado Brasileiro ao invés de engrossar as fileiras daqueles que violam direitos, passasse a dar exemplo ao mundo de que a prática corrobora os discursos dos governantes. Discurso sem a prática, depois de certo tempo, é arma poderosa nas mãos dos conservadores, que não anseiam por mudanças sociais, que possibilitem a admissão da *universalização dos direitos do homem*, com a efetiva inclusão social sem exceções.

Esta pesquisa não visa esgotar o tema, não é um tratado de *direitos fundamentais*, inseridos na Constituição em vigor, nem estuda de forma detalhada os *processos de responsabilidade internacional por violação de direitos humanos*, mas oferece um panorama e fonte bibliográfica para novas pesquisas. Quando muito, busca demonstrar, ainda que de modo indireto, o fosso que separa, muitas vezes, a *teoria das práticas políticas e sociais*, a lei do direito e aponta para a necessidade de desconstruir o drama do descompasso entre a realidade social e o exercício efetivo dos *direitos humanos*.

Ao abordar as incidências de abusos sobre grupos e população o trabalho procura chamar a atenção para a distância entre Estado e Sociedade, a leniência e distanciamento dos operadores do direito com relação ao cotidiano e realidade da maioria da população.

O presente trabalho trata da ampliação e abrangência no processo evolutivo dos *direitos humanos*, com seus aspectos teóricos, aborda a relação entre *normas de direito interno* e os *sistemas de proteção internacional* e na segunda parte ressalta os problemas relativos aos grupos sobre os quais a carga de incidência de abusos e violações de direitos é mais pesada.

Leila Maria Bittencourt da Silva

Parte I

TEORIA

Capítulo I

ESTUDO DOS DIREITOS HUMANOS

1. O ESTUDO DOS DIREITOS HUMANOS

Inicialmente na França, com a reforma do ensino, a matéria *liberté publique* foi inserida na seção de direito público e ciência política. Em 1962 uma nova reforma incorpora *liberté publique* na cadeira de direito administrativo. Em 1968 o tema passa a integrar quase todos os programas de estudos jurídicos e políticos na França. *Liberdades públicas* no quadro geral de direito público torna-se matéria obrigatória, denominada *droit public general*, na qual a matéria *liberdades públicas* é uma parte e se classifica em: liberdades fundamentais ou liberdades da pessoa; liberdade de pensamento ou liberdades intelectuais; e liberdades econômicas. Tradicionalmente *Theorie génerale des liberté publique* foi ensinada em um só semestre.

Os Seminários e Congressos de Direito Internacional passam a sugerir o ensino e difusão dos *direitos humanos*. Em 1978, o Congresso Internacional sobre Ensino dos Direitos humanos, em Viena, proclama a necessidade de promoção do ensino de *direitos humanos* em todos os níveis de educação e a UNESCO, sob os auspícios e iniciativa do Instituto Internacional de *Direitos humanos* (Fundação René Cassin), publicou o livro *Les Dimensions Internationales des Droit de L'homme*, para servir de manual nas Universidades.[1]

---

1 ROBERT, Jaques, *Liberté Publique*, Paris, Editions Montchrestein, 1971; BURDEAU,

Em 1979 o Instituto Interamericano de Direitos Humanos propõe, no 2º Seminário sobre o Ensino do Direito Internacional, em Bogotá, a criação da cátedra de *direitos humanos*. Mas, em 1971, o VIII Congresso do Instituto Hispano-Luso-Americano de Direito Internacional fora mais relevante ao declarar de modo objetivo:

1. A necessidade de intensificar o estudo de *direitos humanos* com o intuito de promover seu respeito e observância;

2. Em face do conteúdo intrínseco e para facilitar o estudo, recomenda a elaboração, como matéria jurídica autônoma, de uma disciplina geral dos *direitos humanos*;

3. Como parte desta nova disciplina geral dos *direitos humanos* deve-se estudar o denominado *Direito Internacional Humanitário*, que é um direito internacional específico em tempo de conflito armado, assim como sua adequação a situação de emergência;

4. A nova disciplina deve considerar sob dupla dimensão jurídica de homem, a ordem interna e a ordem internacional, levando em conta suas vinculações especiais ao direito constitucional por um lado e ao direito internacional do outro.

5. Sugere como nova disciplina a denominação *teoria geral dos direitos humanos*.

O Estudo no Brasil

Muitos outros trabalhos em congressos e seminários, entre as instituições e o mundo acadêmico, demonstram, já faz muito tempo, a necessidade e ensejo por uma autonomia da disciplina. Somente não se chegou a definir propriamente o título em face das questões que envolvem as ordens interna e internacional.

A Universidade Federal de Juiz de Fora instituiu a cadeira denominada Direitos Humanos Fundamentais em 1975.

A PUC de São Paulo foi um dos primeiros cursos de Direito, no Brasil, a incluir, em 1994, *direitos humanos* como elemento curricular obrigatório no seu curso de graduação.

Vários cursos pelo país contemplam o tema: em 1993 a UnB, na Graduação de Relações Internacionais, aberta aos alunos de Direito; na Graduação em Direito da Universidade da Paraíba em 1996: na Universidade Católica de Brasília, optativa no Curso de Graduação de Direito em 2002 e no Curso de Pós-Graduação e Mestrado desde 2000; Universidade Católica de Santos, no Curso

---

George, *Le Liberté Publique*, Librairie Génerale de Droit et de Jurisprudence, 1972,4ª ed.; COLLIARD, Claude-Albert, *Liberté Publique*, Delloz, 5ª ed., 1995.

de Mestrado desde 2000; na Universidade do Estado do Rio de Janeiro inclui o tema na Graduação e na Pós-Graduação; desde 2002 a Universidade Cândido Mendes, no Curso Gestor dos Direitos humanos: Teoria e Prática.[2]

A tendência, inclusive de festejados professores de direito internacional e de juristas, tem sido a do estudo dos *direitos humanos* muito mais sob a ótica do direito internacional, relegando as questões do direito interno em plano secundário. Isto é compreensível em face do processo de internacionalização destes direitos e de sua universalidade. Alguns cursos dispõem dos *direitos humanos* sob os aspectos seguintes: histórico, sistema global e sistema regional e proteção nacional em face dos sistemas internacionais.

Opinamos por incluir nos Cursos de Direito a prática e as incidências de violação de direitos e o sistema brasileiro de proteção, sem deixar de dar a relevância necessária ao âmbito internacional, por diversas razões. Primeiro porque vigora a exigência do esgotamento das vias internas de verificação de responsabilidade por violação de *direitos humanos*, apesar de sua incontestável universalidade, além do fato de ser do Estado em que ocorreu a violação a competência para executar e cumprir a decisão internacional.

Em segundo lugar, do ponto de vista estratégico, a ênfase do direito nacional do sistema interno de proteção compele pesquisadores e operadores do direito ao aperfeiçoamento do sistema interno de proteção e sua crítica construtiva pressiona autoridades dos Poderes Legislativo, Executivo e Judiciário a corrigirem ou transformarem procedimentos, interpretações e elaborações jurídicas. Nas lições de Whitaker da Cunha[3] o Estado pode ser transformado pela ação política ou pela elaboração jurídica.

A transformação do Estado pela crítica do direito e revisão de paradigmas e dogmas jurídicos pode dar ao direito uma função prospectiva e transformadora do homem e da sociedade em lugar do direito ratificador de uma sociedade injusta e não inclusiva. Os *direitos humanos* evoluem com tal rapidez que há necessidade constante de reformulação de teorias e conceitos tradicionais e paradigmas para acompanhar as mudanças que a sociedade impõe, com seus reflexos no pensamento jurídico e na criação e dinâmica de novos *direitos humanos* na era da transformação da família, da medicina e da genética.

---

2 PIOVESAN, Flávia, *Direitos Humanos e o Ensino Superior*, Arquivos de Direitos Humanos, nº 5, Rio de Janeiro, Renovar, 2003, pp. 39-55.

3 WHITAKER DA CUNHA, L.Fernando, *Teoria Geral do Estado*, Rio de Janeiro, Forense, 2ª edição.

Em terceiro lugar, cada Estado, conforme as condições sócio-econômicas e culturais poderá conduzir a sua evolução para maior ou menor incidência de violação de determinados direitos.

Portanto, há que se oferecer ao estudo um equilíbrio entre os âmbitos internacional e nacional, se pretendemos aprimorar os *direitos humanos*, porque o sistema internacional de proteção carece de sistemas nacionais eficazes e adequados, até como uma das estratégias de prevenção de violação destes direitos.

Cançado Trindade preconiza, em seu *Tratado de Direito Internacional dos Direitos Humanos*, a consolidação de um *Direito Internacional dos Direitos Humanos*, dotado de autonomia e especificidade própria, no qual buscou reduzir a multiplicidade ou diversidade a um todo harmônico, oferecendo unidade coerente.

Nas lições de Mazzuolli é novo ramo do direito que nasceu no fim da Segunda Guerra Mundial para proteger o cidadão, denominado *Direito Internacional dos Direitos Humanos*. Na mesma linha, Sidney Guerra acompanha Garcia-Meckled, ao considerar ramo novo da ciência jurídica, porque tem especificidade própria, essencialmente direito de proteção e dotado de uma lógica própria. Estes direitos têm por base não apenas a liberdade e a igualdade, mas a solidariedade, que consiste mais que não causar prejuízo a outrem, fazer que o outro possa também desenvolver-se integralmente, os quais estão vinculados à própria finalidade social, que é o *bem comum*. Portanto, trata-se de dever de abstenção e direito de prestação positiva.[4]

Piovesan aborda o tema de *direitos humanos* sob a ótica do que ela denomina Direito Constitucional Internacional que seria interdisciplinar e que não é somente Direito Constitucional e nem é *Direito Internacional dos Direitos Humanos*, mas resulta de ambos. Albuquerque Mello admitiu a expressão Direito Constitucional Internacional “na falta de uma que nos pareça mais aconselhável”, ao assimilar as lições de Mirkine-Guetzévich, que trata das “regras constitucionais e regas de direito interno que têm um alcance internacional”.[5]

---

4 *Curso de Direito Internacional*, Editora Revista dos Tribunais, 2006, São Paulo, p. 479; GUERRA, Sidney, *Direito Humanos na Ordem Jurídica internacional e Reflexões na Ordem Constitucional Brasileira*, Rio de Janeiro, Lumen Juris, 2008, p. 61, faz referência expressa ao trabalho de GARACIA-MECKLED, Saladin, *The Human Rigths Idealande International Human Rihgts Law. The Legalization of Human Rights*, London, MPC, 2006, p. 14.

5 PIOVESAN, Flávia, *Direitos Humanos e Direito Constitucional Internacional*, Ed. Saraiva, São Paulo, 2007; ALBUQUERQUE MELLO, Celso D., *Direito Constitucional Internacional*, Rio de Janeiro, Renovar, 2ª ed., 2000, pp. 5-6; MIRKINE-GUETZÉVICH, Boris,

Preferimos usar apenas a denominação *Direitos Humanos*, como elemento da grade curricular, que estuda os direitos e as garantias do homem, independente de fronteiras geográficas. É o conjunto de normas e princípios que regem a dignidade do gênero humano e o livre desenvolvimento de sua personalidade, no âmbito interno e externo ao Estado em que integra o indivíduo, o grupo ou a população. É conjunto de princípios e normas que disciplinam a dignidade e o desenvolvimento integral dos seres humanos e estabelece as formas de proteção.

A dificuldade em aceitar a sua autonomia está nos seus laços estreitos com o Direito Constitucional, Direito Internacional, Teoria Geral do Estado e a Filosofia do Direito.

O elemento curricular *Direitos Humanos* não exclui o estudo do *Direito Internacional dos Direitos Humanos*, conforme a autonomia do Direito Constitucional não exclui o estudo do Direito Constitucional Processual nem que se estude em Direito Processual os direitos constitucionais processuais. Entretanto o Direito Constitucional e o Direito Processual possuem autonomia, objeto e delimitação distintos. Do mesmo modo a disciplina *Direitos Humanos* pode ter uma *parte geral*, que abrange normas comuns a todos os Estados, como por exemplo, definição, titulares, regras de interpretação, evolução, classificação, fundamento, sistemas de proteção e investigação, características, relação das normas internacionais com as internas; e *normas especiais*, referentes a um determinado Estado, neste caso especialmente as *normas constitucionais*. Isto porque cada Estado contém estrutura própria, na qual está inserido um sistema constitucional que determina modos e meios para solução e prevenção de conflitos, mas terá que construir mecanismos de controle e sistema nacional de proteção que ofereça o que deve ser um mínimo comum à pessoa humana qualquer que seja a *ordem jurídica interna estatal*. Nota-se que a *ordem jurídica internacional* hoje está indissociável da *ordem jurídica interna*.

A internacionalização destes direitos não exclui que a solução de conflitos por ato ou omissão do Estado possa ser realizada pelo Estado onde ocorreu a

---

Direito Constitucional Internacional, em 1933, faz esta afirmação, mas posteriormente, ao proferir um curso em Haia apresenta conceito diferente e com o qual CELSO ALBUQUERQUE MELLO não concorda e que é: "sempre o direito interno, o direito constitucional nacional, cujas disposições têm uma eficácia internacional, uma significação internacional", *in* MIRKINE-GUETZÉVICH, Boris, *Les Tendances des Nouvelles Constitutions*, *in* Revue Génerale de Droit International Public, Julliet- Décembre, 1948, nº 34, p. 375, Editions A.Pedone, Paris. Ver ainda *Le Technique Parlementarie des Relations Internationales*, *in* Recueil des Cours de l'Académie de Droit Internationales de La Haye, 1936,vol. II, t. 56, pp. 273 e 275, Librarie du Recueil Sirey, Paris.

violação. Neste caso a exigência de cumprimento do direito e a punição serão sob a égide das normas internas que regulam em cada país as relações entre o indivíduo e o Estado, bem como as normas administrativas e de competência da prestação jurisdicional de cada ordenamento jurídico. Também não se pode olvidar que os direitos básicos do homem têm início no âmbito interno, expressos nas Constituições, a começar pela Magna Carta que é um dos diplomas legais que compõe a Constituição Inglesa, conforme demonstramos a seguir, embora a *universalização* tenha início a partir de uma declaração internacional, a de 1948.

Isto confirma que sobre os *direitos humanos* coexistem duas ordens: a *internacional* e a *interna*, tanto no reconhecimento de direitos quanto na solução de conflitos que também variam conforme a cultura de cada povo e suas peculiaridades étnicas, sociais, econômicas e políticas. Direito Internacional Público rege as relações entre Estados, entre estes e os organismos internacionais e entre os indivíduos e os Estados. Os *direitos humanos* regem as relações em que os direitos estão ligados à vida, à liberdade e à dignidade humana como um feixe de direitos do homem socialmente considerado, ainda que individual, um grupo social ou étnico.

Qualquer um dos *direitos humanos* é direito protetor do mais fraco, isto é, aqueles que por sua natureza física, psíquica, social ou econômica são colocados em condição de maior vulnerabilidade.

Por outro lado cumpre a cada Estado propiciar justa distribuição de recursos sociais como emprego, educação e outros para promoção do objetivo social final de igualdade, inclusive aos que estão em desvantagem, conforme os negros, os índios, as mulheres e os idosos, dentre outros. Daí a expressão *ação afirmativa*, usada pela primeira vez em 1961, por um oficial afro-americano no governo Kennedy que tentava atacar a discriminação sofrida pelos negros, como conceito que indica a distribuição de algum recurso social para exercício da igualdade.

Consideramos indispensável o estudo dos *direitos humanos* sob quatro aspectos:

1. evolução e precedentes históricos;
2. sistemas de proteção: global e regionais;
3. a prática dos *direitos humanos* e incidências de violação de direitos;
4. *direitos humanos* no Brasil: sistema de proteção e incidência de violação.

Por fim, cada Estado terá que construir mecanismos de controle e sistema nacional de proteção que ofereça o que deve ser um mínimo comum à pessoa humana qualquer que seja a *ordem jurídica interna estatal*.

A inclusão de *direitos humanos* em cursos do ensino superior é fruto de atos individuais de abnegados professores que propugnam, por conta própria e custos próprios, pela evolução e difusão do tema, na ausência de uma vontade institucional clara e firme.

Há muito que fazer no âmbito do ensino superior a fim de oferecer linhas de pesquisas, bibliografia básica, conteúdo básico, sistematizado e homogêneo para todos os *Cursos de Direitos Humanos*, na graduação ou na pós-graduação.

Encontramos resistências, compreensíveis até certo ponto, para a adoção, em corpo único de princípios e normas em face da complexidade do tema. Uma das razões é o entrelaçamento com diversas disciplinas. Para nós este argumento não procede, pois os *Ramos do Direito* são interligados e recebem contribuições de outras ciências, o que não impede a sua autonomia, como, por exemplo, o direito constitucional, o direito penal, o direito civil, o direito eleitoral e o direito ambiental, dentre outros.

2. RELAÇÕES COM OUTRAS DISCIPLINAS E CIÊNCIAS AFINS

São diversas as ciências que auxiliam os *direitos humanos*:

A Medicina aponta conceitos e noções sobre a integridade física e mental do homem, condições de saúde e salubridade, doenças decorrentes de maus-tratos, agressões sexuais, torturas e suas conseqüências físicas e psíquicas. A Biologia, que informa sobre modernas técnicas de reprodução humana, fecundação artificial, todos os problemas ligados aos embriões, à gestação com anormalidades físicas e psíquicas, problemas da genética e muitos novos temas que estão indissociáveis dos direitos básicos da pessoa humana, ou em face do desenvolvimento científico e da Informática, que na sua evolução poderá ser usada a favor ou contra direitos do homem. A Física no seu desenvolvimento pode estar a serviço ou contra a vida e a dignidade humana, como por exemplo, na indústria. A Química, que informa sobre poluição, armas químicas e meio ambiente. A Estatística, que fornece dados sobre as violações de direitos no mundo todo, conflitos com suas incidências e soluções, e discriminações, é ferramenta indispensável ao pesquisador de *direitos humanos* a fim de mantê-lo próximo à realidade e inibi-lo de permanecer no plano do devaneio filosófico-jurídico em que tudo é apenas um dever ser que não é. A História estuda o passado do homem para compreender o presente e evitar os erros do futuro e os *direitos humanos* são direitos históricos por natureza, origem e evolução. A Ciência Política, ao estudar o poder e as formas de manifestação do poder auxilia a compreensão das relações entre o homem e o Estado. Ainda a Psicologia, a Antropologia e a Sociologia, que estudam os grupos étnicos, as minorias e os comportamentos sociais e suas conseqüências são auxiliares no desenvolvimento e aprimoramento dos direitos do homem. A Economia, ao tratar do fato econômico, a influir na normatividade, e a norma jurídica, ao disciplinar o fato econômico, naquilo que Miguel Reale menciona como a interação dialética entre o econômico e o jurídico, e a Filosofia ao determinar as condições éticas do justo e de sua objetivação no plano histórico-cultural.[6]

Quanto aos *Ramos do Direito* que mantém relação estreita observamos os seguintes: o Direito Administrativo, ao tratar do serviço público adequado, inclusive o de segurança pública, da responsabilidade do Estado sobre danos causados ao indivíduo e das condutas dos agentes públicos; o Direito Constitucional, ao tratar dos direitos e garantias individuais e coletivas e dos direitos sociais, além das relações do Estado com os organismos internacionais e os tratados de *direitos humanos*; o Direito Penal, que disciplina os delitos praticados contra a pessoa, com as normas de proteção da vida e da liberdade e suas penalidades; o Direito do Trabalho, ao disciplinar as relações de trabalho, protege o homem da exploração e da escravidão; o Direito Processual, ao regular normas e princípios do *processo judicial*, isto é, que regulamenta a *prestação jurisdicional*, quando provocada pela vítima ou pelo Ministério Público; O Direito Internacional Público, ao estudar tratados e convenções internacionais, as declarações internacionais de direitos e sua observância nos sistemas globais e regionais de proteção internacional, e com *internacionalização dos direitos humanos* faz nascer a expressão *Direito Internacional dos Direitos Humanos*.

3. OBJETO E FINALIDADE

A dificuldade de seu estudo está no fato de que:

1. uma parte ultrapassa as fronteiras nacionais e a outra está no âmbito interno;

2. sua evolução não se fez igual em toda parte, isto é, em nações ricas e pobres, pois nestas os *direitos sociais* ainda integram a pauta das constantes reivindicações de grande parcela da população e onde a corrupção desagrega a estrutura social e política e as políticas públicas necessitam de suporte financeiro;

3. interdisciplinariedade do tema.

O bem jurídico tutelado é a *dignidade da pessoa humana*, que expressa o reconhecimento da liberdade e da igualdade, o homem sujeito e não o homem objeto. Aliás, a *dignidade da pessoa humana* tanto é objeto dos *direitos humanos* quanto do *Direito Humanitário*, distintos, complementares e com pontos co-

---

6 *Lições Preliminares de Direito*, São Paulo, Editora Saraiva, p. 19 e p. 11; ver também OLIVEIRA, Almir, *Curso de Direitos Humanos*, Forense, 2000.

muns. Os *Direitos Humanos* têm origem mais remota que o *Direito Internacional Humanitário*.[7]

4. DIREITO HUMANITÁRIO, DIREITOS HUMANOS E INTERVENÇÃO HUMANITÁRIA

Nasce por volta de 1864 o *Direito Internacional Humanitário*, fruto da Convenção de Genebra, que decorre do trabalho e iniciativa do Comitê Internacional da Cruz Vermelha, que fora fundado com as idéias de Henry Dunant, que integra junto com as Sociedades da Cruz Vermelha e do Crescente Vermelho, o Movimento Internacional da Cruz Vermelha, de indiscutível ajuda humanitária.

A Convenção de Genebra fundiu preceitos da Convenção de Genebra de 1864, revisada em 1907, para proteger *prisioneiros de guerra* e que resultou em documento centralizador e minucioso sobre organização do campo de prisioneiros e trabalhos, cativeiro, relações com as autoridades, normas sobre o pessoal civil que acompanha as forças armadas, dentre elas fornecedores de mantimentos e jornalistas. Este conjunto de leis e costumes de guerra constitui o *Direito Humanitário*, aliás violado nas últimas guerras, no Vietnã, no Golfo e no Iraque, dentre outros episódios da história universal.

O *Direito Humanitário* ampliou-se e, denominado Direitos de Genebra, hoje tem por fontes normativas: 4 Convenções de Genebra, adotadas em 1949, subscritas pelo Brasil, que as promulgou pelo Decreto nº 42.121, de 21.08.1957 e dois Protocolos adotados em 1977 em Genebra, ambos subscritos pelo Brasil, que os promulgou pelo Decreto nº 849, de 25.06.1993.

O objeto do *Direito Humanitário* é reduzir o sofrimento dos soldados prisioneiros, doentes, feridos e da população atingida por conflitos armados, portanto é *direito de proteção das vítimas*, estendido para o tempo de paz também.

Por mais de um século a CIVC trabalha para consolidar o *Direito Humanitário Internacional*, reconhecido quando Henry Dunant recebe o Prêmio Nobel da Paz em 1901 e o Comitê em 1914, 1944 e 1963.

Há distinção entre *Direitos Humanos* e *Direito Humanitário*. Este trata da proteção e salvaguarda pessoal às famílias e diante de graves perigos de conflitos armados ou situações correspondentes, hoje ampliado para *conflitos armados*

---

7 Selma ARAGÃO, *Direito Humanos na Ordem Mundial*, 2000; CANÇADO TRINDADE, Antonio Augusto, *Tratado de Direito Internacional dos Direitos Humanos*, vol. VI, 1997, pp. 21 e segs.

não internacionais. É direito especial, de exceção, de urgência, mas dispõe de um conjunto de regras internacionais detalhadas sobre *conflitos armados*, que intervém quando há ruptura da ordem jurídica e conta com o auxílio do Comitê Internacional da Cruz Vermelha e da Anistia Internacional na proteção de pessoas que sofrem na sua dignidade. Este direito tem por base as normas internacionais de proteção de pessoas e bens decorrentes do Direito de Genebra, enquanto os métodos e meios utilizados na guerra, isto é, de combate, decorrem do Direito de Haia, que por convenções multilaterais regulam o direito de ir à guerra, direitos de prevenção da guerra, condução das hostilidades,bem como o regime de neutralidade,

Nota-se que o *Direito Humanitário*, embora admitido como referencial obrigatório nas normas internacionais, ainda não carrega a correlação direta suficiente com os instrumentos de proteção disponibilizados pelo Direito Internacional, porquanto carecem de documentos internacionais específicos para que as vítimas possam pleitear as correspondentes reparações em caso de violação, conforme ressalta Emerson Garcia.[8] Neste caso, as normas protetoras de *direitos humanos*, com seus mecanismos de proteção poderão ser acionados.

Para Piovesan, o Direito Humanitário, a Liga das Nações e a Organização Internacional do Trabalho seriam os primeiros precedentes do *processo de internacionalização dos direitos humanos*.[9]

O *Direito Internacional Humanitário* é conecto aos *Direitos Humanos* e para Cristophe Swinnarski e Costa Souza[10] é complementar. Aquele possui regras internacionais detalhadas e definidas, enquanto este é multidisciplinar, em constante e rápida evolução, conforme as conquistas e descobertas científicas do homem.

Cumpre lembrar que as *agências humanitárias* tentam salvar as vidas, depois estabelecem ambiente propício à promoção da saúde e obedecem ao Código de Conduta para Organizações Humanitárias, criado pela Federação das Sociedades Cruz Vermelha e Crescente Vermelho, o qual fixou princípios básicos a serem

---

8 *Proteção Internacional dos Direitos Humanos*, Ed. Lumen Juris, Rio de Janeiro, 2005, p. 92.

9 Flávia PIOVESAN, *Direitos Humanos e o Direito Constitucional Internacional*, São Paulo, Saraiva, 2006, pp. 107 e segs.

10 Revista dos Tribunais, *Núcleo de Estudos sobre a Violência*, USP, 1990, pp. 91-94, *O Direito Internacional Humanitário*; COSTA SOUSA, Mônica Teresa, *Direito Internacional Humanitário*, Curitiba, 2ª ed., 2007, pp. 102-112; ver também KRIGER, Celso Amorim, *Direito Internacional Humanitário*, vol. 10, Biblioteca de Direito Internacional, Curitiba, 3ª ed., Juruá, 2006, 362 páginas.

observados e interpretados para a atuação, embora não existam, ainda, medidas para impô-lo nem para avaliar a sua aplicação prática.

A *assistência* e *intervenção humanitária* são diferentes na forma e no conteúdo, ambas utilizadas para casos de *conflitos armados*. A primeira não usa a força, e embora não dependa do consentimento do Estado beneficiado, é praticada por particulares, especialmente a Cruz Vermelha A segunda faz uso da força, contraria norma *ius cogens* e a Carta da ONU, que no artigo 2º, § 4º, dispõe sobre abstenção dos Estados de recorrerem à ameaça ou uso de força.

Ainda há muito para ser feito no campo das intervenções pacíficas e humanitárias, hoje freqüentes.

As intervenções têm sido justificadas em face de reiteradas violações, que acabariam por comprometer a paz e a segurança internacionais.

Na prática não tem sido bem assim.

Na Somália, por exemplo, nos anos 90, as agências assistenciais contrataram guardas armados para levarem a operação adiante, em atitude que recebeu questionamentos do ponto de vista ético.

Neste trabalho não advogamos outra defesa que não seja a dos *direitos humanos*, onde quer que sejam violados e seja quem for seu autor ou sua vítima.

Hoje há plena banalização da barbárie, institucional ou não, em que grupos atacam indiscriminadamente mulheres e crianças por todo o planeta: no Brasil o crime organizado, os grupos de extermínio e a miséria absoluta; na Europa e no Oriente o terrorismo, as organizações políticas e religiosas que aterrorizam.

Desde quando os fins justificam os meios e Maquiavel é manual contemporâneo de um Chefe de Estado desenvolvido? Desde quando a paz deve ser promovida por uma justiça do terror ou por uma justiça de defesa ao terror?

O atentado contra civis na Espanha em 11.03.2003 demonstra na prática o que nos referimos, quando uma carta assinada pelo grupo Hais al-Marsri, da organização al-Quaeda diz:

> "Se é válido vocês matarem crianças, mulheres, idosos e jovens no Afeganistão, Palestina, Iraque e Cachemira, porque seria proibido para nos matar os seus?"

Sem fazer a defesa de qualquer grupo ou Estado, ainda que este seja um agressor contumaz, conforme os EUA, buscamos mostrar as violações, tendências no Brasil e as garantias legais ou sua insuficiência.

Não podemos separar a teoria da prática. Por isso são questionáveis algumas intervenções de paz. Vale dizer que a *intervenção humanitária*, *missão de paz*, *ajuda humanitária* ou o nome que se queira dar à ocupação militar com tropas da ONU para reconstrução de um país trucidado ou espoliado, na prática nem sempre salva o povo de suas vicissitudes como por exemplo o Haiti, que em vez de dirimir conflitos criou outros tantos, segundo retrato realista e corajoso de Pinaud[11] sobre sua experiência como Membro da Missão Internacional, denominada *United Nations Stabilization Mission in Haiti* – MINUSTAH, de investigação e solidariedade, durante a qual observou que não havia espaço para queixas e denúncias de violações de *direitos humanos*. Aliás, o tempo provou que Pinaud tinha razão. A alta dos preços de gêneros alimentícios foi o estopim para a manifestação da população de maioria pobre, que tentou invadir o palácio presidencial em abril de 2008, controlada pelos soldados brasileiros da *missão de paz*. Vale dizer que no Haiti o *problema das gangs de favelas* é apenas um dos sintomas, conseqüência da miséria que assola o país, da desarmonia e desordem social, no qual as denominadas *missões de paz com armas* não resolvem conflitos profundos de natureza econômica e social. Soldados brasileiros armados e a ONU não conseguem dar resposta adequada para uma população faminta e rebelada do sofrido povo do Haiti.

Na falta de acordo quanto à repressão das autoridades iugoslavas ao movimento armado de independência do Kosovo e de atentados constantes à população, as forças da OTAN bombardearam o território quase que diariamente, sob alegação de uma *pureza de fins*, mas que violou a Carta da ONU, porque o *uso da força* não foi precedido de autorização do Conselho de Segurança, conforme reza o artigo 42 e porque não se tratou de *legítima defesa*, conforme se depreende do artigo 51 da mesma Carta.

Na verdade a ONU, por diversas resoluções, inclusive a do Conselho de Segurança nº 813/93, pedia que não se impedisse a entrada de *assistência humanitária* à população civil da Bósnia-Hezegovina, porque constituiria violação ao *Direito Internacional Humanitário*, porém silenciou quanto à intervenção da OTAN.

Faz-se necessário distinguir *intervenção humanitária* e *assistência humanitária*.

Assistência humanitária consiste em atendimento às populações necessitadas, mediante utilização de meios pacíficos, como, por exemplo, envio de remédios ou alimentos às populações que sofrem os efeitos dos conflitos armados nacionais ou internacionais, prática sem objeção no direito internacional em ge-

---

11 PINAUD, João Luis Duboc, *Longas Noites sem Direitos Humanos, Ópera em Quatro Atos*, p. 73.

ral, em cartas, tratados e convenções, sendo incorporada pelo direito consuetudinário internacional.

Intervenção humanitária usa a força contra um Estado, sem aquiescência dele, ou contra grupo ou movimento armado em um território, com vistas a fazer cessar as violações de direitos à vida e à integridade das pessoas. Este é procedimento que não encontra apoio generalizado na doutrina e muito menos entre os militantes de *direitos humanos*, porque estaria carregado de suspeição, ao encobrir interesses outros que não são aqueles das populações em questão.

A doutrina não admite a intervenção humanitária sem pressupostos bem claros, tais como:

1. exaustão de meios alternativos ao uso da força;
2. diversidade da força interveniente;
3. relativa observância do motivo humanitário;
4. efeitos da intervenção nos *direitos humanos*;
5. a conseqüência da intervenção tem de atender à proteção da população para ser independente e manter a integridade de seu território.

Intervenções ou Missões da ONU são observadas com suspeição e dúvidas em face do Conselho de Segurança da ONU estar sob controle dos interesses dos países mais ricos, em especial dos EUA, o que torna suas ações questionáveis quanto aos interesses ocultos e inconfessáveis das intervenções aparentemente humanitárias.

Capítulo II

DIREITOS HUMANOS NO ÂMBITO INTERNACIONAL

1. ORIGENS

A origem recente dos *direitos humanos* está na Declaração Universal dos Direitos do Homem de 1948, com suas bases iniciais na Revolução Francesa, nas Declarações de Direitos Francesa e Americana no século XVIII. Entretanto, os *direitos do homem* têm raízes mais profundas, que se firmaram na luta maior do homem por justiça e liberdade durante milênios.

Os povos antigos e as primeiras civilizações, das quais temos conhecimento, já dispunham sobre *direitos dos awilum* (homem livre), na Mesopotâmia, embora na antiguidade as *classes sacerdotais*, que eram intérpretes dos deuses, controlavam o conhecimento e deste modo influíam na revelação do direito e na história do homem e dos povos. Há institutos de nosso ordenamento jurídico que têm raízes fincadas naqueles povos, nas leis de Ur-Namur, Eshrun, Lipt-Ishtar e não apenas nos romanos.[1]

Nas legislações dos Estados Orientais Antigos encontramos vestígios da *época bárbara*, cujo exemplo é a rudeza das penas e dos procedimentos.

O *cristianismo* que expande a doutrina da igualdade ensinada pelos estóicos, deflagra uma compreensão dos *direitos do homem* na organização política, na qual a *dignidade da pessoa humana* e a *fraternidade universal* são presentes.[2]

---

1 OLIVEIRA, Almir, *Curso de Direitos Humanos*, Forense, 2000; PEDROSA, Ronaldo Leite, *Direito em História*, Nova Friburgo, Imagem Virtual Editoração Ltda., 3ª ed., 2000; ALTAVILA, Jayme de, *Origem dos Direitos dos Povos*, 6ª ed., São Paulo, Ícone, 1995.

2 ARAGÃO, Selma, *Direitos Humanos do Mundo Antigo ao Brasil de Todos*, Forense, Rio de Janeiro, 3ª edição.

A história do início da era cristã é repleta de massacres por arbítrio de governantes.

O imperador Teodósio I, que derrotou Valentiniano II no trono de Milão, era espanhol, colérico e irritável, teólogo ortodoxo, enfurecido com o linchamento e esquartejamento pela população rebelada contra Botérico, um governante imperial da região de Tessalônia, que prendera por imoralidade um cocheiro popular, determinou que a população rebelde fosse convidada a assistir jogos em um estádio, onde foi executada, inclusive as mulheres e crianças, pelos soldados. O massacre ocorreu antes que Teodósio recebesse a carta do então bispo de Milão, Ambrósio, que exigia anulação da decisão de extermínio em massa, em favor da população. A carta chegou após a execução. O Imperador foi obrigado a cumprir penitência, depois de ter as portas da Igreja fechadas e impedido o seu ingresso. Despojado das insígnias imperiais, Teodósio ingressou na Igreja como qualquer humilde penitente para pedir perdão pelo massacre.[3]

Em 1223 o Tribunal do Santo Ofício é inaugurado. Foi um órgão da Igreja para processar e julgar quem violasse os *dogmas da religião*, que imperava e competia com o Estado.

Os Estados introduzem a tortura em Castela, com Afonso X; na Sicília,com Frederico II, na França, com Luís IX. O mesmo Frederico II, cuja legislação, no ano 1252, acolhe a *tortura para os hereges*, sem mutilação ou perigo de vida, para obrigá-los a revelar os erros e acusar os outros.

O processo terrível da Inquisição podia começar por *prisão sumária* de todos os suspeitos, intimidação da população adulta de um local para *interrogatório preliminar*, aplicando-se a *tortura* para a confissão por açoite, por pés queimados lentamente em brasa ou cavalete em forma de triângulo, enquanto braços e pernas eram puxadas por um molinete e a falta de alimentos para a tortura psicológica. O Tribunal da Inquisição não acolhia formalmente a *tortura*, pois exigia outra confissão após três horas de torturado e aquele que se recusasse sofreria tudo outra vez.

O papa Inocêncio IV autorizou a tortura, confirmada por seu sucessor, papa Urbano IV.

A pena de morte integrou a história da teologia evangélica no século XIX, encontrou defesa em Kant e Hegel e no século XX destacaram-se Karl Barth e Ernest Wolf. Mesmo quando abolida a *pena de morte* na Constituição Alemã, os luteranos Gerhard Gloeg e Walter Künnelth persistiam na sua defesa.

---

3 DURANT, Will, *A Idade da Fé*, 2ª ed., Editora Record.

As *leis penais rabínicas* pretendem hoje pôr fim às *torturas legais* ou *ilegais*, ao contrário do judaísmo tradicional que a fundamentava com a lei e a ordem, sob a ótica legal e religiosa sem transigência. Mas o repúdio à *pena de morte* no direito rabínico hoje encontra suporte no preceito de que aquele que exterminar o ser humano estará exterminando o mundo todo (Sari 4,5).

Nas *sociedades muçulmanas*, em decorrência de interpretações desviadas do Alcorão, há constantes violações de direitos do homem.

As atrocidades dos primeiros séculos cristãos encontram repúdio depois do mergulho no período das Trevas (566-1095), nos fundamentos da fé, da esperança e da caridade, que se opõem a qualquer violência contra a pessoa humana. O *cristianismo* que prega a igualdade e a verdade que liberta, admitia a defesa da dignidade humana com seus defensores, dentre eles Santo Tomas d'Aquino, Suarez,Vitório e Lãs Casas, mas aceitou durante séculos a escravidão, a inferioridade dos índios e a da mulher no âmbito doméstico.

Bernand Schwartz[4] analisa de forma não tradicional as Cartas Reais da Inglaterra até as Declarações Norte-Americanas, ao opinar que os antecedentes, conforme a Magna Carta (1215-1225), foram concessões unilaterais a reduzido número de privilegiados, um procedimento comum à época.

Por outro lado não se pode negar que direitos ali reconhecidos abrangiam os servos da gleba e vilões, como, por exemplo, não poderiam ser retirados do trabalho comum para prestar serviço gratuito e penoso aos barões reivindicantes, conforme a cláusula 29.

A Magna Carta, assinada em 1215 e levada a efeito em 1225, foi um pacto entre monarca, Rei João da Inglaterra, conhecido como João Sem Terra, que concede *direitos aos homens livres*, aos barões e ao clero, e se torna o símbolo das *liberdades públicas* e dela são extraídos os *fundamentos da ordem jurídica democrática* e o esboço primeiro da *limitação do poder monárquico*. Isso foi possível porque os barões, protegidos por tropas aliciadas, declararam-se desligados de compromissos de vassalagem assumidos perante o monarca, que praticava violências e arbitrariedades, mas que, diante da pressão, viu-se forçado a ceder e assim negociou a assinatura da Carta. Direitos foram reconhecidos: a liberdade de fazer ou não deixar de fazer senão em virtude de lei (16 e 22); o direito à liberdade de locomoção e de ingressar e sair do país com seus bens; e o fundamental direito de que nenhum homem livre poderia ser "preso ou encarcerado ou despojado de seus bens, banido ou exilado ou aniquilado, sem procedimentos

---

4 *Os Grandes Direitos da Humanidade*, Rio de Janeiro, Forense Universitária, 1971, pp. 14-15.

contra ele, a não ser em virtude de um julgamento legal de seus pares, ou por intermédio da lei vigente no país, a não ser por julgamento legal de seus pares ou por intermédio da lei vigente no país". Esta expressão *a lei vigente* do país foi interpretada como correspondente ao *devido processo legal*, que se fortaleceu durante o período de Eduardo III, e até hoje é fundamental à democracia. Ela deu origem ao importante princípio aplicável de que há um conjunto de leis, de direitos dos súditos ou da comunidade que o rei é obrigado a cumprir. Embora de início o parlamento estivesse repartido entre nobreza e clero, a evolução mostrou que ele não estava preso a este tipo de representação ao democratizar-se com a Câmara dos Comuns, que se tornou verdadeiro órgão representativo de toda a sociedade.

A *Lei do Habeas Corpus Act*, em 1679, na Inglaterra, que protegeu o súdito contra prisões ou facilitava o seu desembaraço, foi inspiração para todo o mundo na construção dos *sistemas de garantias judiciais* e contra o arbítrio de déspotas ao resguardar o *direito de liberdade pessoal*. Embora o *mandado judicial* existisse para o caso de *prisão arbitrária*, e anterior à Magna Carta, a Lei do Habeas Corpus aprimorou o sistema jurídico inglês ao criar as garantias de forma adequada à liberdade de locomoção e ainda inspirou o *judicio del amparo* na América Latina e o *writ do mandado de segurança*, que é remédio do cidadão para proteção de direito líquido e certo violado ou ameaçado de violação no Brasil.

A Petition of Rights foi um protesto contra lançamento de imposto sem autorização do Parlamento e contra prisões arbitrárias. Ela visou ampliar timidamente algumas garantias do homem, porém não passou de pedido de direitos, que foram reconhecidos pelo Bill of Rights, em 13.02.1689, fruto da aristocracia, outra vez revoltada na Inglaterra, que tira do trono Jaime II, que é substituído por Guilherme, Duque de Orange, mas que marcou o início do governo limitado pelo Parlamento que, embora representasse pequena parcela de classes superiores, se torna garantia institucional de liberdades, estabelece o direito de petição, assegura a liberdade e a inviolabilidade dos parlamentares no exercício da função e a reunião regular das câmaras, condena tribunais de exceção e prevê a ilegalidade da suspensão de leis pelo rei ou a favor régio que dispense alguém de cumprir a lei.

O *bill inglês* até hoje constitui um dos mais relevantes diplomas constitucionais do direito inglês que, somado ao *Act of Settlement*, de 1707, constituem as limitações ao poder da coroa. O *Bill of Rights*, com treze artigos que restringem a atuação do governante e garante as liberdades individuais, retirou os embaraços para a burguesia, o que propiciou a transformação social, conforme as lições de Comparato, para quem tanto o *Habeas Corpus Act* quanto o *Bill of*

Rights não beneficiaram todos os súditos, mas preferencialmente o clero e a nobreza. A linha do pragmatismo dos ingleses propiciou a formulação de garantias adequadas aos *direitos do homem*, enquanto a linha política e pedagógica dos franceses reconhecia direitos nem sempre com as respectivas garantias.[5]

A Declaração de Direitos do Bom Povo da Virgínia (12.01.1776), nos EUA, é a primeira *declaração de direitos* em sentido moderno, porque mais se aproxima de um sistema de limitação de poderes, ao reconhecer direitos que limitavam o poder estatal e traduzia a preocupação com a estrutura de um governo democrático. Ela reconheceu que todos os homens são por natureza iguais, livres e independentes; que o governo deve ser instituído para dar segurança ao povo, nação ou comunidade; veda privilégios por hereditariedade para cargos públicos; assegura direitos de defesa nos processos criminais, ou seja, julgamento rápido por júri imparcial; veda fiança e multas excessivas e aplicação de penas cruéis, que influíram na elaboração do *bill americano* e garante a liberdade de religião e de consciência.

Houve dificuldade de ratificar a Constituição Americana. Os Estados ficaram insatisfeitos com a falta de um *bill of right*. Em 1789, na primeira legislatura do Congresso, James Madson propõe *emenda constitucional aditiva* à Constituição Federal, que foi aprovada em 1791, com alterações do projeto inicial. Assim as 10 primeiras emendas garantem direito de religião, de liberdade de palavra e de imprensa, de reunião pacífica e direito de petição ao governo para correção de injustiça; inviolabilidade da pessoa, dos papéis, da casa e posses de objetos contra busca e apreensões arbitrárias; direito a julgamento justo, célere e público por júri imparcial do Estado, fixando a jurisdição do distrito em razão do lugar do crime, direito de não ser julgado duas vezes pelo mesmo crime, de não ser obrigado testemunhar contra si mesmo, nem privado da vida, liberdade ou bens sem o *devido processo legal* e nem a propriedade privada expropriada para uso público sem justa indenização, além do direito de prova de defesa e de advogado; direito de julgamento do júri nos processos de direito consuetudinário desde que acima do limite estabelecido inicialmente de 20 dólares. A proibição de escravatura e de servidão involuntária somente foi acolhida posteriormente na Emenda nº 13.

---

5 *Constituições do Brasil e Constituições Estrangeiras*, Brasília, Ed. Senado Federal, vol. I, pp. 427-428 e 463-478; COMPARATO, Fábio Konder, *A Afirmação Histórica dos Direitos Humanos*, Ed. Saraiva, pp. 37 e 57-82; ARAGÃO, Selma, ob. cit.; ver também PEDROSA, Ronaldo Leite, *Direito em História*, Imagem Virtual Editoração Ltda., Rio de Janeiro, 3ª edição.

A Revolução Francesa, no final do século XVIII, em 1789, perseguiu e cortou cabeças, no furor revolucionário que matou indiscriminadamente e vitimou Robbespierre, responsável pelo terror implantado em prova cabal de que violência resulta em mais violência. Ela foi movimento liberal, mas não democrático. Isto porque de um lado foi o marco na luta contra o *arbítrio da nobreza*, o abuso de poder, um grito de rebeldia contra as desigualdades e o início de grandes transformações sociais, políticas e jurídicas, na qual a *burguesia* encontrou a solução para a questão teórica e política da soberania e do detentor do *poder político* e a satisfação de suas reivindicações sociais. Mas por outro lado os *direitos do cidadão* passam a meios de proteção dos *direitos do homem* e o *regime de autonomia individual* próprio da burguesia não propiciou a verdadeira *igualdade material*. Nas lições de Comparato, "em lugar do solidarismo desigual e forçado dos estamentos e das corporações de ofícios, criou-se uma liberdade individual fundada na vontade, da mesma forma que a filosofia moderna substituiria a tirania da tradição pela liberdade da razão".[6] Se por um lado a *limitação do poder* referia-se mais aos indivíduos, protegendo-os do arbítrio estatal por outro lado não trazia em seu bojo de normas nem jurídicas nem do pensamento liberal daquela época, todos os deveres do Estado para com o homem, o que deixava a massa, maioria das populações, fora dos benefícios reais da *democracia política*. Deste modo caminharam as *declarações de direitos*, de cunho liberal, introduzidas nas Constituições até início do pós-primeira guerra, quando começaram a incorporar os *direitos sociais*, que visavam a igualdade para efetivar a liberdade.

A Declaração dos Direitos do Homem e do Cidadão que a Assembléia Constituinte da França, em 27.08.1789, adotou, sob influência da Revolução Francesa, a liberdade, a igualdade, a propriedade e a legalidade, bem como as garantias individuais, em 16 artigos, carregados do traço individualista, ao reconhecer somente as *liberdades do indivíduo* e não o homem na coletividade. Ela reflete o *liberalismo econômico*, que produziu conseqüências sociais e não resulta de um pensador, mas de um conjunto de pensamentos filosóficos e políticos. Os princípios nela proclamados foram incluídos nas Constituições dos outros Estados, com a respectiva evolução histórica até os nossos dias. Ela preconizou a liberdade, a segurança, a propriedade e a resistência à opressão como *direitos naturais e imprescritíveis*. Dentre os direitos reconhecidos estão a igualdade perante a lei; a liberdade em variadas formas, inclusive a de pensamento e opinião; admissão em emprego público; segurança da pessoa; liberdade política e individual contra a opressão; proibição de prisão, processo, julgamento e pena, senão em

6 Ob. cit., p. 128.

virtude de lei; proporcionalidade entre delito e pena. Depois estes direitos foram ampliados na Declaração dos Direitos do Homem e do Cidadão pela Convenção Nacional em 1793 e afixada no lugar das suas reuniões, em 35 artigos. A doutrina francesa denominou *liberdades públicas* os direitos proclamados.

A Declaração do Povo Trabalhador e Explorado, deslembrada por muitos, foi marco fundamental nas transformações dos *direitos do homem*, aprovada pelo 3º Congresso Panrusso dos Sovietes nas 1ª e 2ª legislaturas em 10.07.1918, que reconhece direitos econômicos e sociais e inspira a construção de uma nova ordem de direitos libertadora e emancipatória para o homem oprimido.

Já a Declaração Universal dos Direitos do Homem, fruto do projeto elaborado pelo Professor René Cassin, proposta pela Comissão dos Direitos do Homem, presidida por Leonora Roosevelt, foi articulada para um modelo capitalista de Estado embora incorporasse, dos artigos 22 a 28, os *direitos sociais*, sob a influência do russo Bogomolov convidado para auxiliar na redação, a fim de propiciar maior equilíbrio entre o Estado Liberal e o Social. Ela foi aprovada em 10.12.1948, em sessão ordinária da Assembléia da ONU, em Paris, resultando em 30 artigos, com vistas a atingir um ideal comum a todos os povos de defender a *dignidade da pessoa humana* e deixá-la livre da opressão, sendo marco mais relevante da história dos *direitos humanos* ao torná-los universais.[7] Nos artigos 1º a 21 estão os *direitos tradicionais*: igualdade e liberdade em dignidade e direitos; não discriminação por raça, cor sexo, língua, religião, opinião política ou de outra natureza, origem nacional ou social, riqueza, nascimento ou outra condição; direito à vida, liberdade e segurança; vedada escravidão ou servidão, tráfico de escravos em qualquer forma; tortura, tratamento ou castigo cruel, desumano ou degradante; vedado o incitamento à discriminação; liberdades de opinião expressão religiosa, e de expressão coletiva que são reunião e associação pacíficas; liberdades políticas, inclusive a de votar. Os direitos econômicos, sociais e culturais inerentes à dignidade e ao desenvolvimento da personalidade; os direitos ao trabalho em condições justas e favoráveis e proteção contra o desemprego, escolha de emprego, igual remuneração justa e satisfatória que assegure também à família uma existência compatível com a dignidade humana; organização sindical; repouso e lazer, limitação de jornada de trabalho e férias; padrão de vida que assegure também à sua família a saúde. Alimentação, vestuário, habitação, assistência médica e serviços indispensáveis, previdência em desemprego, doen-

7 SILVA, José Afonso da, *Curso de Direito Constitucional Positivo*, Malheiros, 16ª edição.

ça, invalidez, viuvez, velhice, ou outros casos de perda de meios de subsistência em circunstância fora de controle; educação e gratuidade do ensino fundamental; participação na vida cultural da comunidade e proteção de interesses morais e materiais da produção científica ou artística. Por fim, no artigo 28, o direito a ter uma ordem social e internacional capazes de propiciarem os direitos e liberdades expressos; no artigo 29 estão contidas *normas de aplicação* e, no artigo 30, a *norma de interpretação*. Marco fundamental na *proteção dos direitos humanos*, porque também tornou o homem *sujeito de direito internacional*.

No âmbito interno, as Constituições incorporam *declarações de direitos*, de inicio com o *traço liberal*, conforme no Brasil, a do Império de 1824 e a primeira republicana, a de 1891. Somente a partir do final da Primeira Grande Guerra, os Estados passam a introduzir, nas Constituições, os *direitos sociais*. A primeira delas foi a do México, em 1917, que contém um verdadeiro *estatuto de direitos do trabalhador*, e depois a de Weimar, em 1919, que, mais tímida neste aspecto, inspirou nossa primeira Constituição que incluiu *direitos sociais*, a de 1934. A passagem das Constituições do ciclo das Constituições de *cunho liberal* para o ciclo das *constituições sociais* resulta das reivindicações de um lado dos *partidos socialistas*, nutridos por movimentos sociais e por uma crítica ao Estado Liberal, e, de outro lado, igualmente críticos ao *liberalismo*, os *partidos cristãos* e a Igreja, que em suas Encíclicas se opunham ao *individualismo liberal*, que conduziu à exploração do homem.

Desta evolução nota-se que a *universalização dos direitos do homem*, que resulta da *Declaração Universal dos Direitos do Homem*, de 1948, encontra precedentes no surgimento do *Direito Humanitário*, na Liga das Nações e na Organização Internacional. Mas os antecedentes do reconhecimento de direitos tem bases mais remotas, em Declarações na Inglaterra desde o século XIII, embora estivessem previstos em sociedades antigas alguns direitos protetivos no complexo de normas sociais e de direito que se confundiam com as normas religiosas.

2. EVOLUÇÃO

Na análise de Bonavides, há uma linha ascensional de direitos, que convencionou-se chamar *gerações de direitos*, a qual se opõe Cançado Trindade, que considera não haver fundamento jurídico nem histórico para uma *sucessão geracional*, porque esses direitos não se sucedem. Com razão, os direitos em questão não se sucedem nem são substituídos, porém a noção de *gerações de direitos* trata da trajetória evolutiva e não da sucessão. Aliás, a linha ascensional aponta para espaço aberto a avanços, embora entrecortado não raro de eventuais recuos, conforme a natureza do modelo de sociedade, segundo Bonavides.[8]

As gerações não se sucedem com exclusão. Os direitos são complementares uns aos outros.

Na sua primeira fase eram os *direitos naturais* defendidos por John Locke e outros jusnaturalistas. A segunda fase ocorre com a *constitucionalização* desses direitos, expressos nas *constituições liberais*.

A seguir, em extensão progressiva, os direitos do homem passam a sustentar a base jurídica do Estado, que de *liberal* transforma-se em *democrático*, com a adoção do *sufrágio universal*.

A outra fase é a da *ampliação dos direitos sociais*, incluindo a educação, a saúde e trabalho, os quais para que se tornem efetivos e protegidos impõe-se um dever correspondente de agir do Estado.

Em período mais recente dá-se a *especificação de direitos do homem* em face da evolução científica e tecnológica, especialmente os direitos do idoso, dos enfermos e do deficiente físico, dentre outros.

Os *direitos do homem*, decorrentes de 1789 e da Revolução Francesa, que modelou as bases na liberdade, igualdade e fraternidade, evoluíram. No sentido histórico estão listadas as fases a seguir, que tiveram origem a partir da proposta de Karel Vasak, em 1979, em palestra no Instituto de Direitos do Homem, em Estrasburgo, que se irradiou por todo o mundo, ao dividir em três gerações as fases do reconhecimento dos direitos do homem, assimilada no Brasil, dentre outros, por Paulo Bonavides, sendo depois ampliada, embora muito criticada.

Na *primeira geração de direitos* estão os *direitos civis e políticos*, genericamente denominados *individuais*, cujo titular é o *indivíduo*, o homem singular e o postulado é a *liberdade*.

Na *segunda geração de direitos*, que vicejam no século XX estão os *direitos sociais*, *culturais* e *econômicos*, *coletivos* e da *coletividade*, unidos ao *postulado da igualdade*, fruto da reação anti-liberal, inseridos nas Constituições a partir do final da 1ª Grande Guerra mas anteriores à declaração de 1948.

A *terceira geração de direitos*, cujo postulado é a *fraternidade*, eleva a abrangência para alcançar novos rumos em sua titularidade: a *humanidade*. São os direitos à paz, ao desenvolvimento, ao meio ambiente, à propriedade do patrimônio cultural, histórico e paisagístico, emergindo da consciência de uma convivência desigual entre nações ricas e pobres. Esses direitos não se assentam em um indivíduo ou um grupo determinado, mas no *gênero humano*. Tudo indica

---

8 Conferência no Conselho Federal da OAB, 15.09.2003.

que o *direito ao desenvolvimento* abre um leque de novos direitos, que inserem nações pobres como detentoras de direitos que não devem ser obstaculizados pelas nações mais ricas, impondo-lhes deveres.

A *quarta geração de direitos*, se inscreve no *âmbito da globalização*, que se dirige à profundas alterações do Estado Nacional, que não sabemos exatamente para onde caminhará. São direitos à democracia, à informação e ao pluralismo, que acenam para uma sociedade aberta, mas sem os quais não será possível a *globalização política*, que prescinde de uma *cidadania universal*. Portanto, o gênero humano é objeto da universalidade protegida e garantida. A informação é meio de controle que a sociedade dispõe na *democracia participativa* para controlar o poder público e, portanto, direito também de proteção dos seres humanos em relação a tudo que lhe diga respeito, inclusive pondo fim àquilo que se convencionou chamar segredo de Estado, que mal aplicado propiciou violações aos *direitos do homem*.

A Declaração Universal dos Direitos do Homem, ao elevar o homem a *sujeito de direito internacional*, o que possibilita exigir justiça contra o próprio Estado e em instâncias superiores ao Estado, segundo Bobbio, somente a partir dela é que temos certeza histórica de que a humanidade inteira partilha alguns valores comuns. Nesta evolução nasce a *quinta geração de direitos*, mencionada por Sampaio, ainda em desenvolvimento, que são os direitos correspondentes à *identidade pessoal*, ao *patrimônio genético* e à *proteção contra a clonagem*.[9]

Esta *quinta geração* ainda não encontra unanimidade, porque as noções estão em fase de elaboração. As gerações tem efeito apenas didático. Mas certa é a evolução científica, que já começa a dar origem a novos direitos, que surgem a cada momento, de acordo com as necessidades humanas. Neste aspecto, o *direito ao tratamento de saúde*, que aprimora a qualidade de vida do paciente ou que possa curá-lo, é *direito humano à existência digna*. O *direito à vida* se desdobra em direito de existir, de permanecer vivo e de viver com dignidade. Hoje os *direitos humanos* alcançam o campo da Bioética e do Biodireito, no questionamento diante da ordem moral e do progresso nas técnicas de manipulação para responder se tudo que pode ser feito deve ser feito.

---

9 Ver CANÇADO TRINDADE, Antônio, *Tratado de Direito Internacional de Direitos Humanos*, Sérgio Fabris Editor, 1997, Porto Alegre: o autor é crítico das gerações de direito; BOBBIO, Norberto, *A Era dos Direitos*, Rio de Janeiro, Editora Campus, 11ª ed., p. 28; SAMPAIO. José Adércio Leite, *Direitos Fundamentais*, Belo Horizonte, Del Rey, 2004, p. 302.

Ora, a pesquisa com *células-tronco embrionárias* para tratamento de pacientes, que oferece a perspectiva da cura para doenças até então incuráveis, chegando-se à efetivação plena do direito à saúde encontra obstáculos. As resistências religiosas à pesquisa são compreensíveis porque se baseiam da idéia incorreta de que o *uso do embrião* seria afronta ao *direito à vida*, porque o embrião congelado já seria uma vida. Equívoco porque o *congelamento de embriões*, depois de completados 10 dias, não serão aproveitados e o *direito à vida humana* ocorre a partir do embrião no útero. Logo, a pesquisa em questão não viola *direito à vida*, segundo o STF, que foi favorável à constitucionalidade da Lei de Biossegurança questionada, em decisão histórica para o direito e para a pesquisa científica no Brasil. O STF afirma, em que pesem as opiniões da Igreja e de outras religiões, que o Brasil é país laico. O *direito humano à saúde* prevaleceu sobre as pressões religiosas.

São *direitos humanos* todos os *direitos fundamentais*, assim denominados nas Convenções e em *normas não convencionais*, seja qual for a geração, desde que decorra de norma que propicie uma vida digna à pessoa humana. Portanto, trata-se do conjunto de direitos, aberto às novas elaborações, conforme necessidades emanadas da evolução da humanidade, como exigência ética para o avanço civilizatório, sem um rol fechado na sua tipificação.

É difícil determinar a *cidadania universal*, a *proteção do gênero humano*, os *direitos da quarta geração*, sem o direito à *inclusão social*. Vale dizer que a *quarta geração de direitos* só se concretiza quando as nações mais pobres incluírem todos os seus participantes. Ora, se esses direitos impõem participação de todos, isto torna a prática distante da teoria em países de acentuada *exclusão social*. O *direito à inclusão social* evoluiu para o *direito à inclusão digital*.

No Brasil, onde existe sem teto, sem terra, sem trabalho, sem saúde, sem esperança e sem nada e a *desigualdade social* atinge os maiores índices do mundo, a *inclusão social* torna-se a base para a afirmação dos direitos em questão, unidos ao postulado da solidariedade acompanhada da justiça. Onde faltam saúde, trabalho, habitação, alimentação e outros direitos sociais preferimos não discutir ainda a *inclusão digital*, porque denotaria uma argumentação precoce ou falaciosa, fora da realidade fática para a maioria da população no território brasileiro.

Direito ao desenvolvimento traduz-se em *processo de expansão das liberdades humanas*, as quais necessitam de uma sociedade que evite situações de privações do tipo fome, desnutrição, mortalidade infantil evitável e mortalidade prematura, dentre outras. Ele está definido como *processo econômico, social e político abrangente*, no qual é *direito humano* inalienável e a igualdade de oportunidade para o desenvolvimento é prerrogativa de nações e de indivíduos que a integram. Esta noção foi ampliada pela *Declaração sobre Direito e*

Desenvolvimento, em 1986, aprovada por 146 Estados, com oito abstenções e um voto contrário, o dos EUA.

Os *direitos do homem*, acima do ordenamento estatal interno, não se esgotam porque não estão mais submetidos restritivamente ao *direito positivo* em vigor em determinado Estado, mas vinculam-se a valores éticos superiores que a lei, por vezes, não atende ou o governo não os respeita.

Para aparar as arestas deixadas pelos conflitos entre *riqueza* e *pobreza*, entre aqueles que muito acumulam e os que nada têm, o *princípio da solidariedade* frutifica como dever jurídico que responsabiliza todos pela carência ou necessidade de qualquer indivíduo.[10]

Deste modo instala-se o *período da cidadania mundial*, com base na *consciência ética universal*, em que a *solidariedade* busca a correção das deficiências na *aplicação da liberdade e da igualdade*.

O desejo de uma declaração universal como plano ético universal para inserir o homem em articulado *sistema de proteção global*, ainda em elaboração, foi, sem dúvida, fermentado pelo repúdio às atrocidades de Hitler, que o Tribunal de Nuremberg condenou e a civilização contemporânea repele.

Cumpre ressaltar que a cristalização da *dignidade da pessoa humana*, que implica na ação negativa de não causar prejuízo e na ação positiva de construção da felicidade de todos, significa hoje que o Estado deve ter a obrigação de implementar políticas à construção do homem na sua integralidade, no âmbito moral, material, espiritual e econômico.

Grupos, parte marginalizada e oprimidos da sociedade, em movimentos sociais divergentes nas nações poderosas ou em movimentos e denúncias em nações pobres, buscam concretizar direitos e ações afirmativas aos poucos reconhecidas, conforme leciona Baptista Herkenhoff,[11] que traça algumas bases que nos guiaram a seguir sobre os *direitos humanos*:

1. têm a sua sede nos conflitos e contradições;
2. têm sua força na luta de pessoas, grupos, ou etnias;
3. que se radica na diversidade cultural;
4. que se renova e se transforma na fome de liberdade, justiça e paz que supera obstáculos;

---

10 COMPARATO, Fábio Konder, *A Afirmação Histórica dos Direitos Humanos*, Ed. Saraiva, p. 51.

11 *Direitos Humanos, Uma Idéia, Muitas Vozes*, Aparecida, SP, Editora Santuário, 1998, p. 180; ver ainda *A Construção Universal de Uma Utopia*, Ed. Santuário, São Paulo, 1997.

5. na força das energias sociais que superam as resistências do Estado tradicional.

Urge compreendê-los como *direitos limitadores do poder constituinte* e de todo poder em geral, a fim de que autoridades e Estados Nacionais a eles se submetam, tornando-se eficazes as *normas restritivas de ações abusivas e exorbitantes*, caso contrário o Estado continuará a ser o maior violador de *direitos humanos*.

Vigorosa corrente considera que o *poder constituinte* não é *limitado pelo direito positivo*, mas é limitado à luz dos *direitos fundamentais do homem*, nas lições de Whitaker da Cunha, ou *direito supralegal*, para Afonso Arinos e o lusitano Jorge Miranda.

A Constituição de cada Estado não cria os *direitos humanos*, mas reconhece e garante esses direitos, existentes antes da própria organização estatal, especialmente se o Estado for signatário de acordos, pactos e convenções que os protegem. Neste diapasão estão também os *direitos sociais, econômicos e culturais*, questionados quanto à possibilidade de concretização e exigibilidade.

Hoje as dúvidas estão dirimidas em parte. O *Pacto Internacional dos Direitos Econômicos, Sociais e Culturais* impõe compromissos aos Estados-Partes a partir de sua ratificação, no sentido de adotarem medidas capazes de protegerem os direitos elencados. Ora, a doutrina entende que a idéia de que os direitos sociais não são acionáveis é ideológica e sem conteúdo científico, conforme lecionam Piovesan e Mazzuoli e, segundo Duarte Medereiros, os *direitos humanos* devem se consolidar como *representação do ser e o não ser*, isto é, vem gradativamente "construindo uma posição simbólica de oposição dos excluídos frente à própria exclusão, e somente a partir da erradicação da ausência material de cidadania e de democracia, que se abrirá um espaço real de luta social, possibilidade real de afirmação do *não ser*.[12] A *concentração de rendas* levanta barreiras à concretização desses direitos nos países como o Brasil, apesar do compromisso assumido pelos *países em desenvolvimento*, os quais possuem, à luz deste pacto, autodeterminação para construir uma estrutura política e assegurar livremente seu desenvolvimento econômico, social e cultural, dentre outros.

---

12 PIOVESAN, Flávia, *Direitos Humanos e o Direito Constitucional*, p.74; OLIVEIRA, Valério de, *Curso de Direito Internacional Público*, p. 530; DUARTE MEDEIROS, Ana Letícia Baraúna, *Direito Internacional dos Direitos Humanos na América Latina – Uma Reflexão Filosófica da Negação da Alteridade*, Rio de Janeiro, Lumen Juris Editora, 2006, p. 9.

Todavia, difíceis são a justiciabilidade e a acionabilidade quanto aos *direitos econômicos, sociais e culturais* que, reconhecidos nos tratados, declarações e convenções, ainda não encontram garantias legais suficientes para serem exigíveis.

3. O PROBLEMA DA DEFINIÇÃO

Há divergência entre os juristas quanto à definição de *direitos humanos*. Uns admitem-lhes caráter supra-estatal, dentre eles Pontes de Miranda, Duguit, Afonso Arinos e Whitaker da Cunha.

A expressão *direitos humanos* é consagrada nos textos internacionais, apesar da crítica insistir que não existe direito que não seja do homem e portanto, humano.

Resta grande confusão na definição em questão, denominados *direitos naturais*, no início; *direitos individuais*, que não nos parece adequado; *liberdades fundamentais*, *liberdades públicas* e *direitos fundamentais do homem*. As Constituições variam na denominação: a de Portugal usa a expressão *direitos do homem*, a espanhola *derechos humanos*, a francesa *droit de l'homme* e a italiana *diritti dell'uomo*. Em latim *homo* tem idéia de *gênero*.

A expressão *direitos individuais* indica *individualismo*, vez que hoje a noção reduziria o alcance e abrangência, embora as Constituições, inclusive a brasileira, acolham, no rol dos *direitos individuais*, os direitos à vida, à igualdade, à liberdade, à segurança e à propriedade, que remontam aos direitos tradicionais burgueses, embora evoluídos no seu sentido porque são compreendidos em conexão com o homem na coletividade, na sua *inserção social*.

Liberdades públicas, segundo Ferreira Filho, são os direitos individuais, os direitos subjetivos, aos quais se agregaram outros direitos. Mas ele usa a expressão *direitos humanos fundamentais* para os *direitos humanos*, além de considerar inadequada a expressão *liberdades públicas* no mundo que reconhece *direitos econômicos e sociais* mais amplos que meras liberdades. Roche distingue *direitos humanos* que são "o conjunto de direitos que condicionam a um tempo as liberdades dos homens e a expansão global de sua personalidade", de *liberdade pública*, que é "um aspecto da liberdade em geral erigida em direito e submetido a um regime jurídico de vigorosa proteção, em razão de sua própria importância para a liberdade em geral". As expressões *liberdades fundamentais* e *liberdades públicas*, esta com origem na doutrina francesa, ambas não englobam todos os direitos, assim como as expressões *direitos fundamentais* e *direitos humanos fundamentais* não têm unanimidade na doutrina quanto ao significado, conforme demonstra Guerra ao fazer um estudo comparado das expressões.[13]

Na expressão *direitos fundamentais do homem* José Afonso da Silva associa à expressão fundamentais as condições sem as quais o homem não sobrevive e a pessoa humana não se realiza e Canotilho considera os *direitos fundamentais* uma das três dimensões fundamentais do Estado Democrático de Direito, sendo as outras a *juridicidade* e a *constitucionalidade*, mas ele reconhece que "para lá da proteção diplomática e da proteção humanitária, desenvolve-se uma teoria jurídico-contratual internacional de justiça, tendo por objetivo alicerçar uma nova dimensão de vinculatividade na proteção dos direitos do homem."[14]

Direitos fundamentais são criados, ou reconhecidos pelo legislador, conforme circunstâncias de um determinado país. *Direitos humanos*, nas lições de Plínio Melgaré, são "princípios ético-normativos transpositivos, constituindo elementos legitimadores e fundamentantes da ordem política e da constituenda normatividade jurídica", "eles traduzem a intenção de racionalmente humanizar a história e a convivência humana no mundo, descortinado o fundamento unitário de nossa genuína diversidade existencial", para quem também considera que as sociedades atuais de complexa heterogenia têm necessidade de construir um espaço em que consolide a *axiologia comunitária*, superior a qualquer opção político-social.[15]

A história demonstrou que os *direitos humanos* não nasceram das *relações de comércio* entre os povos. Eles resultaram da necessidade de identificação de valores comuns às várias sociedades e grupos.

A Constituição Brasileira de 1988 refere-se a *direitos fundamentais dos indivíduos e da coletividade* no artigo 5º, sem excluir outros direitos decorrentes

---

13 FERREIRA FILHO, Manuel Gonçalves, *Direitos Humanos Fundamentais*, São Paulo, Ed. Saraiva, 2007, pp. 15 e 28; OLIVEIRA, Almir, ob.cit., p. 65; ROCHE, Jean, *Libertés Públique*, Paris, Dalloz, 1976, pp. 2-3. Ver sobre *liberdades públicas*: COLLIARD, Claude-Albert, *Liberté Publique*, Dalloz, 5ª ed., 1995; ROBERT, Jaques, *Liberté Publique*, Paris, Editions Montchrestein, 1971; GUERRA, Sidney, *Direitos Humanos na Ordem Jurídica Internacional e Reflexos na Ordem Constitucional Brasileira*, Rio de Janeiro, Lumen Juris Editora, pp. 197-206.

14 Ob. cit., p. 182; pp. 46-47; CANOTILHO, José Joaquim Gomes, *Direito Constitucional*, 7ª ed., Coimbra, Almedina, p. 521.

15 *Direitos Humanos: Uma Perspectiva Contemporânea – Para Além dos Reducionismos Tradicionais*, em Revista de Informação Legislativa, Brasília, ano 39, nº 154, 2002, pp. 85-86; o autor é mestre pela Universidade de Coimbra.

do regime e dos princípios por ela adotados ou dos *tratados internacionais* conforme dispõe o seu § 2º.

Preferimos a expressão *direitos humanos* em face do conteúdo mais abrangente, que inclui *normas de âmbito internacional e interno*, para não confundir com o elenco dos *direitos fundamentais* escritos em nossa Constituição e nas Constituições de outros Estados, que longe estão de oferecerem um rol fiel de *direitos humanos*, cujo fundamento desperta polêmica. Portanto, a Constituição brasileira usa de modo distinto e correto as expressões *direitos fundamentais* e *direitos humanos*.

Quanto ao fundamento, se fossem *direitos* somente *constitucionais* teríamos que admitir que uma Constituição poderia reduzi-los, restringi-los ou suprimi-los ao ser elaborada e neste caso o fundamento estaria na *vontade*. Esta corrente está ligada ao *positivismo*, que somente admite o direito a partir da organização estatal e dos tratados internacionais. Neste caso não haveria punição para o Estado que praticasse grave violação à *dignidade humana* se o direito não fosse reconhecido em suas normas ou em tratados internacionais, o que não acontece. Corrente com a qual não temos afinidades.

Preferimos, na esteira de Konder Comparato,[16] admitir que o fundamento da vigência esta na *consciência ética coletiva*, isto é, a *dignidade humana* impõe o respeito a certos bens e valores em qualquer circunstância, mesmo que não sejam reconhecidos pela ordem estatal ou em norma internacional. A *dignidade humana* é finalidade última e razão de ser de todo ordenamento jurídico. A aproximação entre a ética e o direito, contida no *princípio da dignidade humana*, configura o pensamento kantiano de que o homem é meio e fim em si mesmo. Kant percebe "a humanidade em cada ser". A pessoa humana é fundamento e fim do Estado e da sociedade, nas lições de Jorge Miranda.[17]

Nesta ótica podemos compreender a *exigibilidade dos direitos humanos*, mesmo que não estejam no conjunto de normas do Estado, o que contraria os positivistas.

4. AMPLIAÇÃO DO CONCEITO

Da era dos tradicionais *direitos do homem*, impregnados pelo *individualismo* e pela concepção do *jusnaturalismo*, ingressamos na era em que o ho-

---

16 Ob. cit., pp. 49-50.

17 *Manual de Direitos Constitucional*, Coimbra, vol. 4, p. 166.

mem é cidadão do mundo, independente de suas fronteiras. A noção se alarga sejam quais forem os sistemas políticos, econômicos e culturais, projetandose a preocupação com a universalidade da punição diante de sua violação. Portanto, esta *universalidade* conduz ao tratamento global, eqüitativo e justo, que evoluiu do súdito para o cidadão, no dizer de Bobbio. Nos comentários de Arendt, pensadora de origem judaica, a aspiração ao gozo dos *direitos humanos* prescinde da participação dos indivíduos em uma comunidade igualitária construída e seu ex-aluno Lafer, no mesmo diapasão, ressalta a *interconexão dos direitos humanos com a democracia*, "o ponto de partida da elaboração dos direito humanos é o princípio republicano da igualdade e o princípio da não-discriminação, mas o desdobramento histórico deste ponto de partida norteia um processo de inclusão política, social e econômica" e passam os *direitos humanos* às preocupações da agenda internacional, vez que "as tensões de exclusão põem em questão a paz".[18]

Para tanto urge reconhecer as fontes do pensamento gestado a partir da própria realidade histórica, em especial do histórico-social na América Latina, onde os princípios da vida humana negada, da crítica e da libertação possam fermentar nova teoria e prática da Política e do Direito, conforme alerta Wolkmer.[19]

Além da *universalização dos direitos*, Bobbio chama *especificação dos direitos* as novas reivindicações que fazem a sua evolução relativa a sexo, fases da vida ou as condições de existência, como por exemplo as mulheres, a infância, o idoso, o enfermo e o deficiente físico e mental, dentre outros. Mas prefere não considerá-los de fundamento absoluto, porque o que parece fundamental numa época histórica e numa civiização não é fundamental em outra época e em outra cultura, portanto não há *direitos fundamentais por natureza*, porque mudam e continuam a mudar.[20]

Os *direitos humanos* impõem alguns valores comuns aos povos, embora não exista interesse nem ensejo de uniformidade cultural ou ocidentalização dos *direitos humanos*, conforme argumentam os *críticos da universalização.*

---

18 BOBBIO, *A Era dos Direitos*, Editora Campos, 11ª ed., pp. 33-34; ARENDT, Hannah, *A Origem do Totalitarismo*; LAFER, Celso, *Variações sobre os Direitos Humanos*, Estado de São Paulo, fls. A2, 18.02.2007.

19 WOLKMER, Antonio Carlos, *in Direitos Humanos e Filosofia Jurídica na América Latina*, p. 4.

20 BOBBIO, Norberto, *I Diritti Umani nel Mondo Contemporaneo*, 1988, Llaterza, A. Cassine; *idem*, *A Era dos Direitos*, ob. cit., pp. 18-19.

O período do pós-segunda guerra faz a comunidade internacional reconstruir os *direitos humanos* como um paradigma e referencial ético necessário para orientar uma nova ordem mundial, na observação de Piovesan.[21]

O *alargamento do conceito de direitos humanos* está muito mais na esfera do conteúdo, diante de reivindicações do homem no mundo globalizado, socialmente localizado, fruto do drama que nasce das necessidades reais e do atendimento a essas necessidades nas relações entre o homem e a sociedade, do que na anterior concepção da *dignidade da pessoa humana*.[22]

A *historicidade dos direitos humanos*, sua constante criação e transformação, ao ampliar cada vez mais o rol e a abrangência, e com rapidez, tornaram impossível a tarefa tipificá-los de modo fechado, porque as possibilidades de seu alcance impõem uma tipicidade aberta para assimilação das constantes necessidades do homem.

Cançado Trindade ressalta que "ninguém poderia supor ou prever, há alguns anos atrás, que as causas dos deslocados, dos marginalizados e excluídos, dos migrantes indocumentados (em busca de alimento, moradia, trabalho e educação) e das crianças abandonadas nas ruas, alcançassem um tribunal internacional como a *Corte Interamericana de Direitos dos Homens*, como tem efetivamente ocorrido, de modo sistemáico, a partr de sua sentença de 1999 no caso paradigmático dos *meninos de rua* (Villagrán Morales e outros).[23]

O *elenco de direitos fundamentais do homem* nunca é exaustivo, portanto, inexaurível ou de impossível tipicidade.

A nosso ver a própria *noção de dignidade da pessoa humana* mudou para acompanhar as transformações das exigências humanas, como, por exemplo, o *princípio da indivisibilidade dos direitos humanos*, no preâmbulo do *Pacto Internacional dos Direitos Civis e Políticos*, em vigor a partir de 1976. Este pacto expressa não ser realizado o ideal do ser humano livre, no gozo das liberdades civis e políticas e liberto do temor e da miséria, sem que se criem as condições que permitam a cada um gozar de seu direito. Até porque estes direitos têm um

---

21 PIOVESAN, Flávia, *Temas de Direitos Humanos*, São Paulo, Max Limonad, 1998, p. 49.

22 CLAUDIUS, Walter, *Direitos Fundamentais e suas Características*, Caderno de Direitos Constitucional e Ciência Política, nº 29, out.-dez./1999, p. 59.

23 A *Recta Ratio no Fundamento do Jus Gentium como Direito Internacional da Humanidade*, discurso de posse na Academia Brasileira de Letras Jurídicas, cadeira nº 42, Rio de Janeiro, Ed. Del Rey.

conteúdo de manutenção da *dignidade da pessoa humana*, mas em determinado contexto histórico, no dizer de Carvalho Ramos.

Esta *dignidade* está nos fundamentos da própria organização estatal expressa nas Constituições como imposição dos Estados Contemporâneos, que evoluíram nas concepções humanitárias do homem e da sociedade. A expressão *dignidade da pessoa humana* é fundamento na Constituição brasileira em vigor, artigo 1º, inciso IV; na Constituição espanhola, artigo 10, nº 1: "a dignidade da pessoa, os direitos invioláveis, o livre desenvolvimento da personalidade, o respeito à lei e aos direitos dos demais são fundamentos da ordem política e da paz social"; e na portuguesa, que reza:

> "Portugal é uma República soberana, baseada na dignidade da pessoa humana e na vontade popular e empenhada na construção de uma sociedade livre, justa e solidária."

Na esteira de Jorge Miranda[24] as características da dignidade humana são: direito à dignidade humana é direito da pessoa individual e concreta; a dignidade é dela e não da situação em si; a dignidade é da pessoa em relação comunitária; a liberdade prevalece sobre a propriedade, o primado da pessoa é de ser sobre o de ter; a proteção da dignidade se opõe além da cidadania que protege e postula visão universal de atribuição de direito; o direito da pessoa humana pressupõe autonomia vital da pessoa, sua autodeterminação relativa ao Estado, às demais entidades públicas e às outras pessoas.

Sarlet apresenta o *conceito de dignidade humana* como um complexo de direitos e deveres fundamentais que assegurem à pessoa contra todo e qualquer ato de cunho degradante ou desumano, como venham a lhe garantir as condições existenciais mínimas para uma vida saudável, além de propiciar a participação ativa corresponsável nos destinos da própria existência e da vida em comunhão dos demais seres humanos. Neste aspecto a ligação entre a *dignidade humana* e a inclusão social é analisada por Antunes da Rocha.[25]

Assim, os *direitos humanos* fazem ampliar o *conceito de cidadania*, porque o *exercício pleno da cidadania* ultrapassa as fronteiras nacionais para alcançar a plenitude dos *direitos humanos* reconhecidos e universalizados. Daí o liame in-

---

24 *Manual de Direito Constitucional*, Coimbra, 1991, tomo IV, p. 169.

25 SALET, Ingo Wolfgang, *Dignidade da Pessoa Humana e Direitos Fundamentais*, Porto Alegre, Livraria do Advogado, 2001, p. 60; ANTUNES DA ROCHA, Carmem Lúcia, *O Princípio da Dignidade da Pessoa Humana e a Exclusão Social*, Revista Interesse Público, nº 4, out-dez/1999.

separável entre *cidadania* e *direitos humanos*, que recebem proteção de *normas internacionais ou nacionais*.

Por todas as razões expostas preferimos a expressão *Direitos Humanos*, que é mais abrangente que *Direito Internacional dos Direitos Humanos*, posto que a violação à *dignidade da pessoa humana* em determinada localidade, ainda que mais esquecida ou remota, não protegida ainda por *norma internacional específica*, será sempre *violação de direitos humanos*, vez que estes são anteriores ao próprio Estado, inerentes à vida em grupamento social, do mais simples ao mais complexo.

Na Província de Tigre e na Eritréia os combatentes recrutaram agricultores, minaram terras, abateram o gado e confiscaram alimentos, portanto privaram a terra de produzir, acarretando efeitos imediatos e a longo prazo.[26]

Os *direitos humanos*, hoje indissociáveis das relações de democracia, direitos e políticas sociais, carecem de pesquisas que investiguem os impactos nos *direitos humanos* resultantes do *processo de globalização* que não os inclui. Vale dizer, de um lado *agências internacionais* delimitam as regulações nacionais, do outro as restrições no âmbito interno e suas conseqüências fomentam a *exclusão social*. O drama entre as políticas excludentes e metas de inclusão das cúpulas mundiais é sem dúvida o desafio para garantir o *direito à inclusão social*, reconhecido em todas as declarações e convenções internacionais como parte dos *direitos humanos* na sua indivisibilidade. Assim é o *direito à inclusão social* dos mais complexos porque enfeixa uma série de direitos fundamentais, sociais, econômicos e culturais, que dependem para sua efetivação da existência de mecanismos que enfrentem a pobreza no âmbito das relações internacionais e entre os nacionais.

Os *direitos humanos* não são mais abstratos ou meramente teóricos porque têm base na experiência do mundo real. Eles se concretizam pela positivação e jurisdicização, isto é, são garantidos pelo *direito positivo*, embora haja ainda muito a construir no que toca aos mecanismos de exigibilidade por parte dos particulares.

O *alargamento dos direitos humanos* ocorre em face de seu conteúdo consagrar a intenção de proteger um princípio maior que é a *dignidade da pessoa humana*, do ponto-de-vista ético-valorativo, nas lições de Carvalho Ramos,[27] que

---

26 Relatório da OMS, 2004, p. 225.

27 André, *Processo Internacional de Direitos Humanos*, Rio de Janeiro, Renovar, 2002, p. 13. Ver J. J. Gomes Canotilho, *Direito Constitucional*, Coimbra, Almedina, 1993, p. 556: opina por uma *dogmática aberta*, ao considerar que os *direitos fundamentais* não devem permanecer aprisionados em *teorias* ou *sistemas fechados*.

atribui uma compreensão aberta do âmbito das normas a fixar margens móveis. Estas margens móveis recebem a denominação de: *eficácia irradiante dos direitos fundamentais*. Ele também defende a *tese da não tipicidade destes direitos*, na esteira de Canotilho.

A *dignidade humana* está nos direitos de toda a natureza, inclusive nos novos direitos referentes à reprodução humana, no biodireito em geral, no direito de portadores de doenças incuráveis terem a possibilidade de uma existência digna com a possível cura resultante das pesquisas com células-tronco embrionárias. De um lado religiosos defendem que não se poderia fazer pesquisa com estes embriões porque eles já seriam vida. A outra corrente, a mais robusta, encontrou apoio no STF, que, em decisão histórica, votou a favor do prosseguimento da pesquisa em votação de seis contra cinco, ao considerar que a pesquisa pode ser feita em embriões, desde que tenham mais de três anos de congelados, portanto inaproveitáveis e com autorização do casal.

5. CARACTERÍSTICAS DOS DIREITOS HUMANOS

Historicidade

São *direitos históricos* porque elaborados, construídos e reconhecidos ao longo da história do homem, seja sob os aspectos jurídicos-formal ou moral, conforme as novas circunstâncias e as conquistas. A *história dos direitos do homem* é a história de sua luta por justiça e liberdade, processo lento, por vezes violento, que evolui e se eleva conforme o *nível moral da humanidade*. Basta a condição de ser humano para invocar a proteção no *direito interno ou internacional*, sem distinção de credo, sexo, raça, opinião política ou filosófica, status econômico, social ou cultural.

Universalidade

A *universalização* desses direitos, a partir da *Declaração Universal de Direitos do Homem*, de 1948, não exclui a consideração de que antes dela esses direitos foram reconhecidos no âmbito interno nas Constituições, o que tem gerado discussões teóricas e doutrinárias sobre as expressões *direitos humanos* e *direitos fundamentais*. Apesar das críticas quanto a se querer ocidentalizar esses direitos, ainda prevalece incontestável na doutrina e na jurisprudência, porque são direitos que transcendem as culturas humanas. Aliás, a *Declaração de Programa de Ação de Viena*, de 1993, subscrita por 180 países e com participação de 7.800 Ongs, insere a *dignidade da pessoa humana* como a principal beneficiária e logo no artigo 1º declara que o *tema da universalidade* está fora de discussão. No seu artigo 5º reza que "todos os *direitos humanos* são universais, indivisíveis, interdependentes e inter-relacionados" e que "a comunidade internacional deve tratar os *direitos humanos* de forma global, justa e eqüitativa, em pé de igualdade e com a mesma ênfase. Embora particularidades nacionais e regionais devam ser levadas em consideração, assim como diversos contextos históricos, culturais e religiosos, é dever dos Estados promover e proteger todos os *direitos humanos* e liberdades fundamentais, sejam quais forem seus sistemas políticos, econômicos e culturais".

A cultura, a falta de condições materiais e a diversidade cultural não justificam a violação destes direitos, que integram hoje o *ius cogens*. A *universalidade* destes direitos impõe padrão mínimo de *dignidade humana*, independente da cultura de um povo. Aliás, a Ciência oferece elementos que contribuem para fundamentar a *universalidade*. Senão vejamos: a dor física imposta por uma tortura será igual em qualquer parte do mundo e em qualquer ser humano, independente de sua cultura, porque a estrutura biológica e física é a mesma; a dor psíquica do encarcerado ou acorrentado é a mesma, independente de lugar, raça, credo, cor ou origem de nascimento; a fome e a falta de cuidados médicos causam as mesmas conseqüências físicas e psíquicas em qualquer parte do mundo, independente da cultura do povo. Portanto, conforme leciona Cançado Trindade "tradições culturais não podem acobertar nem justificar violações de *direitos humanos* universais" e não se invoca o *relativismo* ou o *multiculturalismo* como barreira para *universalismo* destes direitos.

Segundo Jack Donnelly a capacidade de criar e de transformar a cultura é um dos elementos que nos fazem humanos. Mas Boaventura de Souza Santos, crítico do *multiculturalismo dos direitos humanos*, em certo aspecto,leciona que aceita a *concepção multicultural dos direitos humanos*, desde que resultante do *diálogo intercultural*, isto é, há que existir um equilíbrio entre a *competência global* e a *legitimidade local*, sendo as concepções distintas de *dignidade humana* incompletas, o *multiculturalismo dos direitos humanos* nasceria deste *diálogo intercultural*, vez que ampliar-se-ia a consciência das incompletudes.[28]

---

28 AUGUSTO, Antonio, *Tratado de Direito Internacional dos Direitos Humanos*, vol. III, ob. cit., p. 303; DONNELLY, Jack, *Universal Human Rights in Theoriy and Pratictive*, p.

A *universalidade dos direitos humanos*, uma conquista da cultura humana, abrange três aspectos: *a*) *espacial*, porque são direitos em qualquer parte; *b*) *temporal*, porque estes direitos são atemporais; e *c*) de *âmbito da titularidade* porque não distingue e abrange a todos.

Superioridade normativa

O *reconhecimento dos direitos humanos* nos sistemas global e regionais de proteção indica a prevalência em relação aos demais direitos, seja em face das Cartas das Organizações Internacionais ou das Constituições de cada Estado. Esta prevalência foi ratificada e expressa no artigo 4º, inciso II, da Constituição Federal de 1988, que norteia as *relações internacionais* do Estado brasileiro.

Indivisibilidade

São direitos que se acumulam e se completam. Não se pode dar tratamento dicotômico, vez que todos possuem interseções. Assim não há divisão, por exemplo, entre direitos à liberdade e direitos sociais; à liberdade de expressão e o direito à informação.

Interdependência

São direitos que se entrosam, porquanto há interseções para atingirem suas finalidades.

Indisponibilidade

São direitos que nem por vontade do Estado ou de seu titular podem deixar de ser observados. São indisponíveis pela autoridade estatal ou pelo particular. As Cortes Internacionais, ao longo do tempo, demonstram em suas decisões que nem o indivíduo pode renunciar a estes direitos. De início as decisões, doutrina e jurisprudência fundamentavam-se em *princípios de ordem pública ou de ordem moral*. Esta opinião evolui para finalmente alcançar o *fundamento da dignidade da pessoa humana*. O exemplo marcante que ratifica a *indisponibilidade* é o caso que passamos a relatar: A prefeitura de Morsang-sur-Orge, na periferia de Paris, na França, proibiu a prática do arremesso de anão em casa noturna. Este senhor,

---

123; SANTOS, Boaventura de Souza, *Uma Concepção Multicultural de Direitos Humanos*, Revista Lua Nova, vol. 39, p. 111.

insatisfeito com a proibição, recorreu da decisão, sob alegação de que a diversão era com sua autorização, com equipamento de segurança e exercia um trabalho. O Conselho de Estado Francês manteve a proibição por invocação do precedente da *Corte Européia de Direitos humanos sobre Tratamento Degradante*, ao considerar que a *dignidade humana* limita a *autonomia da vontade*. Ainda insatisfeito, o trabalhador em questão processou a França, junto ao Comitê de Direitos Humanos, sob a alegação de violação ao seu direito à liberdade, ao trabalho e à vida privada. O Comitê reafirma a *indisponibilidade dos direitos humanos*, posto que a *dignidade da pessoa* se sobrepõe à própria *vontade individual* e decidiu que a proibição da prática em questão não é abusiva mas necessária para proteger a *ordem pública*, notadamente aquela que interfere na *dignidade humana*.[29]

Imprescritibilidade

Não há solução de continuidade, pois o decurso do tempo não acarreta a perda do direito.

Irrenunciabilidade

São *direitos irrenunciáveis*. porque o seu não exercício ou a autorização do titular não convalidam a sua violação.

Inalienabilidade

São direitos que não podem ser objeto de negócio ou transação.

29 Ver *Universalidade e Indivisibilidade dos Direitos Humanos*, BENVENUTO Lima Jr., Jayme, *Os Direitos Humanos Econômicos, Sociais e Culturais*, Rio de Janeiro, Ed. Renovar, 2001, p. 76.
Comitê de Direitos Humanos, Communication nº 854.199, parágrafo 7.4.

Capítulo III

DELIMITAÇÃO DOS DIREITOS HUMANOS

1. A SOBERANIA E OS DIREITOS HUMANOS

Normas de Direito Internacional podem criar restrições à *soberania* no seu sentido formal. Porém a obediência a *normas de direitos humanos* decorre do fato de que esses direitos integram o *ius cogens,* que são *normas imperativas de ordem jurídica internacional*, cuja existência foi reconhecida na Convenção de Viena sobre Direitos dos Tratados de 1969, no artigo 56.

O poder do Estado, que exprime a *soberania interna*, é submetido ao Direito Internacional. Hoje não mais se questiona a submissão do Estado à *ordem internacional* como necessário à sua própria existência. A *soberania estatal* implica em agir livre de subordinação a outro Estado. Mas ela não exclui a responsabilidade de agir em conformidade com respeito à *pessoa humana*, cuja dignidade é direito preconizado pelo *ius cogens* ampliado, quando a *pessoa humana* foi elevada a *sujeito de direito internacional.*

A *noção de soberania*, hoje, como poder incontrastável de decidir em última instância sobre a validade jurídica das normas e dos atos, dentro do território nacional, não exclui a observância deste Estado às normas no âmbito externo. É neste âmbito externo que a *noção de soberania* precisa ser compreendida para a manutenção da paz. Neste aspecto a *soberania* fica flexibilizada. Não significa transferir bens e direitos, mas agir conforme os princípios que abrangem a todos e não coloque em risco a paz mundial. Para tanto a Constituição brasileira de 1988 fixou a prevalência dos *direitos humanos* como princípio regente das relações internacionais (artigo 4º, IV).

Ora, não há incompatibilidade entre *soberania* e *prevalência dos direitos humanos*, vez que os organismos internacionais de verificação somente agirão para proteção de *direitos humanos* quando o Estado onde ocorreu a violação deixar de fazê-lo.

Há limites básicos à atuação do Estado em face dos *direitos humanos*.

Na jurisprudência e na doutrina prevalece o entendimento de que a *norma de direitos humanos* é prevalente no direito internacional, o que supera o debate do *relativismo dos direitos humanos* em face da *diversidade cultural ou política*.

A *Corte de Justiça Européia* declarou-se competente para julgar conflitos entre o *direito comunitário europeu* e o *direito constitucional interno* dos países membros nas questões referentes aos *direitos fundamentais*, com base na prevalência do primeiro sobre o segundo, em sentença citada por Mazzuoli,[1] que considera dois fundamentos irreconciliáveis: a *soberania no sentido absoluto* e a *proteção internacional dos direitos humanos*. Este autor considera que não há ameaça à *soberania* porque o caráter da proteção de *direitos humanos* é subsidiário e complementar, mas são irreconciliáveis os dois fundamentos "a menos que se remodele o conceito de soberania, para passar a dizer respeito à cooperação internacional dos Estados em prol de finalidades comuns."

Não se discute mais a *supremacia da soberania nacional* nesta matéria porque os *direitos humanos* decorrem de pactos e convenções reconhecidos pela soberania dos próprios Estados. A nosso ver, quando um Estado assume compromissos, ele age com base em sua *capacidade de autodeterminação*, por seu poder de decisão, que é *ato de soberania*, do mesmo modo que a adesão ao *Tribunal Penal Internacional*, embora em outra moldura, mais coerente com a *internacionalização dos direitos humanos*. Isto significa redimensionamento da noção clássica de *soberania absoluta* do Estado, inadmissível hoje. A noção de *responsability to protect,* que é a *responsabilidade internacional de proteção*, tornou-se um dever do Estado e não mais uma ingerência.

O Estado que não aderiu a um Pacto também não escapa de suas responsabilidades perante a organização da qual faz parte, como por exemplo, a ONU.

O Estado que violou *direitos sociais* protegidos, verificada a violação, uma vez reconhecida em *mecanismo quase judicial ou judicial*, isto é, por *conselho ou comissão de direitos humanos*, ou por *corte de direitos humanos*, ficará obrigado a executar *políticas públicas* que propiciem exercício do direito vindicado, embora seja forçoso reconhecer que os *direitos sociais* gozam de menor aplicabilidade do que os *direitos civis e políticos*.

Não há, portanto, ofensa à *soberania*, mas *revisão da noção de soberania no âmbito externo* para compatibilizá-la aos *ditames de uma ordem inter-*

---

1 MAZZUOLI, Valério de Oliveira, *Soberania e Proteção Internacional dos Direitos Humanos: Dois Fundamentos Irreconciliáveis*, Revista de Informação Legislativa.

nacional, que se impõem com força de obrigar, que resulta de compromissos assumidos pelos Estados de respeito a um mínimo ético aceitável para a própria preservação da humanidade.

Em razão da soberania e da autodeterminação dos povos a acionabilidade de organismos internacionais depende do esgotamento das vias internas no Estado pretenso ofensor, salvo se houver decorrido um tempo que denote insuficiência ou falta de interesses na responsabilização e providências para fazer cessar a violação de direitos ou reparar direitos violados.[2]

Duas são as correntes sobre o *esgotamento das vias internas*: uma que entende ser um requisito *meramente processual*, isto é, a responsabilidade do Estado começa com a violação do direito internacional; a outra é a *substantiva*, pois a responsabilidade do Estado somente tem início quando esgotados os *recursos internos*.

A *questão do esgotamento* é polêmica e sem unanimidade na doutrina. Cançado Trindade[3] prefere se afastar da inútil polêmica para se situar na própria essência da *proteção internacional*, que altera a dúvida quanto ao *esgotamento dos recursos internos*. Vale dizer que o direito a recurso célere e útil nos tribunais competentes está garantido pela *Convenção Americana de Direitos Humanos*, aliás da qual o Brasil faz parte, e neste caso se no âmbito interno o Estado não cumprir esta obrigação, então arcará com dupla responsabilidade: aquela que deu origem à *violação de direitos* e a de não promover os recursos internos adequados à reparação do dano causado.

2. PRINCÍPIO DA PROPORCIONALIDADE

O *princípio da proporcionalidade*, que a doutrina e jurisprudência exigem que seja a adequação de medidas do Estado para consecução de seus fins, necessidade da medida e equilíbrio ou ponderação de finalidades, pode ser argüido para limitar a atuação estatal, diante da *violação de direitos humanos*. Importante princípio utilizado pelo Direito Constitucional em face da colisão entre direitos,

---

2 A. A. CANÇADO TRINDADE, *Co-existence and Co-ordination of Mechanisms of Internaional Protetion of Human Rights (at Global ADN Regional Levels)*, Recueil dês Curs de l'Académie de Droit International de La Haye, 1987, pp. 410-412; *O Esgotamento de Recursos Internos no Direito Internacional*, 2ª ed., Brasília, Editora Universidade de Brasília, 1997.

3 *O Esgotamento de Recursos Internos no Direito Internacional*, 2ª ed., Brasília, Editora Universidade de Brasília, 1997.

é utilizado pelas *Cortes Internacionais de Direitos Humanos*, que modelam decisões históricas para a concretização e proteção desses direitos.

A Corte Européia permite limite de direito desde que fundado na segurança (8.2), na moral, na proteção de ordem pública (9.3) e bem-estar da sociedade democrática (artigo 29 da Declaração Universal de Direitos do Homem).

A Corte Européia decidiu ser desproporcional a lei da Irlanda que criminalizava as *práticas homossexuais*. Em memorável decisão considerou expressamente que os pretensos anseios da maioria da população de proteger a decência não são legítimos fins, porque "a maioria conservadora e intolerante", sob "pretenso clamor da maioria foi desproporcional", ao impor a sanção criminal. Neste caso a Corte condenou o Reino Unido por *violação de direitos humanos*, vez que a lei remonta do século XIX, apesar de ainda estar em vigor na ocasião da sentença. Ora, qualquer restrição a direitos tem que oferecer proporcionalidade entre a restrição e fins colimados pela restrição. Assim têm avançado o âmbito da abrangência e aplicação dos *direitos humanos*, que saem da investigação político-filosófica para ocupar a concretização nas *cortes internacionais*.

3. ABUSO DE DIREITO

O *abuso de direito*, de origem no Direito Privado, admitido pelo Direito Administrativo, traz polêmica para o *Direito Internacional* porque a *Declaração Universal de Direitos do Homem* veda a suspensão ou destruição de direitos ou liberdades em face de outro direito (artigo 30).

Nesta ótica a Corte Européia condenou a Irlanda por *restrição ao devido processo legal* em face da prisão de um trabalhador em Dublin, mantido preso por seis meses, sem que fosse levado a qualquer juiz sob alegação de que seria terrorista. Entendeu a Corte que violar *direito ao devido processo legal* não se justifica pelo fato de as autoridades combaterem o *terrorismo*.

Aliás, o *combate ao terrorismo* não pode servir de capa protetora para o arbítrio e a barbárie por vezes desempenhada por Estados que no afã de perseguir supostos terroristas ou salvaguardar a incolumidade das pessoas, agem de forma desmedida e truculenta, até o *cometimento de assassinato* por mera *suposição de terrorismo*, como por exemplo a morte com tiros pelas costas de um brasileiro na estação do metrô de Londres por autoridades inglesas. Tais procedimentos merecem atenção especial nas *Cortes de Direitos Humanos*, para que não se instaure o terrorismo de Estado que atua acima do direito, dos tratados e convenções rumo a um retrocesso do *Estado Democrático de Direito*. O Estado pode se transformar para o melhor ou para o pior e neste sentido lembramos Whitaker da Cunha que leciona:

> "Nada obsta que o Estado seja também o *herói absurdo* de Camus, caminhando com passos seguros, rumo às próprias vicissitudes, de cujo fim não terá notícias".[4]

4. EMERGÊNCIAS E DIREITOS HUMANOS

As *medidas restritivas de suspensão temporária de direitos* somente podem ocorrer com duração limitada às exigências, previstas em geral nas Constituições e no *Pacto Internacional de Direitos Civis e Políticos* (artigo 4º) e aplicadas eventualmente em circunstâncias excepcionais, quando houver risco ou ameaça efetiva à existência da Nação. Portanto, o fundamento não será simplesmente a defesa do Estado, mas a defesa do *Estado Democrático de Direito*, submetido a perigo extremo, que carece de procedimentos transitórios que o assegure. O denominado *estado de emergência*, que em cada Estado assume denominação própria nada mais é que *suspensão de alguns direitos individuais*, com vistas à *fruição de direitos ameaçados*, à preservação do *Estado Democrático de Direito* e não se destina ao *uso da força estatal* para agir com arbítrio além dos ditames da justiça, da dignidade humana e do direito.

Ainda que deflagrada a *emergência* são resguardados os direitos à vida, à integridade pessoal, o direito de não ser preso, às liberdades de pensamento, consciência e religião e vedadas a escravidão e a discriminação de raça, cor, sexo, idioma e origem social e durante a sua vigência a *Convenção Americana de Direitos do Homem* (artigo 27) proíbe a suspensão de direitos da criança, da nacionalidade, políticos, e da proteção à família.

A Constituição brasileira de 1988 dispõe sobre a prisão (artigo 136, 3, I e II), durante o *estado de defesa* e durante o *estado de sítio* (artigo 139, VII).

O *uso de medidas restritivas de direitos do homem* por razões de Estado não justificam a barbárie recente na história da América Latina nem justificarão qualquer anseio despótico de pessoas, grupos ou partidos no poder. Sem a plenitude do gozo e fruição dos *direitos humanos* não há Estado Democrático de Direito.

5. FONTES MATERIAIS E FORMAIS

As *fontes dos direitos* são os próprios fenômenos que ocorrem na sociedade, isto é, a forma que o pré-jurídico assume no momento em que se torna jurídico. *Fontes materiais de direito*, em geral, são "formadas por fenômenos

---

4 Ob. cit., p. 48.

sociais e pelos elementos extraídos da realidade social, das tradições e dos ideais dominantes, que contribuem para formar o conteúdo ou a matéria das regras jurídicas, isto é, das fontes formais de direito".[5]

As *fontes materiais dos direitos humanos* são as verdadeiras fontes. O manancial gerador dos *direitos humanos* está em toda parte, inclusive nos conflitos entre grupos e povos. Especialmente eles nascem do conflito entre a necessidade de viver dignamente o gênero humano e as adversidades sociais que criam obstáculos a sua evolução. Logo, os *direitos humanos* são direitos do drama social, latente nas sociedades, fruto de conflitos sociais, econômicos, religiosos, étnicos e culturais.

As *fontes formais* resultam das regras jurídicas internas ou internacionais que dão conteúdo e positividade aos *direitos humanos*. Vale dizer que partem da vida social, emergindo para o direito através de leis e códigos, nos países de tradição romano-germânica, conforme o Brasil, e de tratados e declarações internacionais de direitos, de decisões e jurisprudência de tribunais internacionais e dos costumes. São as normas jurídicas exteriorizadas no âmbito do direito

As *fontes materiais e formais* são *fontes diretas*. Quanto às *fontes indiretas*, a *doutrina* é a palavra dos juristas e estudiosos, que de modo inquestionável influi na interpretação do direito junto aos advogados e magistrados ao decidirem caso a caso.

As *fontes formais* são os documentos internacionais, por exemplo, as *declarações de direitos*, que reconhecem a existência de direitos e sugerem aos Estados a sua observância e inclusão nas legislações; os *tratados internacionais*, com força de obrigar, genericamente assim denominados os pactos, convenções e protocolos; e a *jurisprudência dos tribunais internacionais*. Houve discussão doutrinária a cerca da obrigatoriedade e força vinculante da *Declaração Universal dos Direitos do Homem*, hoje superada porque prevaleceu a *força vinculante*, que deu positividade aos *direitos do homem* no âmbito internacional.

Os principais documentos internacionais, por ordem de elaboração e não da entrada em vigor, inclusive as declarações que não têm força de obrigar, mas sugerem que direitos sejam incorporados pelos Estados, são os seguintes:

---

5 GUSMÃO, Paulo Dourado de, *Introdução ao Estudo de Direito*, Forense, p. 136.

CONVENÇÃO DE GENEBRA (1864);

CONVENÇÃO SOBRE TRÁFICO DE ESCRAVOS E ESCRAVAS HUMANAS (1904) – condenou o *aliciamento de escravas para a prostituição* com menos de 20 anos e em 1910 passa para 21 anos na Convenção Americana;

ATO GERAL DA CONFERÊNCIA DE BRUXELAS (1890) – sobre a *repressão ao tráfico de escravos africanos*;

CONVENÇÃO SOBRE A ESCRAVATURA (1926);

CONVENÇÃO RELATIVA AO TRATAMENTO DE PRISIONEIROS DE GUERRA (Genebra 1929);

CARTA DAS NAÇÕES UNIDAS;

DECLARAÇÃO UNIVERSAL DOS DIREITOS DO HOMEM (1948);

DECLARAÇÃO AMERICANA DOS DIREITOS E DEVERES DO HOMEM – adotada em 30 de abril de 1948;

CONVENÇÃO PARA A PRESERVAÇÃO E A REPRESSÃO DO CRIME DE GENOCÍDIO (1948);

CONVENÇÃO DE GENEBRA DE 1949 – trata da proteção das *vítimas de conflitos bélicos*;

CONVENÇÃO DE NOVA YORK (1950);

CONVENÇÃO RELATIVA AO ESTATUTO DOS REFUGIADOS (1951);

CONVENÇÃO EUROPÉIA DOS DIREITOS DO HOMEM – celebrada em Roma, em 4 de novembro de 1950, em vigor em 1953; é avançado instrumento de proteção dos *direitos do homem*;

CONVENÇÃO PARA REPRESSÃO DO TRÁFICO DE PESSOAS E DO LENOCÍNIO (1951);

CONVENÇÃO SOBRE OS DIREITOS POLÍTICOS DA MULHER (1952) – prevê a não discriminação no direito de votar e ser votada, exercício de cargo público, dentre outros;

DELARAÇÃO DOS DIREITOS DA CRIANÇA (1952);

DECLARAÇÃO SOBRE CONCESSÃO DE INDEPENDÊNCIA DOS PAÍSES COLONIAIS- a sujeição dos povos ao domínio é negação dos direitos fundamentais do homem, pois trata-se de *autonomia coletiva*;

DECLARAÇÃO SOBRE ELIMINAÇÃO DE TODAS AS FORMAS DE DISCRIMINAÇÃO RACIAL (1963 e 1965);

PACTO INTERNACIONAL DE DIREITOS CIVIS E POLÍTICOS – aprovado pela Assembléia Geral das Nações Unidas em 1966, em vigor somente em 3 de janeiro de 1976;

PROTOCOLO SOBRE O ESTATUTO DOS REFUGIADOS (1966);

PACTO SOBRE DIREITOS ECONÔMICOS, SOCIAIS E CULTURAIS – aprovado pela Assembléia Geral das Nações Unidas, em vigor em 1996, reconhece os seguintes direitos: 1. trabalho; 2. associação em sindicatos; 3. greve; 4. previdência social; 5. constituição e manutenção da família; 6. proteção especial da criança e adolescente contra a exploração econômica e no trabalho; 7. proteção contra a fome; 8. cooperação internacional; 9. saúde física e mental; 10. educação; 11. respeito á cultura da cada povo e região; 12. progresso científico e técnico; 13. alimentação; 14. vestuário; 15. moradia adequada; em 1987 foi criado o *Comitê de Direitos Econômicos, Sociais e Culturais* para monitorar a implementação do Pacto, com faculdade de receber relatórios da sociedade civil como complementares aos relatórios dos Estados-Partes;

CONVENÇÃO SOBRE A ELIMINAÇÃO DE DISCRIMINAÇÃO À MULHER (1967) – cria em 1979 o *Comitê dos Direitos da Mulher*, para monitorar a sua implementação;

CONVENÇÃO AMERICANA DE DIREITOS DO HOMEM (1969) – resultante de reunião da OEA, reunindo-se os países signatários em San José da Costa Rica, é proteção regional, como fruto da sugestão da ONU, que estimula a fixação de pactos e instrumentos de defesa dos *direitos humanos*; entrou em vigor em 25 de maio de 1999, aliás ratificada pelo Brasil em 1992 (Decreto Legislativo nº 270), ocasião em que formulou a declaração interpretativa de que "o governo do Brasil entende que os artigos 43 e 48 não incluem o direito automático de visitas e inspeções *in loco* da Comissão", as quais dependerão da concordância do Estado;

DECLARAÇÃO DE DIREITOS DO DEFICIENTE FÍSICO (1971);

CONVENÇÃO RELATIVA À PROTEÇÃO DO PATRIMÔNIO MUNDIAL, CULTURAL E NATURAL (1972);

CONGRESSO DA ONU, em Genebra, em 1975,elabora a declaração sobre prevenção do delito e tratamento do *criminoso*, declara a proteção de toda pessoa contra a *tortura* e qualquer tratamento ao preso;

ACORDO DE HELSINK (1975);

CARTA AFRICANA DE DIREITOS HUMANOS E DIREITOS DOS POVOS (1981) – aprovada na Conferência Ministerial da Organização da Unidade Africana (OUA), em Banjul, no Gâmbia e adotada pela XVIII Assembléia dos Chefes de Estado e Governo da OUA em Nairob, no Quênia, em 27.01.1998;

CARTA AFRICANA DOS DIREITOS E BEM-ESTAR DA CRIANÇA;

DECLARAÇÃO SOBRE DIREITO AO DESENVOLVIMENTO (1986) – que define no *preâmbulo* ser o desenvolvimento um direito humano inalienável; a igualdade de oportunidade para o *desenvolvimento* é prerrogativa das nações e dos indivíduos que as compõem, é um processo econômico, social, cultural e político abrangente, portanto o *desenvolvimento* é estratégia para um *programa de direitos humanos* mais amplo; esta declaração diz respeito a três aspectos: 1. ressalta a importância da *participação*; 2. o *desenvolvimento* deve integrar o elenco das necessidades básicas da justiça social; 3. ressalta a necessidade da integração de programas e políticas estatais, inclusive a da *cooperação internacional*;

CONVENÇÃO CONTRA A TORTURA E OUTROS TRATAMENTOS OU PENAS CRUÉIS, DESUMANAS E DEGRADANTES – aprovada pela ONU, em 10.12.1984, dispõe sobre um *Comitê contra a Tortura*, formado por peritos, para examinar as medidas expressas nos relatórios dos Estados para o cumprimento da Convenção, com atribuição de convidar o Estado onde houver ocorrência sistemática de tortura para prestar informações; definiu a tortura no artigo 1º e no artigo 14 reza que os Estados estabeleçam um sistema jurídico que inclua "o direito à reparação e à indenização justa e adequada" para as vítimas ou seus familiares;

CONVENÇÃO INTERAMERICANA PARA PREVENIR E PUNIR A TORTURA (1985);

CONVENÇÃO SOBRE DIVERSIDADE BIOLÓGICA (1992);

CONVENÇÃO EUROPÉIA DE DIREITOS HUMANOS – para *prevenção de tortura* e castigos ou *tratamento desumano ou degradante*, é documento regional, aprovado em Estrasburgo, em 16.11.1987, por Estados-membros do Conselho da Europa, criando o Comitê Europeu para visita em todos os países signatários onde houvessem pessoas privadas de liberdade por decisão de autoridades públicas;

CONFERÊNCIA MUNDIAL DOS DIREITOS HUMANOS (Viena, 1993) – aprovou a Declaração de Viena, na qual os Estados reafirmam "promover o respeito universal e a observância e proteção de todos os *direitos humanos* de liberdades fundamentais de todas as pessoas, em conformidade com a Carta das Nações Unidas" e o direito de não ser torturado mesmo em períodos de distúrbios internos ou internacionais ou de conflitos armados;

CONVENÇÃO INTERAMERICANA PARA PREVENIR, PUNIR E ERRADICAR A VIOLÊNCIA CONTRA A MULHER– entrando em vigor em 06.06.1994, foi ratificada pelo Brasil em 27.11.2005;

DECLARAÇÃO DE PEQUIM – adotada pela 4ª Conferência Mundial sobre a Mulher, em 15.09.1995;

CONVENÇÃO SOBRE O CRIME ORGANIZADO TRANSNACIONAL E SEU PROTOCOLO COMPLEMENTAR PARA PREVENIR, ELIMINAR E PUNIR O TRÁFICO DE PESSOAS, ESPECIALMENTE MULHERES E CRIANÇAS (2000);

DECLARAÇÃO DO MILÊNIO – adotada pela Assembléia Geral da ONU, acolhe a *solidariedade* e a *responsabilidade compartilhada* como valores para as *relações internacionais* para o século XXI;

CONSTITUIÇÃO DA COMUNIDADE EUROPÉIA (2004);

CONVENÇÃO INTERNACIONAL PARA A PROTEÇÃO DE TODAS AS PESSOAS CONTRA AS DESAPARIÇÕES FORÇADAS.

Há ainda compromissos dos Estados Signatários em metas estabelecidas nas *cúpulas mundiais*:

CÚPULA DO MILÊNIO e as Metas;

CÚPULA MUNDIAL DO DESENVOLVIMENTO SUSTENTÁVEL e suas Metas.

6. CLASSIFICAÇÃO DOS DIREITOS HUMANOS

6.1. O Problema da Classificação

São divergentes as óticas com relações aos *direitos humanos* no plano interno e internacional quanto às garantias, à prevalência da *norma e aos obstáculos* a serem transpostos.

Enquanto uma corrente considera que é preciso consolidar estes direitos no âmbito interno dos Estados para alcançar maior dimensão no plano universal, a outra considera que a *universalização* é a mola propulsora para o seu respeito e observância no plano interno.

Não nos parece, à luz da observação histórica, que somente uma delas seja adequada. Forçoso é reconhecer que estes direitos nasceram no *âmbito interno*, na França e no reconhecimento do povo inglês, mas sob influência do *direito natural* receberam o *caráter de universalidade*, sedimentado pela cultura e reforçados pelos movimentos religiosos.

Cumpre ressaltar que a *internacionalização* compeliu os Estados a reconhecê-los no *âmbito interno*, ao inseri-los em Constituições, legislações e políticas públicas, bem como reprimir a sua violação ainda que seja mais pelo constrangimento no *âmbito internacional* do que por efetiva punição na prática.

Hoje a *dignidade humana* conduz à idéia de ela ser um fim em si mesma, porém, mais que isso, leva à condenação de práticas que a aviltam conforme a *escravidão*. A *dignidade humana* constitui conjunto de direitos que coloca o homem a salvo do arbítrio, do abuso de direito, da discriminação e do tratamento degradante.

Os *direitos humanos* não são direitos contra o Estado mas por intermédio do Estado, a quem cumpre criar *ações legislativas e administrativas* que propiciem o seu pleno exercício, bem como adotar medidas para alcançar estágios mais elevados no desenvolvimento da população, em cumprindo os compromissos assumidos ao ratificar tratados, pactos e convenções. Mas por serem *direitos históricos* e de natureza variada que incidem sobre indivíduos, grupos ou população, torna-se mais difícil sua classificação.

6.2. Classificação Tradicional

Na *classificação tradicional* podemos encontrar o seguinte:

Direitos civis ou *liberdades civis* são os direitos de pensamento, consciência e religião, opinião e expressão, de domicílio, reunião e associação de fins pacíficos;

Direitos pessoais são os direitos à vida, nacionalidade, reconhecimento perante a lei, proteção contra penas cruéis, desumanas e degradantes, contra discriminações de qualquer espécie e a segurança pública;

Direitos econômicos, sociais e culturais são direitos ao trabalho, à instrução, à saúde, à participação na vida cultural e da comunidade e atendimento sem discriminação nas repartições públicas;

Direitos políticos são os direitos de participar do governo e das eleições, ao sufrágio igual e universal;

Direito à subsistência digna são os direitos à alimentação e ao padrão de vida adequada, inclusive direitos à habitação e à salubridade da água e saneamento básico.[6]

---

6 Classificação com base em DONNELY, Jack, *Internacional Human Rights: a Regime Analyses. Internacional Organizations*; ver ainda, do mesmo autor: *Universal Human Right in Theory and Pratice*, 2ª ed., Ithaca/London, Cornel University Press, 2003, que na p. 135 discorre sobre a *vontade política* que ofereceu um suporte ao *sistema europeu*, com a aceitação voluntária dos Estado, p.135; ARAGÃO, Selma, *Direitos Humanos na Ordem*

Direitos judiciais são os direitos referentes ao acesso à justiça, presunção de inocência, ao devido processo legal, justo e imparcial, irretroatividade da lei penal, proteção contra detenção ou prisão arbitrária, apreciação do Judiciário a lesão ou ameaça de lesão de direitos, existência de Poder Judiciário e do Ministério Público isentos, impolutos e imparciais sob controle da sociedade;

Direito ao meio ambiente equilibrado e adequado.

Os *direitos humanos* podem ser: *lato sensu*, quando estão incorporados nas *normas de direitos humanos* admitidas na história para os tempos de paz; *stricto sensu* reconhecidos em *normas excepcionais*, voltadas para tempos de guerra ou para regular situações dos indivíduos nas *graves perturbações da ordem interna ou internacional*, conforme as *normas de direito humanitário*, dos *direitos dos refugiados* e dos *direitos resultantes do asilo político*, em especial na América Latina.[7]

Na classificação conforme *sujeitos ativos e passivos das violações*, preferimos distinguí-las conforme as *vítimas de violações*, que podem ser: uma pessoa (tortura para que a pessoa confesse no interior de uma prisão); grupo de pessoas (genocídio, que explicaremos neste capítulo); minorias (ataques aos homossexuais, a moradores de rua, discriminação contra ciganos); população (ataque ao Metrô de Madrid em 11.04.2004 e agressões contra a população de um Estado, com violação de tratados e convenções).

Podemos distinguir as *violações* conforme a *participação* ou *omissão* do Estado, quando for:

1. *o Estado ao qual integra a vítima ou agressor*, por exemplo o massacre no Carandiru por ação de agentes do Estado de São Paulo; desaparição forçada quando o Estado por ação ou omissão acoberta os fatos que levaram ao desaparecimento de pessoas ou corpos durante a ditadura de 64;

2. *um Estado ou mais de um Estado estrangeiro*: a Indonésia no Timor Leste; os EUA no Iraque; os EUA na base de Guantánamo, onde não são aplicadas leis americanas ou tratados internacionais para *prisioneiros de guerra*, a partir de fins do ano 2001. Em 2006 havia em Guantánamo cerca de 600 detentos, originários de 40 países, denominados *inimigos combatentes*, sem direito

---

Internacional, Forense, Rio de Janeiro, 2000; *Direitos Humanos do Mundo Antigo ao Brasil de Todos*, Forense, Rio de Janeiro, 3ª edição.

---

7 SOARES, Guido Fernando Silva, *Os Direitos Humanos e a Proteção dos Estrangeiros*, em Revista de Informação Legislativa, Brasília, ano 41, nº 162, abr/jun, pp. 169-204.

a advogado ou informações do que são acusados. A Corte Suprema dos EUA, em junho de 2008, em decisão histórica, considerou que liberdade e segurança podem conviver, conforme o voto vencedor de Anthony Kennedy quanto ao caso de 37 prisioneiros. A decisão ocorre mesmo contra lei do Congresso Americano, que permitia a permanência de prisioneiros sem a garantia do *habeas corpus*. O *voto vencedor* fez referência a uma lei do início de século XVIII, que ressalta que os Poderes Executivo e Legislativo não poderiam ligar e desligar a Constituição à vontade, porque levaria a um regime em que eles e não o tribunal é que diriam "o que é a lei". A Corte, ao decidir que a Constituição deve prevalecer em Guantánamo, beneficiará os demais prisioneiros daquela área, que é território de Cuba arrendado aos EUA.

3. *um grupo do mesmo Estado da vítima*: esquadrão da morte em São Paulo; os skin-red em São Paulo, no Brasil; organização criminosa que matou o Jornalista Tim Lopes e que mantém o chamado *microondas*, onde tortura e enterra suas vítimas; tribunais do crime, todos de atuação à margem e na ausência do poder do Estado.

Direitos violados por grupos internos no território do Estado:

1. *terrorismo de natureza política*: não incluídas as *lutas por independência*, porque são *lutas por libertação*, que é *direito dos povos*;

2. *organizações criminosas*: grupos de extermínio, freqüentes no Brasil; organizações criminosas, denominadas comando vermelho, comando vermelho puro, amigos dos amigos, primeiro comando.

Direitos violados por grupos estrangeiros:

1. *de natureza política* – que atacam indiscriminadamente a população civil, por exemplo a Al-Quaeda;

2. *organizações criminosas* – são organizações transnacionais, que não visam a consecução de objetivos políticos, por exemplo máfias do narcotráfico, organizações de narcotraficantes.

Quanto aos *direitos violados por Estado ou Estados estrangeiros*, ocorrem:

1. em *tempo de guerra*;

2. no *pós-guerra*: *a*) para com os presos – tortura de presos iraquianos praticada no Iraque por soldados norte-americanos; *b*) para com a população do Estado vencido; *c*) para com a população do Estado vencedor, por exemplo, os iraquianos que decapitaram norte- americanos no Iraque;

3. em *tempo de paz*.

Há grupos inseridos na *Declaração Universal dos Direitos dos Povos*, que são *minorias étnicas, linguísticas ou culturais*, sobre os quais incidem *violações de direitos*.

São eles: 1. imigrantes ou seus descendentes; 2. nação sem território no mapa; 3. povos nômades-ciganos; 4. aqueles formados por falantes da língua ou dialeto, que vivem à margem da cultura oficial.

No Brasil podemos distinguir as *violações por parte do aparelho estatal ou por particulares*.

1. *Violações por parte do aparelho estatal*:

a) *pela polícia e instituições prisionais* – são as mortes nas dependências das instituições carcerárias e delegacias de polícias, em operações de confronto ou sem confronto em que predomina a força policial sob violência excessiva em atuação além da lei; tortura para confissão de crimes e autorias; tratamento dispensado nas instituições prisionais ao preso e à família do preso; entrega de detidos para facções criminosas inimigas para serem torturados ou mortos;

b) *por ação do Estado nas repartições públicas* – maus-tratos em hospitais e ambulatórios públicos que deixam pacientes em condições sub-humanas; atendimento desumano e humilhante em repartições públicas, dentre elas os *postos da previdência social* aos economicamente mais carentes e nas instituições de criança e adolescentes.

2. *por omissão do Estado* – ausência do Estado nas instituições prisionais, permitindo crimes, massacres e atos de vandalismo, dentre eles as mortes com decapitação e esquartejamento no interior de instituição prisional entre os presos em junho de 2004 na casa de custódia de São Cristóvão; ausência do Estado em morros e favelas, permitindo o domínio de grupos criminosos, que instalam o medo e a barbárie, submetendo os moradores das comunidades carentes; ausência do Estado nas comunidades indígenas, nos conflitos entre índios e garimpeiros, que culminou com o massacre de 29 garimpeiros pelos índios cinta-largas na reserva Roosevelt em 2004; omissão do Estado diante da entrada de armas para as mãos de traficantes, que submetem a população;cemitérios clandestinos na favela da Grota e no Morro do Fubá no Rio de Janeiro,cuja existência é de conhecimento da população, os denominados *microondas*; omissão do Estado, que deixou sem emprego milhares de militares especializados em armamentos, do que resultou em perigosa e potente mão-de-obra para o tráfico de drogas; ausência do Estado no controle de armamento das forças armadas que possibilitou na aquisição de granadas M3 e M20 nas mãos de traficantes, embora sejam minas de lote, vendido às *forças armadas* e de fabricação nacional.

A *exclusão social* constitui sintoma da omissão do Estado em grave violação a direitos do homem, que são os direitos à: moradia adequada, ao trabalho, de acesso alimentar, à saúde, amparo à criança e ao adolescente, ao enfermo e aos idosos.

Violações por particulares são praticadas por:

a) *grupos* – os *grupos de extermínio*; as denominadas *milícias*, no município do Rio de Janeiro; os grupos criminosos que torturaram e mataram o jornalista Tim Lopes, encontrado em 11 de junho de 2000 no cemitério clandestino no alto da Favela da Grota, onde foi julgado, sacrificado e morto por criminosos conhecidos pelas autoridades policiais por práticas de atrocidades; os tribunais do crime, explicados no capítulo VI;

b) *indivíduos* – a *pistolagem*, mais comum da região rural; atos típicos de crueldade e maus-tratos à criança, ao doente psíquico, ao idoso, ao enfermo, ao trabalhador e ainda a exploração sexual e econômica à criança, ao adolescente e à mulher, contra morador de rua, crianças nas ruas, contra homossexuais.

7. CRIMES INTERNACIONAIS QUE POR SUA ATROCIDADE AFETAM A COMUNIDADE INTERNACIONAL

Há *violações de direitos da pessoa humana* que por sua gravidade afetam a *comunidade internacional* no seu conjunto e constituem *crime internacional*. Eles estão tipificados no *Estatuto de Roma*, nos artigos 6º, 7º e 8º, que avançou no sistema de proteção e de aplicação de penalidades, que variam de *pena de prisão* até o limite e 30 anos, ou *pena de prisão perpétua* se elevado o grau da ilicitude e condições pessoais do condenado que a justifiquem. Além da *pena de prisão* a multa, conforme critérios do regulamento processual, inclui a perda de produtos, bens e haveres provenientes, direta ou indiretamente, do crime, sem prejuízo dos direitos de terceiros que tenham agido de boa-fé.

São tipificados os crimes internacionais de maior gravidade:

Crimes de Genocídio

Genocídio é palavra formada do grego *genos* (tribo ou nação) e do sufixo latino *occidere* (matar). Genericamente o *crime de genocídio* é perpetrado com intenção de destruir grupos sociais, étnicos, religiosos ou nacionais. Expressão usada na obra *Axis Rule in Occupied Europ*, de Lemkin, e adotada pela Convenção para prevenir e reprimir o *crime de genocídio* em tempo de paz ou de guerra, aprovada em 1948 pela Assembléia Geral da ONU, foi ratificada pelo Brasil em 15.04.1952 e promulgada pelo Decreto nº 30.822, de 06.05.1952. Ainda serão punidos, segundo a Convenção, o conluio para cometer o *genocídio*, a incitação direta e pública a cometer o *genocídio*, a tentativa e a cumplicidade. Na sua definição o *genocídio* é qualquer ato cometido com intenção de destruir, no todo ou em parte, um grupo nacional, étnico, racial ou religioso, tal como: *a*) assassinato de membro do grupo; *b*) dano grave à integridade física ou mental de membros do grupo; *c*) submissão intencional do grupo a condições de existência que lhe ocasionem a destruição física, total ou parcial; *d*) medidas destinadas a impedir os nascimentos no seio do grupo; *e*) transferência forçada de menores do grupo para outro grupo. No mesmo sentido o Estatuto de Roma, ao tratar da *competência material* do *Tribunal Penal Internacional*, fixou rol semelhante, para considerar *genocídio* qualquer um dos atos enumerados no artigo 6º.

O *Tribunal de Nuremberg* incluiu o *crime de genocídio* praticado por indivíduo, ainda que sob ordens de superior hieirárquico, já em esboço do Estatuto de Roma que viria a consagrar-lo no mesmo sentido. O *genocídio* já pode ser considerado ato típico mesmo se o assassinato for de uma pessoa, desde que o titular do bem protegido seja o grupo.

De início o *genocídio* foi admitido em caráter de norma costumeira. A *Corte Internacional de Justiça*, em Opinião Consultiva de 27.05.1951 sobre *reservas à Convenção para a Repressão do Crime de Genocídio*, considerou este ilícito um *crime do direito internacional*, passível de punição em caso de cumplicidade, tentativa, conspiração e incitação direta e pública. Assim, a *Corte de Justiça do Tribunal Internacional para a Antiga Iugoslávia* condenou autores de genocídio na Bósnia-Herzegovina pelo massacre de bósnios que eram muçulmanos em Srebrenica em junho de 1995.

Genocídio é qualquer ato cometido com a intenção de destruir, no todo ou em parte, um grupo nacional, étnico, racial ou religioso que consista em:

1. homicídio de membros do grupo;
2. ofensa graves à integridade física ou mental a membros do grupo;
3. sujeição intencional do grupo a condições de vida que vise provocar a sua destruição física, total ou parcial;
4. imposição de medidas destinadas a impedir nascimentos no seio do grupo;
5. transferência forçada de pessoas, especialmente crianças, do grupo para outro, conforme o caso da transferência dos bebês ciganos para outras famílias, ocorrida na Suíça.

O primeiro genocídio moderno, em larga escala, é apontado contra os armênios, com 1,5 milhões de pessoas assassinadas por ordem do ministro do Interior da Turquia em 1915 e de dois milhões obrigados a deixar suas casas para o deserto da Síria, onde morreriam. Ainda praticaram genocídios: a França na atuação cruel contra a Argélia; o Japão no Massacre de Nanquim, que produziu mais de 150 mil mortes; os EUA em Hiroshima e Nagasaki que causou 200 mil mortes instantâneas e deixou gerações com deformidades orgânicas por contaminação; EUA no Vietnã; por Portugal, Espanha e EUA durante a expansão colonialista foram 70 milhões de índios dizimados

No Brasil a Lei nº 2.889/1952 define e pune o *genocídio*.

Crimes de Guerra

Os *crimes de guerra* resultam do *Direito Internacional Humanitário*, que se jurisdicizaram com as quatro Convenções de Genebra de 1949, explicitados pelo Estatuto de Roma no artigo 6º.

São tipificados os seguintes:

1. aqueles incluídos nas violações das *Convenções de Genebra*: *a*) homicídio doloso; *b*) tortura ou outros tratamentos desumanos, incluindo experiências biológicas; *c*) ato de causar intencionalmente grande sofrimento ou ofensas graves; *d*) destruição ou apropriação de bens em larga escala, sem justificativa com base em qualquer necessidade militar e executada de forma ilegal e arbitrária; *e*) privar que prisioneiro de guerra ou outra pessoa sob proteção do seu direito a julgamento justo e imparcial; *f*) deportação ou transferência ilegais ou privação ilegal de liberdade; *g*) tomada de reféns;

2. nas violações de leis e costumes referentes aos *conflitos armados internacionais*, conforme o *Direito Internacional*: *a*) dirigir intencionalmente ataques à população civil em geral ou civis que não participem diretamente das hostilidades; a bens civis, que não são de objetivos militares; a pessoal, instalações, material, unidades ou veículos de missão de manutenção de paz ou de assistência humanitária; *b*) lançar intencionalmente ataque, sabendo que causará perdas acidentais de vidas humanas ou ferimentos na população civil, danos em bens de caráter civil ou prejuízos externos, duradouros e graves no meio ambiente, claramente excessivos à vantagem militar global concreta; *c*) atacar e bombardear cidades, vilarejos habitações ou edifícios que não estejam defendidos e não sejam objetivos militares; *d*) matar ou ferir combatente que tenha deposto as armas ou, sem meios de se defender, se tenha rendido; *e*) utilizar bandeira de trégua ou nacional, as insígnias militares ou uniforme do inimigo ou das *Nações Unidas* ou emblemas distintivos das *Convenções de Genebra*, causando deste modo a morte ou ferimentos graves; *f*) transferência, direta ou indireta, por potência ocupante de parte de sua população civil para o território que ocupa ou a deportação ou

transferência da totalidade ou de parte da população do território ocupado, dentro ou para fora desse território; *g*) dirigir intencionalmente ataques a edifícios destinados ao culto religioso, à educação, às artes, às ciências, aos monumentos históricos, além de hospitais e lugares onde se agrupem doentes e feridos, sempre que não se trate de objetivos militares; *h*) submeter pessoas, sob domínio de uma parte beligerante, a mutilações físicas ou outras experiências médicas ou científicas não motivadas por tratamento médico, dentário ou hospitalar, nem efetuadas no interesse dessas pessoas, e que causem a morte ou coloquem em perigo a sua saúde; *i*) matar ou ferir à traição pessoas do exército ou nação inimiga; *j*) declarar que não será dado não abolido, suspenso ou não admitido em tribunal os direitos e ações dos nacionais da parte inimiga; *l*) destruir ou apreender bens do inimigo, salvo se imperativo pelas necessidades da guerra; *m*) obrigar nacionais da parte inimiga a participar de operação bélica dirigida contra seu país; *n*) saquear cidade ou localidade tomada de assalto; *o*) utilizar veneno ou arma envenenada; bala; gases asfixiantes, tóxicos ou outros gases que explodem ou achatam facilmente no interior do corpo humano ou qualquer líquido, material ou dispositivo análogo; armas projéteis, materiais e métodos de combate que, pela sua natureza, causem sofrimento supérfluo ou desnecessário ou que surtam efeitos indiscriminados, em violação do *Direito Internacional*, aplicável aos *conflitos armados*, na medida que em que tais armas, projéteis, materiais e métodos sejam objeto de proibição geral e incluídos em anexo ao *Estatuto de Roma*; a presença de civis ou outras pessoas protegidas para evitar que determinados pontos, zonas ou forças militares sejam alvo de operações militares; *p*) ultrajar a dignidade da pessoa, em particular por tratamento humilhante ou degradante; *q*) cometer atos de violação, escravidão sexual, prostituição forçada, gravidez forçada, esterilização à força e qualquer forma de violência sexual, que constituía desrespeito grave à *Convenção de Genebra*; *r*) dirigir intencionalmente ataques a edifícios, material, unidades e veículos sanitários, assim como o pessoal que esteja usando emblemas distintivos da *Convenção de Genebra*; *s*) provocar inanição deliberada da população civil como método de guerra,privá-la de bens indispensáveis à sobrevivência e impedir o envio de socorro, tal como previsto na *Convenção de Genebra*; *t*) recrutar menores de 15 anos nas *forças armadas* ou utilizá-los em hostilidades;

3. casos de *conflitos armados*, que não tenham natureza internacional, são ocorridos em *conflitos internos*, previstos no artigo 3.º da 4ª Convenção de Genebra de 1949. São atos contra pessoas que não participam diretamente nas hostilidades, incluídos *membros das forças armadas* que tenham deposto as armas e os impedidos de permanecer no combate por doenças, lesões, prisão ou qualquer outro motivo: *a*) atos de violência contra a vida, a pessoa, em particular

o homicídio, mutilações, tratamentos cruéis e tortura; *b*) ultrajar a dignidade da pessoa, em particular por tratamento humilhante ou degradante; *c*) tomada de reféns; *d*) condenações e execuções sem julgamento prévio por tribunal regular que oferece todas as garantias judiciais;

4. violações graves da lei e costumes aplicáveis aos *conflitos armados não internacionais*, conforme delimita o *Direito Internacional* (artigo 8º): *a*) dirigir intencionalmente ataques à população civil em geral ou civis que não participem diretamente das hostilidades; a *bens civis*, que não são de objetivos militares; a pessoal, instalações, material, unidades ou veículos de missão de manutenção de paz ou de assistência humanitária; *b*) dirigir intencionalmente ataques a edifícios, material, unidades e veículos sanitários, assim como a pessoal que esteja usando emblemas distintivos da *Convenção de Genebra*; *c*) dirigir intencionalmente ataques a edifícios destinados ao culto religioso, à educação, às artes, às ciências, aos monumentos históricos, hospitais e lugares onde se agrupem doentes e feridos, sempre que não se trate de objetivos militares; *d*) saquear um aglomerado populacional ou um local, mesmo quando tomado de assalto; *e*) cometer atos de violação, escravidão sexual, prostituição forçada, gravidez forçada, esterilização à força e qualquer forma de *violência sexual* que constituía desrespeito grave à *Convenção de Genebra*; *f*) recrutar ou alistar menores de 15 anos nas *forças armadas* ou em grupos, ou utilizá-los para participar ativamente de hostilidades; *g*) ordenar a deslocação da *população civil* por motivos relacionados com o conflito, salvo por segurança dos civis em questão ou razões militares imperiosas; *h*) matar ou ferir à traição pessoas do exército ou nação inimiga; *i*) declarar que não será dado quartel, onde se agrupem doentes e feridos, sempre que não se trate de objetivos militares; *j*) submeter pessoas sob domínio de uma parte beligerante a mutilações físicas ou outras experiências médicas ou científicas não motivadas por tratamento médico, dentário ou hospitalar, nem efetuadas no interesse dessas pessoas, e que causem a morte ou coloquem em perigo a sua saúde; *l*)destruir ou apreender bens do inimigo, a menos que as necessidades de guerra assim o exijam.

Crimes contra a Humanidade

Os *crimes contra a humanidade* são apenados, independentes de *conflito internacional* ou *tempo de paz*. Consistem em atos que fazem parte de um generalizado e sistemático ataque, conscientemente dirigido contra qualquer *população civil*, incluindo os seguintes: *a*) homicídio; *b*) exterminação; *c*) escravidão; *d*) deportação ou transferência forçada da população; *e*) prisão ou outra privação grave da liberdade física em violação de regras fundamentais do direito internacional; *f*) tortura; *g*) estupro, escravidão sexual,prostituição forçada,gravidez forçada,esterilização forçada ou qualquer outra forma de *violência sexual* de comparável gravidade; *h*) perseguição contra qualquer grupo ou coletividade com identidade própria baseada em motivo racial, nacional, político, étnico, cultural, religioso ou do gênero masculino ou feminino, ou outros motivos que sejam universalmente reconhecidos como inadmissíveis pelo direito internacional,com conexão com qualquer ato considerado como crime contra a humanidade ou qualquer crime de jurisdição do Tribunal Penal Internacional; *i*) desaparecimento forçado de pessoas; *j*) *crime de apartheid*; *l*) outros atos desumanos de caráter similar, que intencionalmente causem grande sofrimento ou sério dano ao corpo,ou à saúde mental ou física.

Crimes de Agressão

Quanto aos crimes de agressão o *Tribunal Penal Internacional* exercerá a *competência*, desde que os termos dos artigos 121 e 122 do *Estatuto de Roma*, isto é, aprovada uma disposição, que seja compatível com a *Carta das Nações Unidas*, que defina o crime e se enunciem as condições em que a *competência do tribunal internacional* será exercida.

Capitulo IV

GARANTIAS E TRIBUNAIS

1. O PROBLEMA DAS GARANTIAS

A *Declaração Universal dos Direitos Humanos* teve por objetivo: 1. promover o respeito aos direitos e liberdades do homem; 2. promover a adoção de medidas progressivas de âmbito nacional e internacional; 3. assegurar o reconhecimento de direitos; 4. assegurar a observância universal e efetiva.

O primeiro objetivo consiste em sugerir aos Estados a *implementação de políticas públicas e jurídicas* para observância dos direitos.

O segundo objetivo consiste em concitar que Estados tomem providências que acompanhem as necessidades pertinentes ao exercício desses direitos.

O terceiro objetivo é uma sugestão para que os Estados tracem rol de direitos do homem e suas garantias.

O quarto objetivo visa que os Estados propiciem o reconhecimento e exercício de direitos a todos, sem exclusões na prática e não apenas no sentido formal.

Isto significa que deve existir um sistema jurídico e político adequado ao pleno e desembaraçado exercício dos direitos fundados no homem com as respectivas sanções punitivas em caso de violação.

A observância universal significa que não ocorram exclusões, vale dizer, a construção de um aparato político e jurídico que possibilite ao homem ser atendido na sua exigência de pleno exercício de seus *direitos fundamentais*.

A doutrina discute sobre os *graus de proteção dos direitos humanos*, ao apontar como direitos absolutos a proibição de tortura e tratamento desumano e degradante e penas cruéis, a escravidão e a servidão e obrigar alguém a submeter-se a experiências médicas e científicas sem o seu consentimento.

Não basta, portanto, a certeza do direito, que é o mero reconhecimento expresso e claro em lei, nem bastam normas garantidoras de direito. É preciso que haja uma estrutura política, econômica, social, cultural e jurídica que facilite, sem exclusão, o pleno exercício desses direitos com *universalização de punição em caso de violação*.

Ocorre que o Estado que deveria garantir direitos é o maior violador por *ação* ou por *omissão*, em todo o planeta, daí os *mecanismos de verificação de responsabilidade* e *tribunais internacionais*.

Nas Américas e nos países em desenvolvimento ocorrem violações que carecem de organismos e *tribunais nacionais especializados*, posto que são incipientes as denúncias. Os *órgãos de coleta de denúncias* ainda não conseguem suprir as demandas, embora países como o Brasil estejam em franca evolução nesta matéria.

De nada serve a faculdade ou potestade de exigir direitos se sua eficácia não for garantida pelo Estado ou pelos *organismos internacionais*.

Os acordos e tratados que contém desestímulos pelas sanções aos *abusos de direitos*, são mais eficazes às violências entre Estados do que às violências nas *fronteiras nacionais*, onde hoje aumentam os conflitos.

Cabe sempre a proteção do Estado e na sua omissão aos organismos internacionais a defesa de direitos quando: 1. há perseguição ou opressão; 2. direitos do homem são negados; 3. a dignidade humana é ameaçada; 4. há minorias perseguidas ou povos perseguidos; 5. defensores dos *direitos humanos* que lutam para a proteção dos mais fracos são ameaçados.[1]

Na *tutela de direitos do homem* as atividades construídas pelos *organismos internacionais* são *promoção*, *controle* e *garantia*.

A *promoção* consiste em conjunto de ações que: 1. induzem Estados a tutelar os direitos e, quando não possuem uma disciplina específica, a introduzi-la; 2. induzem os Estados, que a têm,a aperfeiçoá-la quanto ao número e à qualidade de controles jurisdicionais.

O *controle* consiste na verificação se existe o grau de acolhimento das recomendações e de respeito às convenções.

A *garantia* consiste na organização da tutela jurisdicional no âmbito internacional, que substitui a nacional.

O problema fundamental hoje, em relação aos *direitos humanos*, "não é tanto o de justificá-los mas é protegê-los". Não se trata de problema filosófico mas político.[2]

1 BICUDO, Hélio, *Folha de São Paulo*, p. 3, 09.12.2003.

2 BOBBIO, ob. cit., pp. 24 e 39-40.

Gizamos que *interesses políticos*, muitas vezes, preponderam em caso de punição por *violação de direitos humanos*. O exemplo é a Argentina, que durante o Governo Alfonsin foi exceção, ao levar generais aos tribunais pelo *genocídio político* e *atos de tortura sistemática*, que resultaram na morte de centenas de argentinos. Porém, o Presidente Menen, seu sucessor, assinou um *decreto de indulto* a todos os condenados envolvidos naquela chamada *guerra suja*, que fez milhares de vítimas entre 1976 e 1983. Dentre os indultados estava o General Carlos C. Suares Mason, que respondia pela acusação de 39 homicídios, além de torturas e corrupção.

Direitos sem eficiente sanção ficam à mercê do arbítrio, em flagrante desrespeito às *declarações internacionais*. Por exemplo, o *uso de armas químicas*, que tem o repúdio expresso na *Conferência de Paris*, de 1989, com participação de 149 Estados, que elaboraram a *Declaração sobre Proibição de Uso de Armas Químicas*, em resposta à violação entre os anos 60 e 80 pelos EUA no Iêmen e no Vietnã; Líbia no Tchad; na guerra Irã e Iraque; Iraque contra os curdos.

Na América Latina os *direitos humanos* ficam mais na luta e aspirações do que na práxis. De um lado a ONU e a OEA, com seus pactos, em especial o Pacto Internacional de Direitos Econômicos, Sociais e Culturais, que proclamam direitos ao trabalho, à moradia, à saúde, à previdência social, à remuneração do trabalho. Por outro lado, no Brasil é inegável a existência dos sem-teto, sem-emprego, sem-terra, sem-saúde, sem-hospital, sem-remédio, sem-alimentação, sem-instrução, sem-salubridade, sem-esperança e sem-oportunidades na terra dos sem-nada, portanto sem *dignidade humana*.

As *práticas judiciais* continuam comprometidas com interesses locais dominantes, perpetrando-se a *impunidade*, e *ipso facto*, a *violação de direitos humanos*, conforme opina Flávio Galdino.[3]

A política desses direitos é constante esforço de coexistência entre indivíduos e poder numa relação inevitável que é a política do drama.[4] Estes direitos não passam por crise efêmera, mas permanente, pois são fruto das dificuldades próprias de sua natureza e essência conflitiva, dramática e histórico-evolutiva.

---

3 *In* "A federalização da competência para julgar ações relativas aos direitos humanos: os direitos humanos como centro de gravidade da ordem jurídica", *in Arquivos de Direitos Humanos*, vol. 2, São Paulo, Ed. Renovar, p. 561.

4 Jacques MOURGEON, *Les Droits de l'Homme*, Press Universitaires de France, 1978.

Enfatizamos a *política do drama* para ratificar as lições de Celso Albuquerque Melo,[5] que aponta antinomias entre a *globalização* versus os *direitos econômicos e sociais*, com a desregulamentação do trabalho, o desmantelamento dos direitos trabalhistas conquistados e ao aniquilamento da previdência social na América Latina.

Cumpre aos defensores de *direitos humanos*, na luta para restabelecer a verdade oculta, exigir que os Estados cumpram as obrigações seguintes, conforme leciona o ex-Presidente da *Corte Interamericana de Direitos Humanos*, Hélio Bicudo: 1. investigar e conhecer os fatos que possam demonstrar a verdade; 2. processar e punir os responsáveis; 3. reparar integralmente os danos morais e materiais dos acusados; 4. entregar aos órgãos de segurança aqueles que se sabe tenham cometido, ordenado ou tolerado tais abusos.

A *defesa dos direitos humanos* incide no fortalecimento da legalidade e da justiça, promovendo uma sociedade justa e eqüitativa, quando se opõe à violação por uma pessoa ou grupo oficial ou não oficial e sem tolerar a *impunidade*.

Estamos ligados e convivemos com forças agregadoras ou construtoras da sociedade humana, com ideologias de poder e dominação ou de colaboração e participação, conforme ressalta Leonardo Boff, que levam o homem à ação ou à inércia e omissão. O homem não é só responsável pela sua liberdade, mas pela dos demais integrantes do corpo social, encadeado que está a seus semelhantes, pela própria transcendência, no dizer de Whitaker da Cunha, para quem a transcendência completa a imanência e a participação os une.[6]

Somente com um *locus standi in judicio* das supostas vítimas nos *tribunais internacionais de direitos humanos* a pessoa humana alcançará a plenitude da personalidade e da capacidade judiciais internacionais.

Há um avanço considerável, porquanto as sentenças da *Corte Interamericana de Direitos* são acolhidas e executadas pelos Estados-Partes demandados e com isso fortalece a construção de um *sistema de proteção regional de direitos humanos*.

As garantias dos *direitos humanos* são gerais e específicas.

O *sistema de proteção* tem duplo aspecto: um *sistema global*, que pode ter caráter geral quanto ao objeto da norma e abrangência como, por exemplo,

---

5 *Antinomias do Direito Internacional dos Direitos do Homem*, pp. 3-23, que aponta *antinomias* entre a *globalização* versus os *direitos econômicos e sociais*, com a desregulamentação do trabalho, o desmantelamento dos direitos trabalhistas conquistados e ao aniquilamento da previdência social na América Latina.

6 Ob. cit., p. 47.

o *Pacto Internacional sobre Direitos Civis e Políticos*, e de caráter específico como por exemplo normas de combate à tortura, à discriminação de raça, de proteção à criança ou ao idoso; um *sistema regional*, conforme os modelos nos sistemas europeu, americano e o ainda incipiente africano, os quais possuem também normas de cunho geral e de cunho específico, nos moldes do *sistema global*.

2. GARANTIAS GERAIS

As *garantias gerais* são pertinentes ao *Estado Democrático de Direito*, isto é, à *democracia*, com a supremacia da vontade popular, a liberdade e igualdade e a universalidade da participação, portanto um sistema político, social e econômico que propicie a inclusão social sem exceções.

A *democracia* é o *regime de garantia geral* para a realização dos *direitos fundamentais do homem*, no dizer de José Afonso da Silva. Entretanto Jacques Mourgen[7] considera o aforismo, divulgado por Montesquieu, *le pouvoir arrête le pouvoir*, sem sentido fático, porque o poder é cúmplice do poder e não se opõe a ele.

A *universalidade da participação* implica na existência de uma organização social que não seja excludente. Habermas opina que os *direitos humanos* são fundamento da *democracia*. Não há verdadeira *democracia* onde houver insistentes *violações* deste tipo.

A *liberdade de imprensa* é corolário das garantias destes direitos porque leva ao conhecimento público e denuncia violações. Assim inibe as práticas violadoras. A *liberdade plena de manifestação de pensamento e dos meios de comunicação* não pode ser limitada, salvo pela observância dos outros direitos, posto que é uma das mais fortes armas contra o *abuso de direito*.

Na *democracia participativa*, ainda em evolução, a sociedade diretamente participa da atividade estatal em órgãos de controle como, por exemplo, o *controle da magistratura*, o controle das polícias e corregedorias e em todos os órgãos onde ocorram violações reiteradas, há instrumentos inibidores de *abusos de direitos*, mas insuficientes, os quais precisam ser reformados na estrutura.

A *teoria dos direitos humanos* surge como oportunidade derradeira de salvar a *teoria do direito subjetivo*, não apenas porque constitui o único limite ao poder político mas porque proclama sua existência, independente da vontade estatal, no dizer de D'Avila Lopes.[8]

---

7 Press Universitaire de France, 1978, *Les Droit de L'homme*, p. 123.

8 D'AVILA LOPES, Ana Maria, *Revista de Informação Legislativa*, ano 37, nº 148, out/dez. 2000, Brasília, p. 138.

3. GARANTIAS ESPECIAIS

O tema das garantias de todos os *direitos humanos* será desenvolvido quando os Estados incorporarem de modo efetivo os direitos reconhecidos e elaborarem formas de controle mais eficazes para prevenir sua violação. A *história dos direitos humanos* e as *práticas internacionais* e de cada Estado é que construirão no futuro um conjunto de garantias efetivas.

Podemos mencionar dentre as garantias a da *proteção judiciária*, que tem por corolário o *acesso à justiça*, que submete o autor de atos abusivos ao Poder Judiciário Nacional e às Cortes Internacionais; o *direito de ação e de defesa*, que é o *direito subjetivo* de invocar a jurisdição para proteção de direito e contra quem se propõe a ação.

O *direito de petição* possibilita o indivíduo se manifestar por escrito diretamente em processos perante os *conselhos e comissões de direitos humanos*, conforme adesão a pactos, tratados e convenções internacionais e no âmbito interno do Estado Brasileiro é direito do cidadão de informar à *administração pública* a prática de atos abusivos e arbitrários.

Outras garantias são o *devido processo legal*, o *contraditório* e a *ampla defesa*, que devem ser observadas também nos *mecanismos não-contencioso e quase-judicial de verificação de responsabilidade*, para evitar o arbítrio dos *organismos internacionais*.

As *garantias judiciais*, expressas na *Convenção Interamericana de Direitos*, são portanto obrigatórias para os Estados signatários:

1. toda pessoa ser ouvida com devidas garantias e em prazo razoável em juízo;
2. garantia da imparcialidade e da independência do juiz competente;
3. garantia do *juiz natural*, isto é, do juiz determinado anteriormente por lei;
4. *presunção de inocência*, até que seja legalmente comprovada a culpa;
5. igualdade durante o processo;
6. gratuidade de assistência por um tradutor ou intérprete, se não falar língua do juiz;
7. comunicação prévia e pormenorizada ao acusado sobre a acusação formulada;
8, tempo e meios necessários à defesa do acusado;
9. direito de defesa, pessoalmente ou por defensor de sua escolha;
10. comunicação em particular com o defensor;
11. Irrenunciabilidade de ser assistido por defensor proporcionado pelo Estado, remunerado ou não, conforme legislação interna, caso ele não se defenda nem nomeie defensor no prazo legal;

12. direito da defesa de inquirir testemunhas presentes e obter o comparecimento perante o tribunal;

13. não depor contra si mesmo nem confessar culpa;

14. direito a recurso de sentença de juiz ou tribunal;

15. garantia da proteção judicial de recorrer em juízos e tribunais competentes para proteger-se contra qualquer ato violador dos *direitos fundamentais* reconhecidos pela Constituição, pela lei ou pela Convenção, ainda que a *violação de direitos* seja praticada por autoridade no exercício da *função pública.*

Cumpre ressaltar a garantia do artigo 8º, 1, da *Convenção Americana de Direitos Humanos*, que estabelece que "toda pessoa tem direito de ser ouvida com as devidas garantias dentro de um prazo razoável", que foi ratificada pelo Brasil, que também incorporou, pela EC nº 45, de 2005, ao artigo 5º, a *garantia da razoável duração do processo*, que a torna obrigatória, embora já estivesse ínsita no *direito ao acesso à justiça.* Os EUA, na Emenda nº 6, admite o *speedy tral claure*, que é o *direito ao julgamento rápido e público.*

Razoável no caso deve ser compreendido em cada caso concreto, sem ampla subjetividade, na doutrina brasileira. Edmir Araújo Netto[9] oferece um rol que melhor explicita os critérios:

1. o juiz, com dolo, recusa ou omite decisão ou providências, com intuito de prejudicar o administrado, auferindo ou não lucros;

2. desconhece, conhece mal ou é induzido a erro sobre circunstâncias do caso ou o direito aplicável, recusando ou omitindo o que é de direito;

3. sem estudar o assunto ou com negligência, recusa ou omite providências ou decisões sem exame do caso, julga tratar-se de outro, sem cuidado de conferir;

4. lentidão ou demora sem providências, decisões interlocutórias ou finais que incidem em dolo, desídia, falha do serviço público;

5. proceder com desídia, quando o magistrado não decide, conserva os autos do processo em seu poder, displicentemente, causando por falta do dever, prejuízo às partes;

6. demora ou lentidão atribuída à insuficiência ou a falta de juízes ou funcionários, que obrigue ao acúmulo de processos e do serviço judicial, que tornem impossível manter a pauta do dia.

---

9 ARAÚJO, Edmir Netto de, *Curso de Direito Administrativo*, Saraiva, São Paulo, 2005, p.79; ver NOTARIANO JÚNIOR, Antonio de Pádua, *Garantia do Razoável Duração do Processo*, em WAMBIER, Teresa Arruda Alvim, et al., *Reforma do Judiciário: Primeiros Ensaios Críticos sobre a EC nº 45/2004*, São Paulo, Revista dos Tribunais, 2005.

No âmbito interno do Estado Brasileiro as *garantias dos direitos fundamentais individuais e coletivos*, inclusive os denominados *remédios constitucionais*, são garantias específicas. Também compõem o âmbito das garantias as adesões ao *Tribunal Penal Internacional* e à *Corte Interamericana de Direitos Humanos*, que possibilitam ao cidadão a reparação de direitos ou a punição dos autores de graves atrocidades.

Apesar da existência de mecanismos coletivos que compelem Estados a providências, mediante pressão pública pela *publicidade negativa* para o Estado ofensor ou porque ele não adotou as medidas necessárias para cessar alguma afronta à *dignidade humana*, não há instrumentos na estrutura estatal que obrigue qualquer Estado, inclusive o brasileiro, a adotar condutas objetivas no âmbito social. Vale dizer, construir ou reformar hospitais, ambulatórios, postos de saúde ou escolas nem instalar redes de saneamento básico e água potável à população carente.

Atos de desvio de verbas destinadas a estes serviços são levados ao conhecimento público pela imprensa, nem sempre punidos seus autores e nem aplicada a *lei de improbidade administrativa*, o que estimula que a prática viceje no território nacional em grande escala, em todos os Estados da Federação.

4. INTERPRETAÇÃO E APLICAÇÃO DAS NORMAS INTERNACIONAIS

A *interpretação das normas internacionais de direitos humanos* exige regras próprias.

A *Convenção de Viena sobre Direitos dos Tratados* de 1969 contém regras gerais de interpretação nos artigos 31 e 32, nos quais as Cortes Internacionais buscam inspiração para suas decisões. Mas a *jurisprudência internacional* estabeleceu outros princípios de interpretação sobre o assunto, os quais são:

1. *Interpretação pro homine*. A interpretação deve ser no sentido de favorecer ao máximo a proteção aos direitos do homem. A *Declaração Universal dos Direitos do Homem* de 1948, no artigo 30, também preconiza que a interpretação dos direitos nela reconhecidos será sempre em favor deles, em face de qualquer tentativa de pessoa, grupo ou Estado em destruí-los.

2. *Primazia da regra mais favorável ao indivíduo*. Esta regra é meio possível para harmonizar as demais normas internacionais e os interesses de justiça.

3. *Interpretação autônoma*. Os conceitos e termos nos tratados de *direitos humanos* têm sentido próprio, vale dizer são internacionalmente autônomos.

4. *Interpretação evolutiva*. O instrumento internacional de *direitos humanos* deve ser interpretado de acordo com o sistema jurídico do momento de sua aplicação, à luz das condições presentes.

5. *Teoria da margem de apreciação*. A *Corte Européia de Direitos Humanos* reconhece *in concreto* que em certas questões polêmicas, nas quais o Estado restringe direitos, a decisão deverá ser do Judiciário local. Esta Corte discutiu pela primeira vez a teoria em 1962 no caso Lawless contra a Irlanda, de 1961.[10]

Há críticas sobre a *teoria da margem de apreciação*, porque ela estaria em conflito com o *universalismo*. Entretanto, a solução, quando há conflito entre ambas as teses, *in concreto*, será a mais favorável ao direito da pessoa humana.

6. *Princípio da efetividade*. Consiste no fato que a interpretação deva contribuir para ampliar a proteção do ser humano e possibilitar aplicabilidade plena dos dispositivos convencionais.[11]

5. ACESSO À JUSTIÇA

Não há uma *corte internacional de direitos humanos* no sistema global, somente nos *sistemas regionais europeu*, *interamericano* e *africano*.

A *Corte Internacional de Justiça* que decide sobre conflitos entre Estados, sem competência específica para *direitos humanos*, acaba por beneficiá-los, indiretamente, ao interpretar tratados e convenções e criar regras de aplicação de normas internacionais e exercício de direitos, apesar de tímida, porque nela o indivíduo *não tem direito de petição nem de ação*.

O acesso à justiça consiste na efetividade perfeita expressa na igualdade entre as partes. Significa que a conclusão do litígio depende apenas dos méritos jurídicos relativos às partes.

A busca pela via internacional na solução das questões de *violação de direitos humanos* resulta da omissão ou ineficiência do Estado onde ocorreu a ofensa. Mas as *cortes regionais* e *órgãos convencionais internacionais de proteção* não

---

10 Ver Corte Européia de Direitos Humanos, Caso Lowless *versus* Irlanda, 01.06.1961, série a, nº 3; ver ainda Caso James, Comissão *versus* Reino Unido, idem, série a, nº 98.

11 CANÇADO TRINDADE, Antônio Augusto, *Tratado de Direito Internacional de Direitos Humanos*, vol. II, Porto Alegre, Sérgio Fabris Editora, 1999, p. 27). ("...its provisions be interpreted and applied so as to make its safegard partical and effective"), Corte Européia de Direitos Humanos, Caso Soering, série a, nº 161, § 87.

são nem podem ter *competência revisora* dos órgãos e tribunais nacionais nos casos concretos.

A *garantia ao acesso aos tribunais* é preocupante, porquanto direitos reconhecidos, e universalmente aceitos, carecem de punição universalizada. Se o homem agora é *sujeito de direito no âmbito do direito internacional*, ele deve ter *capacidade jurídica* reconhecida para postular em juízo.

A *igualdade entre as partes* impõe que a *vítima de violação* participe em pé de igualdade com o Estado demandado, na *efetivação do contraditório*, com a *livre manifestação das partes*, consubstanciando o *devido processo legal*, o que não ocorre sempre.

O *direito ao acesso à justiça internacional do indivíduo lesado em direitos humanos* é inerente à *garantia da igualdade processual das partes*, vez que a vítima é verdadeira parte, na medida em que receberá a reparação e a indenização. Por outro lado, a *participação da vítima nos tribunais internacionais* afasta a *politização*, que é uma tendência nestes casos, e consolida a *jurisdicionalização dos instrumentos de proteção*. A grande vantagem é que a *solução dos conflitos* passa a ter conteúdo e substância jurídica norteada pelo direito e pela justiça.

Garantir o acesso direto da suposta vítima é prioridade na agenda das ações transformadoras do sistema jurídico no âmbito internacional.

A *prática nas cortes interamericana e européia* mostrou insuficiência e distorções nos mecanismos paternalistas de intermediação da hoje extinta Comissão Européia e da Comissão Interamericana, segundo Francisco Resek. A *garantia de acesso direto* é conseqüência lógica no plano processual, vez que não se concebe "direito sem capacidade processual de vindicá-los".[12]

O reconhecimento do *locus standi in judicio* nas *cortes de direitos humanos* varia conforme a região. A Corte Européia foi a primeira a admiti-la, em 1998, e enfrentou as resistências próprias de uma outra época e sob a justificativa da *soberania estatal*.

O *Regulamento da Corte Européia de Direitos Humanos* foi modificado em 16.09.1996, em vigor a partir de 1997, no artigo 23, permitindo que, na etapa das reparações, "os representantes das vítimas ou de seus familiares poderão apresentar seus próprios argumentos e provas de forma autônoma", posto que até então fora atribuição da *Comissão Européia de Direitos do Homem*. Esta transformação é fruto de decisões da Corte.

---

12 *Memorial em Prol de Uma Nova Mentalidade Quanto à Proteção de Direitos Humanos nos Planos Internacional e Nacional*, pp. 3-48.

Até então a Comissão era intermediária entre indivíduo e a Corte. Extinta a Comissão e criada a nova *Corte Européia de Direitos Humanos* a proteção a estes direitos ganhou em rapidez e justiça nas decisões.

Somente quando o *locus stand in judicio* das supostas vítimas estiver consolidado nos *tribunais internacionais* é que se fará plena a *capacidade jurídica internacional da pessoa humana.*

Conforme o Protocolo 11 da *Convenção Européia de Direitos Humanos* é possível o acesso direto do indivíduo à *Corte Européia de Direitos Humanos*. O *Protocolo Facultativo ao Pacto Internacional de Direitos Econômicos, Sociais e Culturais* introduziu o *direito de petição individual* e o *Protocolo Facultativo à Convenção à Discriminação contra a Mulher*, de 1999, também acolheu o *sistema de petição individual.* Há ainda *petição individual*, de acordo com os artigos 21 e 22 da Convenção, contra a *tortura* e, conforme o artigo14 da Convenção, sobre a eliminação de todas as formas de *discriminação racial* e o *Protocolo Facultativo ao Pacto Internacional de Direitos Civis e Políticos*.

Nas *cortes regionais* é preciso que haja aceitação dos Estados-Partes à jurisdição da Corte. O indivíduo não possui plena legitimidade para peticionar diretamente em Corte internacional para pleitear a reparação ou cessação de violação de *direitos humanos*. Embora sejam universais os *direitos humanos*, porque protegem a todos, ainda não se universalizou o *direito subjetivo* de exigi-los diretamente nas Cortes internacionais.

O novo milênio inclui estes direitos na preocupação não apenas no espaço doméstico mas por toda a comunidade internacional.

Quanto à *execução das decisões internacionais* a questão é problemática. Não há um *poder coercitivo* para obrigar o Estado condenado ao cumprimento da *sentença internacional*, muito embora o descumprimento implique em descumprimento de compromisso assumido ao aderir à Corte internacional.

6. TRIBUNAIS INTERNACIONAIS

Corte Internacional de Justiça, em Haia, na Holanda, criada em 1945 e instalada em 18 de abril de 1946, composta de 15 juízes de Estados diferentes. Os Estados-membros da ONU submetem questões internacionais à Corte desde que estes aceitem a jurisdição. Também tem *função consultiva*, não jurisdicional, para emitir pareceres sobre *questões de direito*.

Embora trate das questões dos Estados, ela avança na interpretação da Convenção de Viena. Em 2004 determinou em sentença que os EUA providenciasse a *revisão das sentenças e condenações dos nacionais mexicanos*, cujos direitos individuais, à luz do artigo 36, 1, *b*, não foram respeitados, vez que foram condenados à morte *sem o devido processo legal* por meio de *assistência jurídica* perante os tribunais e o *exercício de proteção consular*. Assim, esta decisão coloca o indivíduo sob a proteção do direito à *assistência consular* seja qual for a *situação migratória* e a Corte internacional não se rendeu ao arbítrio de um Estado.

Esta Corte não possui atribuição de *responsabilidade internacional* do Estado por violação de *direitos humanos*. Primeiro porque a *competência* é restrita a *conflitos jurídicos* entre Estados e depois porque tem caráter facultativo, ao depender da adesão do Estado, com *exigência de reciprocidade*, o que diminui sua esfera de atuação. De qualquer modo suas decisões, em inúmeros casos, têm beneficiado e construído uma *jurisprudência sobre direitos humanos*.

Corte Européia de Direitos Humanos, criada pela *Convenção Européia de Direitos Humanos*, foi a *primeira corte de direitos humanos*, sendo composta por juízes em número igual aos Estados-membros do Conselho da Europa. Os Estados signatários e os indivíduos nas sentenças de indenização desta Corte contam com o Comitê de Ministros, órgão de composição política (art.54 da Convenção) que zela pela execução das decisões, podendo solicitar, por *voto majoritário de seus membros titulares*, um parecer da Corte. Suas decisões são as mais avançadas do mundo na *proteção dos direitos humanos* e o indivíduo pode litigar diretamente.

Na composição estão Comitês de três juízes, Câmaras de sete juízes e uma grande Câmara com 17 juízes.

Tem *competência contenciosa e consultiva*, desde que cumpridos os requisitos expressos, incluído o *esgotamento dos recursos internos* do Estado onde ocorreu a violação, podendo ainda receber questões de qualquer Estado integrante da Convenção, mesmo em defesa de *pessoas não nacionais*, porque não há restrição expressa, bem como poderá não estar diretamente envolvido na questão. Decidindo sobre todas as questões referentes à interpretação e à aplicação da Convenção e de seus Protocolos, o de nº 12, que trata da não discriminação, o de nº 13, que proíbe a *pena de morte*, e o de nº 14, que torna mais céleres os procedimentos da Corte, e todos os compromissos que o Estado assume em face da Convenção Européia.

Corte Interamericana de Direitos Humanos, na Costa Rica, único tribunal internacional nas Américas, desde 1979, é instituição independente e judicial, com função de interpretar e fazer observar a aplicação da *Convenção Americana de Direitos Humanos*, que julga as questões em que os Estados aceitam sua jurisdição, sendo órgão da Convenção e não da OEA. A sua criação resulta de proposta na *Conferência de Bogotá* em 1948 pela delegação do Brasil, que aderiu à sua jurisdição em 1988 sob o Decreto Legislativo nº 89, de 03.10.1998.

A atuação da *Comissão Interamericana de Direitos Humanos* decorre de retificação da Convenção Americana. Mas o procedimento da *função contenciosa* da Corte depende da manifestação expressa, por *documento escrito de adesão* do Estado ou a qualquer momento em declaração perante o Secretário-Geral da OEA, de modo claro, que reconhece obrigatória a *competência* para a aplicação e interpretação da Convenção.

Esta Corte, de *competência contenciosa e consultiva* (art.62 da Convenção Americana), é composta por sete juízes, recebe processos remetidos pela *Comissão Interamericana de Direitos Humanos.*

Os Estados Signatários e a Comissão têm *legitimidade ativa* perante a Corte. O indivíduo não pode litigar diretamente; assim, precisa acionar a Comissão.

O *esgotamento das instâncias nacionais* é requisito indispensável ou um certo decurso de tempo sem solução, posto que não houve ação para assegurar a realização da justiça necessária e eficiente. Neste aspecto o Brasil é reticente quanto à aceitação incondicional da *competência obrigatória* em matéria contenciosa da Corte.

A importância desta Corte tem sido crescente, como, por exemplo, nos julgamentos na questão Locuya Tamoyo *versus* Peru, cuja decisão libertou a prisioneira Maria Elena Locuya Tamoyo e a questão Suárez Rosero *versus* Equador, que decidiu sobre a *inconstitucionalidade* de um dispositivo de legislação penal antidroga, com fulcro na sentença da Corte Interamericana no caso Suarez.

As decisões da Corte são obrigatórias, definitivas e inapeláveis. As partes são notificadas da sentença, mas não há um sistema eficaz de *execução de sentença* no ordenamento interno dos Estados.

Mesmo assim esta Corte tem exercido função importante na formulação teórica, doutrinária e jurisprudencial, como, por exemplo, o *conceito de violação contínua*, aplicado aos *desaparecimentos forçados*, que incidem em violação de direitos reconhecidos nos *tratados internacionais de direitos humanos* e seus efeitos.

No Brasil *sentenças internacionais* dispensam a homologação pelo STJ, pois não alcançam o artigo 195, I, da CF, porque se trata de *direito internacional* e não de *direito estrangeiro*, que depende do procedimento da Lei de Introdução ao Código Civil. A *sentença internacional* decorre de órgão judiciário que o Brasil aceitou a *jurisdição*, vale dizer que não carece de *homologação* porque é *decisão de organização internacional*, resultante de *ato da soberania estatal*, ao aderir e assumir obrigações. O *descumprimento da sentença internacional* implica em *descumprimento de obrigação internacional.*

A sentença da CIDH que condenar ao *pagamento de indenização por quantia certa* é *titulo executivo* à Fazenda Federal. Se a sentença for o cumprimento de *obrigação de fazer ou não fazer*, a execução será mais complexa porque a vítima, ou o Ministério Público, recorrerá ao *juiz federal* para cumprimento da obrigação. Aliás, cabe a cada Estado, conforme suas normas internas e seu aparato estatal, estabelecer qual será o órgão e de que modo será cumprida a obrigação fixada em *sentença internacional*.

Corte Africana de Direitos Humanos, criada por influência de ONGs, especialmente a Anistia Internacional, e da Comissão Internacional de Justiça, com o Protocolo em vigor somente em 15 de janeiro de 2004, embora assinado em 10 de junho de 1998, aperfeiçoou o sistema até então existente da *Comissão Africana de Direitos Humanos*.

O tribunal, com *jurisdição contenciosa e consultiva*, tem *competência* para dirimir questões de interpretação e aplicação da Carta Africana, emitir pareceres solicitados pela Organização Unidade Africana ou seus órgãos, Estados-Partes ou Organização Africana reconhecida pela Unidade Africana, adotar medidas cautelares à reparação da violação, se reconhecida e pagamento de indenização a título de reparação ou compensação, conforme o artigo 27 do Protocolo.

Esta Corte, que é composta de 11 juízes, todos juristas de reputação moral e intelectual em *direitos humanos*, originários de países da região, vedada a participação de dois juízes do mesmo país, examina casos submetidos pela *Comissão Africana de Direitos Humanos*, por Estados ou por *organização intergovernamental africana*, mas indivíduos só podem submeter diretamente se houver declaração formulada pelo Estado para esse fim, conforme os artigos 5º, § 3º e 34, § 6º, do Protocolo.

7. TRIBUNAIS PARA JULGAR AUTORES DE PRÁTICAS QUE POR SUA BARBÁRIE CONSTITUEM CRIMES INTERNACIONAIS QUE AFRONTAM A HUMANIDADE POR SUA ATROCIDADE

Tribunal de Nuremberg

O *Primeiro Tribunal Internacional Militar Penal da História* foi o Tribunal de Nuremberg, que funcionou de 20.10.1945 a 01.10.1946 para julgar os *autores de crimes praticados pelos nazistas contra prisioneiros de guerra*, que durou 218 dias, superado pelo Tribunal de Tóquio, que levou 417 dias.

Este tribunal funcionou acompanhado por 250 jornalistas correspondentes de todo o mundo, que se acotovelavam entre a multidão na sala de julgamento do Palácio de Justiça de Nuremberg, que fora reformado para o feito.

O Procurador Robert H. Jackson, americano, no discurso de abertura do julgamento, continua atual:

> "A civilização moderna oferece à humanidade meios incalculáveis de destruição. Procurar refúgio numa guerra, seja a guerra que for, é querer salvar-se por meios essencialmente criminosos. A guerra é irremediavelmente uma cadeia de mortes, de abusos, de perdas de liberdades e destruição de bens próprios e alheios. O senso comum exige que a Justiça não se contente com castigar os delitos menores de que se torne culpado o homem da rua. A Justiça tem que chegar àqueles homens que se arrogam um grande poder e que, baseando-se nele e depois de prévia consulta entre eles, provocam uma desgraça que não deixa imune nenhum lar deste mundo. O último recurso para impedir que as guerras se repitam periodicamente e se tornem inevitáveis por ignorância das leis internacionais, é fazer com que estadistas sejam responsáveis perante estas leis".[13]

Este discurso, sem dúvida, é precursor do *Tribunal Penal Internacional.*

O *libelo de acusação* ofereceu quatro pontos básicos:

1. *A conspiração.* A conspiração tinha por objetivo e conseqüência crimes contra a paz, os costumes de guerra e a humanidade. Consistia na estruturação e execução de um plano para abolir o *Tratado de Versalhes* e suas limitações sobre armamento militar e anexar regiões perdidas em 1918 e conseguir a colaboração de outras pessoas. Para isso desenvolveu-se a *doutrina do sangue alemão* e a *raça pura*, que permitia tratar os outros povos como inferior, portanto exterminá-los (dos 99.600.000 judeus mais de 5.700.000 desapareceram), obediência cega ao chefe e o ensino de que a *guerra de ocupação* era nobre e necessária aos alemães. Para este fim, luta contra a Igreja e as *organizações pacíficas*, fim de sindicatos, assassinatos, instrução pré-militar, concentração em campos, instituição e organização próprias, como a Gestapo e a SS.

13 *O Julgamento de Nuremberg*, Editorial Íbis Ltda., 01.10.62, trad.Jaime Mas e Leite de Melo, Lisboa, 1966, p. 414.

2. *Crimes contra a paz*. Apontados 36 *tratados internacionais*, violados pelos acusados em 64 ocasiões.

3. *Crimes de guerra*. Foram assassinatos e maus-tratos às populações das regiões ocupadas, destacando-se os fuzilamentos, execuções, morte nas câmaras de gás, concentração, morte por fome, trabalhos forçados, falta de higiene, espancamento, torturas e experiências, somadas aos assassinatos em massa de determinadas minorias, detenções sem julgamento e outros atos.

4. *Crimes contra a humanidade*. Estes consistem em duas partes: *a*) assassinatos, extermínios, escravidão, deportação e outros tratos desumanos contra a população civil antes e depois da guerra; *b*) perseguição por motivos políticos, raciais ou religiosos, além do extermínio sistemático dos judeus.

A sentença determinou sobre 22 acusados dos 23 iniciais: um suicidou-se antes do final do julgamento; absolveu três; condenou 12 à forca, três à prisão perpétua, dois por 20 anos e um por 10 anos de prisão.

Foram 16.000 páginas dos autos do processo; 42 volumes; o Ministério Público apresentou 2.630 provas e a defesa 2.700; 780.000 fotografias e 13.000 rolos; o tribunal ouviu 240 testemunhas e verificou 300.000 declarações.

O julgamento contou com 27 advogados defensores dos acusados, 54 ajudantes legais e 67 secretários, foram traduzidos os depoimentos em quatro idiomas em cinco milhões de folhas de papel, em mais de 20 toneladas.[14]

Apesar das discussões sobre a *legitimidade* daquele tribunal, não se pode negar a sua importância para coibir condutas de tal natureza, inibir pelo efeito pedagógico práticas atrozes e oferecer uma tipificação inicial para os crimes de agressão, genocídio e contra a humanidade. Entretanto, se demonstrou o repúdio às *práticas discriminatórias contra os judeus*, a história não tem dado a merecida importância às *atrocidades contra os ciganos*, que também foram *vítimas de genocídio* no mesmo período.

---

14 *Idem*, ob. cit. p. 92; O tribunal sentenciou: Martin Bormann, Hans Frank, Wilhelm Frick, Hermann Goering, Alfred Jodl; Ernst Kaltenbrunner, Wilhelm Keitel, Joachim Von Ribbentrop Alfred Rosenberg, Fritz Sauchel, Authuh Seyss-Inquart e Julus Streucher – morte na forca; Walther Funk, Rudolg Hess e Erich Raeder – cadeira perpétua; Baldur Von Schirach e Albert Speer – 20 anos de prisão; Costantin Von Neurath – 15 anos de prisão; Karl Doenitz – 10 anos de prisão; Hans Fritzche, Franz Von Papen e Hjalmar Scharacht – absolvidos.

Tribunal Militar Internacional de Tóquio

O *Tribunal Militar Internacional de Tóquio*, de 03.05.1946 a 12.11.1948, durou 417 dias, recebeu duras críticas que consideraram-no uma *corte marcial* determinada pelos EUA, posto que só cabia recurso de sua decisão para a Suprema Corte dos EUA. O Comandante em Chefe, Primeiro Ministro Tojo, foi enforcado junto com outros oficiais japoneses, após tentativa de suicídio malsucedida, e o General Tomoyshi Yamashuta, que conquistou Singapura, foi enforcado em 23 de janeiro de 1946.

Foi composto por EUA, China, Grã-Bretanha, Austrália, Canadá, França, URSS, Holanda, Nova Zelândia, Índia e Filipinas. Onze promotores formularam denúncias contra os 28 acusados, os quais foram julgados no edifício do Ministério da Guerra do Japão, em meio às ruínas de Tóquio. O Primeiro-Ministro (1937-38 e 1940-41), Príncipe Fuminaro Konoye, suicidou-se com veneno em dezembro de 1945, depois que declarou não suportar um julgamento por corte de justiça inimiga e assumiu a responsabilidade da guerra contra a China.

Instituído pelo General MacArthur, que atuou como Comandante-em-Chefe das Forças Armadas, o tribunal, presidido por um nomeado pelo Comandante Supremo e não pelos juízes, julgou 25 acusados. O chefe de acusação era norte-americano e cada acusado tinha um advogado japonês de sua escolha e outro norte-americano, embora o próprio EUA fosse acusador.

Tribunal Penal Internacional para a ex-Iugoslávia (TPII)

Tribunal *ad hoc,* o *Primeiro Tribunal Internacional não Militar*, sediado em Haia, para processar os autores de graves violações *contra direito humanitário internacional* em território da Iugoslávia, ocorrido a partir de 1º de janeiro de 1991. Criado pelo Conselho de Segurança da ONU, pela Resolução nº 808 de 22.02.1993, com base na Carta da ONU, que lhe conferem poderes para manter e restaurar a paz e a segurança internacionais, com sede em Haia, na Holanda. Condenou o ex-líder político dos sérvios, Rodovan Karadzic, e seu chefe, general sérvio-bósnio, Ratko Mladic, pelo massacre em Srebrenica, em que mataram mais de sete mil pessoas na cidade da Bósnia, embora a Otan considerasse um dos lugares seguros. Aliás, a *limpeza étnica*, disfarçada sob a *capa do genocídio* já ocorrera em 1807 e com o desenvolvimento da guerra entre os turcos no século XIX, depois durante a 2ª Guerra Mundial, e em 1991 o massacre na Bósnia e na Herzegovina, inspirado pelo ensejo de uma "Grande Sérvia".

Foi o primeiro tribunal a processar um chefe de Estado no poder, Slobodan Milosevik, ex-presidente sérvio, que ficou sob sua custódia de 2000 a 2006 quando faleceu sem conclusão do processo.

Enquanto Mladic permanece foragido, Rodovan Karadzic, conhecido como o Carniceiro da Bósnia, responsável pelo maior massacre do continente desde a 2ª Guerra Mundial, acusado de executar cerca de oito mil bósnios muçulmanos em Srebenica, foragido por treze anos, período em que viveu livremente disfarçado, foi preso em 21 de julho de 2008 e aguardou na cela o *processo de extradição* para o Tribunal Penal Internacional para a ex-Iugoslávia, em Haia.

Tribunal Penal Internacional de Ruanda

Tribunal *ad hoc,* processou e julgou os autores de crimes de genocídio e violações graves em território ruandês e os ruandenses que praticaram os mesmos crimes em territórios adjacentes. Instalado em Arrusha, norte da Tanzânia, sob direção do Conselho de Segurança de ONU em Resolução, o tribunal condenou, dentre outros, o primeiro ministro Jean Kambanda por crime de genocídio da etnia tutsi à *prisão perpétua.*

Tribunal Penal Internacional

Os *tribunais had hoc*, criados para punir aqueles que cometiam graves violações aos *direitos do homem*, após a produção dos atos, carregavam um traço de excepcionalidade nada propício à isenção que os julgamentos legítimos e legais devem ter. Faltavam-lhes os requisitos elementares de generalidade para ser uma *justiça imparcial*, porque justiça de vencidos, casuística, abre precedente perigoso.

Os anseios de padronizar *procedimentos internacionais* para julgar autores de *crimes internacionais graves*, dar maior legitimidade aos julgamentos, afastar qualquer argumento de parcialidade justificada pela criação de tribunais após ocorrência do delito e de universalizar a punição aos violadores da *dignidade humana* em práticas criminosas em massa, influíram na criação do Tribunal Penal Internacional, que é permanente.

O TPI foi aprovado em julho de 1998 com 127 votos a favor, 21 abstenções e 7 votos contra (EUA, China, Índia, Israel, Siri Lanka, Turquia e Filipinas), tem sede em Haia na Holanda, sendo composto por 18 juízes para exercício da função por nove anos, vedada a *reeleição*, em regime de exclusividade. Os juízes são eleitos por Estados-Partes, de modo que os *sistemas jurídicos* existentes sejam representados por apenas um juiz, vedado expressamente dois ou mais para cada Estado. São órgãos que compõem o tribunal: *a*) Presidência; *b*) uma Seção de Recursos, uma Seção de Julgamento em Primeira Instância e uma Seção de Instrução; *c*) Gabinete do Procurador; *d*) Secretaria.

Este não é um *tribunal de direitos humanos*, mas para julgar *autores de crimes internacionais graves*, que chocam a humanidade pela atrocidade com que são praticados e todos são imprescritíveis. A sua jurisdição é internacional, mas somente para crimes ocorridos após a sua instituição, isto é, 1º de julho de 2002, data em que seu estatuto entrou em vigor.

O *procurador*, com mandato de nove anos, proibida a *reeleição*, eleito por maioria de votos dos Estados-Partes, tem responsabilidade para investigar e exercer *ação penal* junto ao tribunal, podendo iniciar investigações por sua conta depois de receber informações de Estados, organizações não governamentais e organizações supra-nacionais

O TPI tem jurisdição em duas hipóteses: 1. incapacidade, colapso, impossibilidade de realização de justiça dada a ausência de condições mínimas do sistema judiciário interno; 2. ausência de disposição, falta de interesse por parte do sistema judiciário interno de condenar o acusado, em decorrência de influências indevidas ou escusas (artigo 17). Ele não incluiu a *pena de morte* nem julga os *crimes de terrorismo* e *tráfico de drogas*, mas tem *competência* para a julgar indivíduos por prática de crimes de genocídio, contra a humanidade, de guerra e de agressão, mencionados no Capítulo III, nº 7, deste trabalho.

Os 128 artigos do *Estatuto de Roma* definem crimes, procedimentos, execução e cooperação penal, além dos meios de subsistência do tribunal e fixa *responsabilidade penal do indivíduo* com idade igual ou superior a 18 anos à época do crime.

O TPI avançou no sistema de proteção e de aplicação de penalidades, que variam da *pena de prisão* até o limite de 30 anos, ou *pena de prisão perpétua*, se elevado o grau da ilicitude e condições pessoais do condenado que a justifiquem. Além da *pena de prisão*, a multa, conforme critérios expressos no *regulamento processual*, consta a perda de produtos, bens e haveres provenientes do crime, direta ou indiretamente, sem prejuízo dos direitos de terceiros que tenham agido de boa-fé.

Aprimorou o *sistema internacional de proteção* ao dispor de penalidade igual para todos, sem distinção alguma baseada na qualidade oficial, em particular Chefe de Estado ou de Governo, membro do Governo ou do Parlamento, funcionários públicos e chefes militares ou seus subordinados e não se admite a justificativa de *ato cometido por subordinação hierárquica* para se eximir de condenação nestes casos.

O TPI tenta pôr fim à *impunidade*, que propicia a incidência, por todo o planeta, de *crimes contra a dignidade do homem e em massa*, embora direitos e garantias sejam reconhecidos nas Constituições e legislação interna de cada Estado.

Este tribunal, para determinar se houve ou não vontade de agir em determinado caso, levando em consideração as garantias de um *processo equitativo*, que o Direito Internacional reconhece, à luz do artigo 17, § 2º, do seu Estatuto, verifica a presença das circunstâncias: 1. se o processo foi instaurado e estar pendente ou a decisão foi proferida no Estado com vistas a subtrair a pessoa em causa à sua responsabilidade criminal por crimes de sua competência, nos termos do artigo 5º; 2. se houve demora injustificada no processamento, a qual, dadas as circunstâncias, se mostra incompatível com a intenção de fazer responder a pessoa em causa perante a justiça; ou 3. o processo não ter sido ou não estar sendo conduzido de maneira independente ou imparcial, e ter estado ou não estar sendo conduzido de maneira que, dadas as circunstâncias, seja incompatível com a intenção de levar a pessoa em causa perante a justiça

Há questionamentos quanto a conflitos entre *normas internas* e o *estatuto*. No Brasil, a Constituição Federal de 1988 veda a *prisão perpétua*, incluída nas penalidades do TPI. Não notamos neste caso qualquer conflito porque a *prisão perpétua*, vedada em nossa Constituição, visa bem jurídico tutelado por nossa *ordem interna* expressa, enquanto que o *bem jurídico* protegido pelo Estatuto é a *humanidade*, portanto outro, o que permite perfeitamente a *aplicação da norma internacional*, sem ferir a *ordem constitucional interna*, vez que a jurisdição do TPI é complementar.[15]

Na prática o TPI tem mantido sob sua custódia *criminosos internacionais*.

Em 14 de julho de 2008 acolheu pedido de sua promotoria de ordem de prisão contra Omar Hasan al-Bashir, atual presidente do Sudão, sob acusação de *crime de genocídio, crime contra a humanidade* e *crime de guerra*, praticados na região de Darfur que, segundo o promotor, em cinco anos de conflito, o governante, com *força e agentes*, matou cerca de 35 mil pessoas e causou a morte lenta de 80 mil obrigados a deixarem suas casas. Há registros de mais de 300 mil mortos e 2,5 milhões de refugiados. A *admissibilidade do pedido* implica,

---

15 Sobre o TPI ver MAZZUOLI, Valério de Oliveira, *O Tribunal Penal Internacional – Integração ao Direito Brasileiro e sua Importância para a Justiça Penal Internacional*, Brasília , Revista de Informação Legislativa, ano 41, nº 164, out./dez. 2004, pp. 157-178; JARDIM, Tarciso Dal Maso, *O Que é o Tribunal Penal Internacional*, Brasília, Revista de Informação Legislativa, ano 41, nº 164, out./dez. 2004.

pela primeira vez, na entrega por um país do presidente em exercício. Hipótese que se coaduna com as atribuições e finalidades do TPI. A razão de ser da criação de um *tribunal penal permanente* foi exatamente reprimir ou prevenir práticas desta natureza e cuja *jurisdição* nem o Chefe de Estado possa escapar ou permanecer impune, o que é também o ensejo de todos aqueles que lutam em favor do respeito aos *direitos humanos*. Porém, o presidente do Sudão em poucas horas respondeu que o país não reconhece o TPI.

Esta recusa põe em cheque a aplicabilidade das normas protetoras da dignidade do homem, diante de uma ordem internacional que não possui um sistema judiciário eficaz no sistema global ou regional, quanto à execução de decisões e sentenças internacionais e à falta de instrumentos de execução eficazes.

Tribunal Iraquiano

Embora não fosse *tribunal internacional*, cumpre fazer algumas considerações.

Este tribunal iniciou o julgamento de Saddan Hussein em 19.10.2005 por ter determinado a execução de 184 xiitas em Djail em 1982 e condenou-o à forca em 2006, pelo massacre de 5.000 curdos em 1988. Em 30.12.2006 foi executado, apesar das críticas de governantes e intelectuais quanto à *legitimidade da execução*.

Especialistas em *direitos humanos* opinaram que *pena de morte* não é mais admissível e que o tribunal fora composto por vencedores, isto é, por seus inimigos. Não obstante a truculência daquele ditador, cujos atos estão em *capítulo da tortura*, traz à luz o questionamento da *legitimidade de tribunais internos* para julgar os governantes, por tratar-se de *tribunal de vencedores*. Tanto mais em se tratando de complexa implicação política, uma vez que o mencionado ditador fora de início apoiado e estimulado pelos EUA, enquanto a estratégia norte-americana mantinha interesses.

Consideramos preferível que julgamentos desse tipo, de Chefes de Estado naquelas condições fossem realizados por tribunal isento, imparcial e distante das lutas políticas internas para afastar qualquer suspeição de ilegitimidade, ato de vingança ou falta de imparcialidade. Julgamento justo e imparcial é direito da pessoa humana, seja qual for o crime praticado. O *Tribunal Penal Internacional*, que é de *jurisdição complementar* à *jurisdição interna*, somente agiria se o Estado não o julgasse. Portanto, o Estado da *nacionalidade do autor dos crimes* é competente à luz do *Estatuto de Roma*.

Gizamos que somos contrários à *pena de morte* em qualquer hipótese e à luz dos *direitos humanos*, pois a vida é *direito indisponível*, o que não significa concordar com as barbaridades daquele ditador, relatadas no capítulo V.3.

Capítulo V

SISTEMA DE PROTEÇÃO INTERNACIONAL

1. SISTEMA GLOBAL DE PROTEÇÃO

O sistema de proteção da ONU consiste em: *a*) instrumentos normativos; e *b*) mecanismos práticos de proteção que podem ser *convencionais* e *extra-convencionais*

O *sistema global de proteção* pode ser *geral* ou *específico.*

1.1. O Sistema de Proteção Global Geral

Consiste no conjunto de normas que trata de direitos no sentido universal que abrange a todos. Dentre as normas, as principais são o *Pacto Internacional de Direitos Civis e Políticos* e o *Pacto Internacional de Direitos Econômicos, Sociais e Culturais.* Ambos os pactos jurisdicizaram os direitos previstos na *Declaração Universal de Direitos do Homem*, dando-lhes dimensão jurídica e formando a *Carta Internacional de Direitos Humanos* (*International Bill of Human Rights*).

O *Pacto Internacional de Direitos Civis e Políticos* traça um rol mais amplo do que a Declaração de 1948, sendo mais rigoroso nas obrigações dos Estados e seu Protocolo Facultativo possibilita *petições individuais após esgotamento dos recursos internos* e desde que a questão não esteja examinada por algum organismo ou *tribunal internacional*, além de dispor sobre *relatórios* e *comunicações.* Veda *prisão por descumprimento contratual*, proíbe a *propaganda de guerra* e o *incitamento à intolerância étnica e racial*, e protege as minorias, a identidade cultural, religiosa e lingüística, além de proibir a tortura, as penas cruéis e o tratamento desumano e degradante, proibindo ainda a escravidão e a servidão.

O *Pacto Internacional de Direitos Econômicos, Sociais e Culturais* jurisdiciza os direitos também previstos na Declaração de 1948 nos artigos 22 a 27 e amplia o rol, mas é de aplicabilidade discutível.

Neste Pacto estão incluídos a saúde física e mental e demais direitos. A escassez de recursos não é mais justificativa para que um Estado possa se escusar de cumprir as obrigações assumidas, inclusive a de implementar providências que possibilitem o cumprimento dessas obrigações, ou de ser inerte. Mas a doutrina reconhece que esses direitos dependem de *recursos econômicos*, que não estão nas possibilidades de todos os Estados.

O seu artigo 23 estabelece que os Estados-Partes concordam com *medidas de ordem internacional* que visem a efetivação desses direitos, a adoção de recomendações, a prestação de assistência técnica e organizações técnicas, além de organização em conjunto, com os governos interessados, para efetuar consultas e estudos, reuniões regionais e técnicas. Tudo para atingir os fins deste Pacto.

Mas o artigo 1º do Protocolo obriga os Estados a adotarem medidas para efetivar esses direitos com os *recursos disponíveis* e a progressividade, porque são indispensáveis ao exercício dos *direitos civis e políticos*.

Assim, a *concentração de rendas*, quando torna distante a concretização de direitos, não está em consonância com o desenvolvimento progressivo pactuado e portanto indica que o Estado não adotou *políticas públicas* para o exercício de direitos reconhecidos a todos, independente da situação econômica ou condições étnicas ou religiosas, mas aponta para o fato de que o Estado está beneficiando apenas ínfima parcela do povo em detrimento da outra, o que fere a *igualdade*, que é o postulado da *segunda geração de direitos*. Enquanto isso os *países desenvolvidos* estão preocupados com os *direitos da quarta geração*, que pressupõem o pleno exercício das gerações anteriores.

Não se sustenta mais a tese de que os *direitos sociais* não são acionáveis. A omissão na implementação de *políticas públicas* para o desenvolvimento dos *direitos sociais* ou inexecução destas políticas geram responsabilidade internacional do Estado-Parte, que se torna passível da obrigação de executá-las.[1]

Os *comitês* examinam relatórios dos Estados e recebem *relatórios alternativos*, ou *paralelos* ou *relatórios-sobra*, que são apresentados por *entidades da sociedade civil*, na qualidade de *informação complementar* aos relatórios dos Estados-Partes.

Os comitês têm por objetivo auxiliar os Estados na implementação dos tratado, pactos e convenções, no plano interno.

---

1 CANÇADO TRINDADE, Antônio Augusto, *A Proteção Internacional de Direitos Humanos*, Brasília, Ed.Fundação Universidade de Brasília, 1998, p. 120; ver também LIMA Jr., Jayme Benvenuto, *Os Direitos Econômicos, Sociais e Culturais*, Rio de Janeiro, Renovar, 2001.

O *Comitê de Direitos Humanos* monitora a implementação do *Pacto Internacional de Direitos Civis e Políticos*.

O *sistema global de proteção*, que visa fortalecer as instituições nacionais, para solucionar conflitos, tem, na *Organização das Nações Unidas*, órgãos que atuam na defesa e promoção dos *direitos humanos* e, dentre eles, passamos a comentar os principais.

A *Assembléia Geral*, a quem compete legislar sobre *direitos humanos*, criou em 1993 o *Alto Comissariado das Nações Unidas para os Direitos Humanos*. Este é encarregado de coordenar todos os *programas de direitos humanos* das Nações Unidas e melhorar seus efeitos e eficiência, com sede em Genebra e escritórios por todo o mundo, tem por *objetivos básicos*: 1. forjar a colaboração mundial em prol dos *direitos humanos*; 2. prevenção das violações e respostas às emergências; 3. promoção dos *direitos humanos* com a democracia e o desenvolvimento como princípios orientadores para alcançar a paz duradoura; 4.coordenar o fortalecimento dos programas de *direitos humanos* das Nações Unidas em todo o mundo.

Conselho de Direitos Humanos, órgão subsidiário da Assembléia Geral da ONU, criado em 2006 para reformar a Comissão de Direitos Humanos, desacreditada pelo ex-Secretário Geral da ONU, Koff-Anan. Esta Comissão, órgão normativo inter-governamental, fora o primeiro esforço de definir e codificar *normas internacionais* e, mais recentemente, estabelecer um *sistema de procedimentos especiais de investigação* de presumidas violações em todo o mundo, que se mostrou ineficaz, acabou extinta e substituída pelo atual *Conselho de Direitos Humanos*.

Ainda assim são muitas as críticas no primeiro ano de existência do novo Conselho que se mostra fraco, tímido e ineficaz, ao deixar de lado em suas resoluções inúmeros países de flagrante e notória violação de direitos, dentre eles a escravidão infantil e perseguições religiosas na China, o genocídio no Sudão, repressão no Zinbábue e em Mianmar (ex-Birmânia), dentre outros para focar sua atuação com relação a Israel. Não basta a mudança institucional.

Com sede em Genebra, na Suíça, o Conselho, que visa a promoção e proteção dos *direitos humanos*, é composto de 47 membros, distribuídos entre os países: 13 membros do grupo dos países africanos, 13 dos asiáticos, sete do Leste europeu, oito da América Latina e Caribe, sete da Europa Ocidental e outros. Para a eleição de seus membros é preciso o apoio da maioria dos Estados-Membros. O mandato é de três anos, não podendo ser eleito após dois mandatos consecutivos.

Dos 191 Estados da ONU nenhum escapará da investigação. Este Conselho realiza três sessões por ano, por período não inferior a 10 semanas, com possibilidade de realizar *sessões extraordinárias* por requerimento de um membro e aprovação de um terço. Permite a participação de organizações não governamentais, de observadores, organizações inter-governamentais, instituições de *direitos humanos* e organismos especializados nacionais.

Dentre as suas atribuições estão a análise de violações de direitos, a promoção de assistência e educação nesta área, e a ajuda ao desenvolvimento do *Direito Internacional dos Direitos Humanos*, além de analisar a atuação dos Estados, buscando evitar abusos, respondendo a situações de emergência e servindo de *fórum internacional para o diálogo sobre questões de direitos humanos*.

Ao Conselho Econômico e Social (ECOSOC) compete: 1. promoção e respeito aos *direitos humanos*; 2. coordenação das atividades da ONU e suas agências especializadas; 3. elaboração de estudos, relatórios e recomendações sobre o tema de interesses social, econômico, cultural e educacional.

1.2. O Sistema de proteção global específico

Incide sobre aqueles grupos mais discriminados em razão do nascimento, da condição social, da cor ou da idade. Dentre outras normas estão: Convenção sobre Eliminação de todas as Formas de Discriminação Racial, Convenção sobre Eliminação de todas as Formas de Discriminação da Mulher e seu Protocolo Facultativo, de 1999; Convenção contra a Tortura ou Penas Cruéis, Tratamento Desumano e Degradante, de 1984; Convenção sobre os Direitos da Criança e seu Protocolo Facultativo de Prevenção de Pornografia Infantil, em 2000 e seu Protocolo Relativo ao Envolvimento de Crianças em Conflito Armado, em 2000. Cada uma destas Convenções tem Comitê específico.

2. SISTEMAS REGIONAIS DE PROTEÇÃO

Todos os *sistemas regionais*, do mesmo modo que o *global*, possuem *normas de proteção gerais e específicas*. Contém também mecanismos de aferição de responsabilidade: não contencioso, quase-judicial e judicial.

2.1. Sistema Interamericano

Este sistema dispõe da *Carta da Organização dos Estados Americanos* (1948), da *Declaração Interamericana de Direitos Humanos* (1948), da *Convenção Interamericana de Direitos humanos* e da *Corte Interamericana de Direito Humanos*, além de várias Convenções e Pactos específicos.

Há uma *Comissão de Direitos Humanos*, que busca dar conscientização aos povos sobre direitos; elaborar recomendações para os Estados adotarem medidas que beneficiem os *direitos humanos* em suas leis e procedimentos internos; preparar estudos e relatórios, no desempenho das suas funções; solicitar informações sobre medidas adotadas pelos Estados; responder às consultas e assessorar os Estados sobre questões de *direitos humanos*, formuladas para a Secretaria Geral, conforme os artigos 44 e 51, com relação às *petições* e *comunicações*.

O número de casos contra o Brasil na Corte Americana ainda é mínimo, mas na Comissão o número é bem maior, dos quais Piovesan[2] agrupou: 1. detenção arbitrária, tortura e assassinato ou em regime constitucional; 2. violação de direitos dos povos indígenas; 3. violência rural; 4. violência policial; 5. violência contra a criança e adolescente; 6. violência contra a mulher; 7. discriminação racial; 8. violência contra defensores de direitos humanos.

O Caso nº 7.615, submetido à *Comissão Interamericana de Direitos Humanos*, foi o primeiro submetido por ONG contra o *governo brasileiro*, cujos peticionários foram Indian Law Resource Center, American Anthropological Association, Survival International e Anthropology Resource Center, em favor da *comunidade yanomani.*[3]

Cumpre ressaltar que EUA e Canadá não ratificaram a Convenção e até hoje não admitem a *competência* da *Corte Interamericana de Direitos Humanos*. Além disso, o sistema precisa aprimorar procedimentos, especialmente para admitir o *jus stand* do indivíduo, que é a possibilidade do indivíduo litigar diretamente, a exemplo do *sistema europeu*.

2.2. Sistema Europeu

A concessão do *locus stand* aos representantes legais dos indivíduos demandantes perante a *Corte Européia de Direitos Humanos* é fruto de lenta evolução, que culmina com a reforma do Regulamento da Corte e a adoção do Protocolo nº 9 à Convenção, que ficou anacrônico com o estabelecimento de uma nova Corte Européia e o Protocolo nº 11, da referida Convenção, e com as posteriores modificações introduzidas pelo Acordo Europeu Relativo a Pessoas que Participam nos Procedimentos da Corte Européia dos Direitos Humanos, pos-

---

2 PIOVESAN, Flávia, *Direitos Humanos e Direito Constitucional Internacional*, Ed. Saraiva, 2007, pp. 295 e 299-300.

3 PIOVESAN, Flávia, *Direitos Humanos e Direito Constitucional Internacional*, Ed. Saraiva, 2007.

sibilitando finalmente o *acesso direto do indivíduo a um tribunal internacional como verdadeiro sujeito de direito e com plena capacidade jurídica*. Com a supressão da Comissão Européia, que decidia sobre o encaminhamento de *reclamações individuais* à Corte Européia, estendeu-se a *competência* da *Corte Européia de Direitos Humanos* para receber diretamente as reclamações contra Estados-Partes, vez que o Protocolo nº 11 revogou o *reconhecimento facultativo da jurisdição* da Corte Européia de Direitos Humanos.

A *legitimidade*, que resulta em força deste sistema, consiste no fato da *aceitação voluntária* dos Estados-Partes, que se reflete na solidez do compromisso para a eficácia do *sistema europeu*.

Um cidadão português poderá, nos termos do artigo 34 e seguintes do Protocolo, recorrer individualmente, através de petição, para a Corte. A *queixa* ou *petição* pode conduzir a Corte a determinar uma *reparação razoável*, caso verifique que houve violação da Convenção ou de seus Protocolos.

A *Carta de Direitos Fundamentais da União Européia*, que reproduz parte do *Projeto da Constituição para a Europa*, estabelece o *princípio da melhor tutela*, que é critério de aplicação de norma diante de dispositivo internacional e nacional em colisão.

2.3. Sistema africano

No *sistema africano de proteção* somente em setembro de 1995 é que se concluiu com o *Projeto de Protocolo à Carta Africana de Direitos Humanos e dos Povos* (Carta de Banjul, aprovada em 27 de julho de 1981, durante a XVIII Assembléia de Chefes de Estado e Governo da Organização da Unidade Africana, reunida em Nairobi, no Kenya), criando-se uma *Corte Africana de Direitos Humanos e dos Povos*.

A *Comissão Africana de Direitos Humanos*, com sede em Gâmbia, é órgão composto por 11 membros, ficando encarregada da promoção, mediação e reconciliação, e, *órgão político e quase-judicial*, estabeleceu *relatorias especiais* para os seguintes temas: 1. execução sumária, extrajudicial e arbitrária; 2. prisões e condições de detenção na África; 3. mulheres.

A Corte, que é fruto dos anseios e sugestões de ONGs, em especial a *Anistia Internacional*, e atua com atribuições do *mecanismo judicial*, isto é, do *contencioso* e de *emissão de parecer* solicitado pela *Organização da Unidade Africana*, por qualquer de seus órgãos, por Estados, ou por uma *organização africana* reconhecida pela *Unidade Africana* para encaminhar *relatórios* à Assembléia Geral.

Há outros *documentos*, como por exemplo a *Convenção para Eliminação de Mercenários* e a *Carta Africana de Direitos e Bem-Estar da Criança*, que expressam a vontade dos Estados Africanos, mais antigos e novos, em traçar soluções para os graves problemas que incidem naquele continente.

Ainda há muito a ser feito em matéria de *direitos humanos* na sofrida África que até hoje sente os reflexos da *exploração* e do *colonialismo*, das *rebeliões* e dos *conflitos étnicos e políticos*.

2.4. Sistema árabe

Os *povos árabes*, que em 1994, pela Liga dos Estados Árabes, adotaram a *Carta Árabe de Direitos Humanos*, que cria uma Comissão Árabe de Direitos Humanos e uma Corte, que guarda semelhança com o *sistema europeu*. Assim tem na sua base uma *filosofia ocidental*, alheia ao *mundo islâmico*, em que poder e religião se confundem. Portanto, falta ainda muito para implantar regras quanto à igualdade e a não-discriminação por sexo e religiosa.[4]

---

4 Sobre o *sistema europeu* ver DONNELLY, Jack, *Universal Human Rights in Theory and Pratictiv*, pp. 141 e segs.; sobre o *sistema árabe* ver OLIVEIRA, Almir, Forense, Rio de Janeiro, p. 214.

Capítulo VI

VERIFICAÇÃO DE RESPONSABILIDADE INTERNACIONAL

1. RESPONSABILIDADE INTERNACIONAL DO ESTADO POR VIOLAÇÃO DE DIREITOS HUMANOS

O *sistema de proteção de direitos humanos* possui os *mecanismos unilateral e coletivo*. O *mecanismo coletivo* pode ser *extraconvencional* ou *convencional*.

O *grau da força vinculante da decisão internacional* varia quanto à: 1. *obrigatoriedade*, amparada nas normas que se avolumam a cada dia, seja quanto à recomendação, às decisões quase-judiciais e às decisões judiciais; 2. *executoriedade*, que consiste na execução da decisão internacional.

2. MECANISMO UNILATERAL DE APURAÇÃO DE RESPONSABILIDADE

O Estado, suposto ofendido, exige a reparação do Estado, suposto ofensor. O Estado ofendido analisa, requer a reparação e depois sanciona. Este mecanismo é bem a gosto de Estados que não desejam ficar submetidos às Cortes Internacionais, conforme os EUA, quando se trata de questionar a *violação de direitos* por Estado estrangeiro, como se tivesse uma *capacidade de policiamento das condutas* dos outros Estados.

Tal mecanismo oferece riscos. Primeiro porque aquele que foi sancionado pode revidar e de ofensor transformar-se em ofendido, ao promover o mesmo mecanismo contra o ofendido que então passa a ofensor. Neste caso haveria impasse. Em segundo lugar este mecanismo fermenta o *risco da ingerência* de um Estado em outro, o que é repudiado plenamente pelo *Direito Internacional*, por tratados, pactos e convenções.

A tendência atual é abolir a *proteção unilateral*, que recebe críticas dos doutrinadores em face das conseqüências que poderá gerar.[1]

3. MECANISMO COLETIVO DE APURAÇÃO DE RESPONSABILIDADE

O mecanismo coletivo de proteção é aquele que decorre da vontade do conjunto dos Estados-Partes que integram uma *organização internacional global ou regional*. É uma *proteção de conjunto*, que representa os Estados e não a vontade de um deles apenas, em observância à da idéia democrática de participação dos Estados nas *decisões internacionais*, em substituição à força prepotente de um Estado sobre os demais Estados.

Este mecanismo pode ser *convencional*, quando decorre de Pactos e Convenções, ou *não convencional*, que é fruto do simples fato de o Estado integrar uma *organização internacional*, que atua por conta da *interpretação extensiva* de normas básicas que protegem os *direitos humanos*.

Quanto ao impulso ou ao modo de provocação da iniciativa para deflagrar uma verificação de responsabilidade podemos citar as *comunicações*, o *direito de petição* e o *direito de ação*. As *comunicações* não impõem julgamento, apenas informam sobre alguma *violação de direitos* e a conseqüência será o *relatório*, que atua mais como pressão política. O *direito de petição* implica manifestar-se por escrito tanto no *sistema quase-judicial* quanto no *judicial*, junto aos *organismos internacionais*; no *direito brasileiro* é direito do cidadão de comunicar à *autoridade pública* sobre *abuso de direito*. O *direito de ação* consiste no *direito subjetivo*, que dispõe o indivíduo para pedir *reparação, indenização* ou *obrigação de fazer ou de não fazer*, dirigida a uma Corte Internacional, cujo resultado é uma *sentença internacional de caráter obrigatório* para o Estado condenado.

3.1. Mecanismo Extraconvencional

Enquanto o *mecanismo convencional* vincula os Estados Contratantes e sua ação em prol do indivíduo, com base em tratados e convenções, o *mecanismo não convencional* resulta de resoluções de órgãos que a Carta da ONU criou: a Assembléia Geral; o Conselho Econômico e Social; o Conselho de Direitos Humanos, que substituiu a Comissão, e o Conselho de Segurança.

---

1 GARCIA, Emerson, *Proteção Internacional de Direitos Humanos Breves Reflexões sobre os Sistemas Convencional e Não-Convencional*, Rio de Janeiro, Editora Lumen Juris, 2005.

O *mecanismo não convencional*, também denominado *extra-convencional*, busca a justiça na *interpretação mais ampla dos objetivos* da ONU e do *dever de cooperação* dos Estados para atingir tais objetivos, tudo explícito no Preâmbulo da Carta da ONU e nos artigos 1º, 3º, 55, alínea *c*, e 56.

Cumpre ressaltar que a ONU congrega quase a totalidade dos Estados do planeta, o que lhe confere força e legitimidade suficientes para o desempenho de funções inerentes à *segurança coletiva.*

A *Comissão de Direitos Humanos no Sistema Global*, hoje extinta, criou um trabalho diversificado em temas específicos: tortura, criança e mulheres, dentre outros. O *Conselho de Direitos Humanos*, que a substituiu, cumpre estruturar um *sistema de procedimentos especiais*, *relatórios especializados* e *procedimentos de denúncias.*

A *Assembléia Geral* possui autorização para discutir questões referentes à paz e a segurança internacional e declarar a existência de pressupostos inerentes a determinado direito, podendo criar *comissões de investigação*, designar *observadores* e *grupos de mediadores*, tudo com vistas à coleta de informações a respeito de alguma situação que ameace a paz ou a *segurança internacional.* Mas quem pode aplicar *medidas coercitivas* é o *Conselho de Segurança.*

Ao *Conselho de Segurança*, que poderá ter iniciativa de processo, com base na ampliação do conceito de paz e segurança, em nova moldura de *responsabilização internacional* de um Estado, compete: 1. desenvolver operações para manutenção da paz; 2. decidir sobre graves violações que ponham em risco a paz mundial. Trata-se, pois, de *atividade discricionária.*

Hoje o *Conselho de Segurança* reflete um modelo internacional em declínio. É questionado por representar Estados mais ricos na sua composição e por ter atribuição política nas suas decisões, as quais assumem caráter mais político do que jurídico, do que resulta inócua atuação, quando o pretenso ofensor for um dos Estados integrantes do Conselho de Segurança.[2]

As críticas se avolumam em face de sua composição por Estados economicamente mais fortes como *membros permanentes*, o que lhe retira a *legitimidade* e o elemento democrático necessário a qualquer *associação* de grupos, Estados ou pessoas, que se queira *representativa.*

---

2 *Idem*, p. 141; sobre Mecanismo extrajudicial, ver RAMOS, Carvalho André, *Processo Internacional de Direitos Humanos*, pp.148-152 e p. 167, que trata do Conselho de Segurança e a *defesa dos direitos humanos*, mas o autor também tece críticas à atuação do Conselho, frente à *violação de direitos humanos*, p. 176.

Representar é decidir em nome de todos. Ora, não se pode dizer *representativo* um Conselho integrado por Estados de economia mais forte do mundo, cujos interesses não são os mesmos dos mais pobres, e a historia já provou. Portanto, o Conselho de Segurança não é de fato representativo, sob o domínio da vontade e interesses de reduzidíssimo número de Estados que o compõem. Reformá-lo é a aspiração da comunidade acadêmica, científica, jurídica e política e de todo cidadão que anseia por um organismo internacional livre do comando de um ou dois países mais ricos do mundo, que agem sob a capa da impunidade ou de um país que se arvore a xerife do mundo, sem limites.

3.2. Mecanismo Convencional

Há um *sistema global de proteção*, sob os auspícios da ONU e há *sistemas regionais europeu, interamericano e africano.*

Cumpre ressaltar que a reparação de violação a *direitos humanos protegidos* deve ser no *âmbito interno* do Estado e a *jurisdição internacional* é subsidiária. Caso o Estado não ofereça os recursos necessários à reparação, ele será duplamente responsabilizado: primeiro porque não ofereceu os recursos para a apuração e investigação e segundo, pela violação, conforme orientam as sentenças dos *tribunais internacionais.*

Este é o verdadeiro mecanismo do *sistema protetivo de direitos do homem no âmbito internacional*, porque responsabiliza o Estado no âmbito internacional, mas o faz com observância obrigatória do *devido processo legal* possibilitando ao Estado, pretenso ofensor, o *contraditório* e a *ampla defesa.*

Há que se identificar o *fato ilícito* e a *relação de causalidade* entre a conduta imputada ao Estado e o *ato ilícito praticado.*

Para isto os procedimentos estabelecidos têm função própria: 1. verificar se há compatibilidade entre a norma internacional e a conduta do pretenso ilícito; 2. corrigir, isto é, fazer cessar a ilicitude para retornar ao estado anterior, e na impossibilidade disto, formular compensação; 3. interpretar a norma que supere as imperfeições do texto normativo, em prática denominada função criativa (*criative funcion*).

São várias as formas de responsabilizar o Estado infrator: 1. *supervisão*, que nada mais é que uma pressão para que o Estado modifique condutas; 2. *controle no sentido estrito*, que consiste em averiguar e cobrar do Estado a responsabilidade; 3. *tutela*, que consiste em uma jurisdição internacional apta a agir como verdadeiro juiz internacional, que é uma jurisdição complementar e subsidiária.

A importância maior dos mecanismos coletivos de responsabilidade do Estado por *violação de direitos humanos protegidos* é, além da reparação de danos e da força da interpretação nas decisões, o efeito pedagógico tanto no caráter preventivo quanto na revisão de condutas.

Os *mecanismos coletivos* são: 1. não contencioso; 2. quase-judicial; 3. judicial ou contencioso.

3.2.1. *Não contencioso.* Há um *conjunto de medidas dos organismos internacionais* para verificar o *acolhimento de recomendações*, inclusive do grau de respeito às *convenções internacionais*.

O objetivo é prevenir violações e compelir cada Estado a construir e manter *políticas de defesa dos direitos humanos*.

Trata-se de uma forma de *solução pacífica de controvérsia*, que guarda uma semelhança com os bons ofícios e a conciliação do direito internacional.

Este sistema consiste em *relatórios periódicos* pelos Estados-Partes que integram o sistema da ONU. O *relatório periódico* é necessário mesmo àqueles Estados que não descumprem os *direitos protegidos*.

Os controles previstos em pactos são: a) *relatórios* – cada Estado Signatário se compromete a apresentar as medidas que adotou na tutela dos direitos do homem; b) *comunicados* – são instrumentos que o Estado utiliza para denunciar que um outro Estado não cumpriu alguma obrigação incluída no pacto. Tanto a *promoção* quanto o *controle dos direitos humanos* visam aprimorar o *direito interno*. A criação de uma *alta jurisdição* tenta substituir a garantia nacional pela internacional, quando a nacional é inexistente ou ineficiente.

Quanto ao Brasil alguns pontos têm sido objeto de preocupação do *Comitê de Direitos Humanos*, dentre elas as condições carcerárias, a prática da tortura nas investigações policiais e as execuções sumárias.[3]

As Cartas da ONU e da OEA, dentre outras, incorporam normas de caráter programático, principalmente as *normas de promoção*, a fim de que os Estados promovam cooperação cultural, educacional e de saúde, propiciando direitos, sem distinção de raça, língua ou religião entre os povos.

3.2.2. *Quase-judicial.* A responsabilidade é iniciada por petição do Estado ou pelo indivíduo ao *Comitê da Organização Internacional*. O Comitê, após verificar a responsabilidade, poderá deliberar. Este mecanismo visa constatar a violação para reparação.

---

3 BICUDO, Hélio, *Direitos Humanos e sua Proteção*, São Paulo, FID, 1997; *idem*, *Direitos Humanos no Parlamento Brasileiro, a Vida dos Direitos Humanos*, Porto Alegre, Sérgio Fabris Editora, 1999, pp. 59-104.

No *sistema global* da ONU a responsabilização pode ser por *petição* do Estado ou do particular. A *actio popularis* será aceita se o Estado-Parte admitiu a *competência* do *Comitê de Direitos Humanos* para receber as *petições de particulares.*

A deliberação do Comitê, se houve ou não a *violação de direitos humanos protegidos* pela Convenção, será após procedimento confidencial e obrigatório, atendidos os *princípios do contraditório e da ampla defesa.*

Neste *sistema global*, o Comitê observa as fases: 1. *admissibilidade*, que exige forma escrita e legitimidade da parte com petição da vítima ou seu representante,vedado o anonimato; 2. *instrutória de provas*, na qual o Estado, pretenso ofensor, responde às questões de mérito alegado; 3. *deliberação sobre o mérito*, na qual o Comitê indica se houve ou não violação de direito e a reparação deve ser efetuada; 4. *execução*, em que é designado um *Relator-Especial* para acompanhar a *execução da decisão* e faz inserir o *relatório final* no Informe Anual do Comitê, que o distribuí à *imprensa internacional.* Sem dúvida, este é um procedimento de pressão política a países que descumprem ou cumprem de modo insatisfatório as decisões do Comitê. Não possui força de obrigar propriamente dita.

Por outro lado, muitas vezes as suas conclusões e recomendações aos Estados têm sido responsáveis por alguma transformação ou elaboração legislativa ou de políticas públicas.

Exemplo da atuação positiva, dentre outros, foi a pressão através de recomendações resultantes da verificação de responsabilidade do Estado brasileiro, feitas pela *Comissão Interamericana de Direitos Humanos*, após denúncia apresentada pela Sra. Maria da Penha Morais Fernandes, vítima de violência praticada por seu marido, pelo Centro pela Justiça e pelo Direito Internacional (CEJDI) e pelo Comitê Latino-Americano de Defesa da Mulher (CLADEM), com base no artigos 44 e 46 da *Convenção Americana dos Direitos Humanos* e o artigo12 da *Convenção de Belém Interamericana para Prevenir, Punir e Erradicar a Violência contra a Mulher.*

A mencionada denúncia alegou tolerância do Estado com a *violência contra a mulher.* Após longo procedimento legal e regular, a Comissão recomendou, dentre outras providências: mais rapidez e efetivas soluções de conflitos intrafamiliares, alternativas às judiciais; multiplicação de delegacias policiais de defesa da mulher; adoção de medidas legislativas, administrativas e judiciais correspondentes, além de considerar o Estado responsável e concitá-lo a investigar de modo sério, imparcial e exaustivamente a responsabilidade por irregularidades e atrasos injustificados do processo em que a peticionaria propôs sem sucesso junto às autoridades brasileiras.

3.2.3. *Judicial*. As decisões sobre violação e reparação decorrem dos *tribunais internacionais*, embora não exista ainda uma *Corte Internacional de Direitos Humanos*. Há apenas Cortes de direitos humanos regionais: a *européia*, a *interamericana* e a recém-criada *africana*.

Na ausência de uma Corte no *sistema global de proteção dos direitos humanos* a Corte Internacional de Justiça ainda não desenvolveu verdadeiro papel de Corte internacional, que responsabiliza Estados violadores destes direitos por várias razões. Primeiro porque é competente para decidir controvérsias em que Estados sejam partes o que impede a *ação judicial do indivíduo*. O outro motivo é o caráter facultativo daquela Corte, cuja *competência* depende da adesão dos Estados (art. 36.2), que também condiciona essa adesão ao *princípio da reciprocidade*, o que diminui consideravelmente o seu papel de *foro privilegiado* nos casos de *violação de direitos humanos*.

Urge dar legitimidade ao indivíduo junto à Corte, o que já ocorre nas *Cortes Européia e Interamericana de Direitos Humanos*.

4. APLICAÇÃO E EXECUÇÃO DE DECISÕES INTERNACIONAIS

Não há um *sistema de execução de decisões internacionais* com instrumentos próprios, conforme a *execução de sentença no âmbito interno*. Também não há *jurisdição única* ou de uma única ordem jurídica no plano internacional, porque há *sistemas global e regionais*.

A *sentença internacional*, que decorre de *tribunal internacional*, também não depende de homologação pelo STF, conforme a *sentença estrangeira*, que resulta de um Estado estrangeiro.

Se de um lado as *decisões internacionais* das Cortes implicam em obrigação para o Estado condenado, por outro lado inexiste *instrumento de execução*. Resta às Cortes a supervisão do cumprimento de suas decisões. Vale dizer que cabe a cada Estado, em conformidade com sua estrutura jurídica e administrativa, aplicar a *decisão internacional*.

Para acompanhar o *cumprimento da sentença internacional* é designado um relator pela *Corte Interamericana de Direitos*, conforme os artigos 33, 62.1, 62.3, 65, 67 e 68.1 da *Convenção Americana de Direitos Humanos*, para que o Estado condenado adote medidas ou repare os *danos causados*, conforme a *sentença*. O *relator* solicita que o Estado apresente no prazo determinado as informações sobre medidas adotadas e será considerado o *estado geral de cumprimento de sentença sobre reparações*, somente com o recebimento do relatório do Estado. A Corte somente reconhece o cumprimento se constatar que o Estado pagou as quantias correspondentes às indenizações e juros aos familiares da vítima ou à própria vítima e se o Estado informou sobre as gestões necessárias para impulsionar o *processo penal* a fim de investigar os fatos e punir os responsáveis, por exemplo, pela detenção ou desaparecimento, ou pela detenção e morte, enfim, conforme o que for fixado pela Corte internacional.

A *recomendação*, que é fruto do chamado *droit de regard*, existência da obrigação internacional de monitoramento e supervisão nas instâncias internacionais, é *opinião não-vinculante*. Os *organismos internacionais* observam e apenas emitem sugestões. Há *recomendações* que são frutos da análise de *petições individuais* e extraídas de *procedimentos extraconvencionais* sobre os quais os doutrinadores discutem quanto à força obrigatória. Para nós, não há *força vinculante*, mas apenas o constrangimento do Estado ofensor ter o fato divulgado no plano internacional e nacional.

Atualmente, a *Corte Interamericana de Direitos Humanos* assinala para transformações na interpretação e começa a atribuir caráter obrigatório às recomendações das Comissões, desde que *in concreto* não esteja submetida à Corte.

Quanto às *decisões judiciais*, não há dúvidas sobre a *força vinculante*, expressa em dispositivos das Convenções Americana e Européia, que, embora juridicamente obrigatórias, não são *auto-executáveis*.

Na medida em que a *decisão internacional de direitos humanos* analisa a responsabilidade do Estado, sem determinar expressamente a *autoridade nacional responsável*, isto resulta em liberdade para o Estado optar pelos meios e instrumentos para cumprir a *decisão judicial internacional*. Cumpre ao Estado a escolha da solução jurídica em conformidade com sua própria legislação nacional, para efetuar a reparação que lhe for fixada. Porém a sua inexecução implica em nova obrigação internacional pelo inadimplente, que neste caso acumula duas obrigações: o *cumprimento da decisão judicial internacional* e a *obrigação de reparação pelo seu descumprimento*.

Em 11.01.2002 a *Comissão Interamericana de Direitos Humanos* informou à Corte o *cumprimento de indenização* e *gestões realizadas para impulsionar o processo penal* para investigar fatos e punir responsáveis pela detenção e desaparecimento de Ernesto Rafael Castilho Páez, porém reconheceu que não foram incluídos alguns acusados, como por exemplo, os membros da Polícia Nacional do Peru, que adulteraram e fizeram desaparecer o livro de ingresso de detido na Delegacia de Juan de Miraflores, para onde foi levada a vítima.

A primeira decisão da *Corte Interamericana de Direitos Humanos* foi sobre *tratamento dispensado a portadores de deficiência mental*, no Processo nº 12.237-CIDH, que condenou o Brasil, depois que a Comissão Interamericana enviou a *demanda para responsabilização do país*, pelo seguinte fato: Damião Ximenes Lopes, epiléptico, portador de transtorno mental, foi internado por sua mãe

Albertina Ximenes em clínica psiquiátrica no Município de Sobral, no Ceará, em 01.10.1999. Três dias depois Albertina Ximenes, forçando sua entrada na clínica, encontrou o filho com as mãos amarradas, sangrando, com hematomas e escoriações resultante de brigas com o enfermeiros. De volta para casa, recebeu a notícia da morte do filho. As denúncias ao Ministério Público e à Comissão de Direitos Humanos da Assembléia Legislativa do Ceará não lograram êxito; a família do prefeito era proprietária da Clínica de Repouso Guararapes, cujo diretor, médico responsável, era também perito de Instituto Médico Legal de Sobral, o mesmo que atestou "morte real de causa indeterminada" e que atestou no dia "por parada cardiorespiratória". A sentença declarou responsável o Brasil por violação de direito à vida, à integridade pessoal da vítima (arts. 4.1, 5.1 e 5.2 da Convenção Americana) e direito à integridade pessoal (artigo 5º) e direitos às garantias judiciais e à prestação judicial (8.1 e 25.1) de Albertina e demais familiares da vítima; declaração de que o Estado deve garantir a efetividade do processo interno, destinado a investigar e sancionar os responsáveis pelos fatos; e a publicar, no prazo de seis meses, a capacitação profissional das pessoas envolvidas no atendimento de saúde mental, além de pagamento por danos e custas processuais, nas quantias fixadas em sentença para os familiares da vítima.

Outro exemplo da atuação da CIDH é a solução amistosa que passamos a relatar. Pela primeira vez o Brasil assumiu responsabilidade por atos praticados por particulares. José Pereira, em 1989, com 17 anos, sofreu lesões permanentes na mão e no olho esquerdo, além da morte de outro trabalhador rural, quando da tentativa de fuga da Fazenda Espírito Santo, no Pará, onde trabalharam forçados, sem liberdade para sair e sob condições desumanas e ilegais junto com outros 60 trabalhadores, que para lá foram atraídos sob falsas promessas de emprego. Em 2003 a Comissão Pastoral da Terra perante a *Comissão Interamericana de Direitos Humanos* subscreveu acordo com o Estado brasileiro, homologado pela CIDH em outubro de 2003, que ficou sob supervisão no cumprimento.

Capítulo VII

PROTEÇÃO DE DIREITOS HUMANOS NO ÂMBITO INTERNO

1. AS CONSTITUIÇÕES, AS LEIS E A JURISPRUDÊNCIA

As Constituições incorporam em seus textos normas que reconhecem *direitos fundamentais do homem*. Algumas incluem detalhados *enunciados de direitos*, mas que, "dominados por estrutura de poder, torna de pouca valia suas normas e princípios, como não raro tem sido nos regimes da América Latina".[1]

Há Constituições que trazem *afirmação de princípios*, mas inserem normas minudentes de aplicação que os tornam inaplicáveis. Outras Constituições contém os *direitos do homem* ou os enunciam de modo superficial e vago, sem aplicação prática. Ainda outras explicitam um rol de direitos e suas garantias, porém inaplicáveis, muito mais por fatores econômicos, sociais e políticos do que jurídicos, conforme no Brasil.

O *princípio da dignidade humana* está incorporada, por exemplo, nas Constituições de Cuba (artigo 8º); Grécia (artigo 2º, I); Alemanha (artigo 1º); Irlanda e Venezuela no preâmbulo; Espanha no preâmbulo e no artigo10, I.

A Constituição da República Popular de Angola fixou, no artigo 28, especial proteção aos combatentes que morreram nas *lutas de libertação nacional*, o respeito do Estado e a proteção à dignidade humana (artigo 17), direito ao livre desenvolvimento de sua personalidade e respeito devido aos direitos dos outros cidadãos e aos superiores interesses do povo angolano. A do Japão, no artigo 37, prevê que o acusado de crime terá julgamento rápido e público por *tribunal imparcial* e expressamente não admite como prova a confissão sob coação, tortura ou

1 AFONSO DA SILVA, José, ob. cit., p. 174.

ameaça ou após prisão ou detenção prolongada (artigo 38), prevendo a garantia de indenização do Estado, na forma estabelecida em lei, por pessoa absolvida, após ter estado presa ou detida (artigo 40).

O Brasil está ligado ao *Direito Humanitário* e ao *Direito dos Refugiados*, de acordo com seu direito interno, sendo parte em tratados e convenções, elaborou *leis protetoras sobre direitos humanos* e outras que, se fossem rigorosamente aplicadas teríamos um Estado de pleno respeito à pessoa humana.

Os direitos expressos na Constituição brasileira de 1988, sob o Título II, que trata dos *direitos e garantias fundamentais individuais e coletivos*, estão dispostos em cinco capítulos: direitos individuais e coletivos, no elenco explícito do artigo 5º, *caput*, que são a inviolabilidade do direito à vida, à liberdade, à igualdade, à segurança e à propriedade; os direitos sociais; de nacionalidade; direitos políticos e partidos políticos. Mas não esgotam o rol de *direitos humanos* protegidos. Por todo o texto constitucional estão explícitos outros direitos referentes à saúde, à educação, ao índio, à criança, ao adolescente e aos idosos, dentre outros.

A Constituição brasileira de 1988, no § 2º do artigo 5º, dispõe que os direitos e garantias nela expressos não excluem outros decorrentes do regime e dos princípios por ela adotados ou dos *tratados internacionais* em que o Brasil seja parte. Estes outros direitos e garantias ficam incorporados ao nosso *sistema jurídico*. Logo, os *tratados de direitos humanos* são *fontes de direito interno* do *sistema constitucional de proteção*.

Em caso de conflito entre a fonte que resulta do *direito interno* e a de *direito internacional*, a solução deve ser aquela que favoreça mais a *pessoa humana*, à luz das *regras de interpretação*, inclusive de *tribunais internacionais de direitos humanos*.

Por outro lado, a Emenda constitucional nº 45 acrescentou o § 3º ao artigo 5º, na tentativa de dirimir as controvérsias na jurisprudência e nos doutrinadores acerca da *hierarquia dos tratados*. Este artigo dispõe que tratados e convenções sobre *direitos humanos*, que forem aprovados em dois turnos, em cada casa, por três quintos de votos dos respectivos membros, serão equivalentes às *emendas constitucionais*, cuja inspiração do texto, segundo Mazzuoli, seria o artigo 12 da Lei Fundamental Alemã, que prevê serem os *tratados internacionais complementares* à Constituição. Esta crítica alerta para a falta de compreensão do legislador com relação à *normatividade internacional*, porque induz à existência de *tratados com força infraconstitucional* e outros com *força de emenda constitucional*. Vale dizer que o texto nos §§ 2º e 3º do artigo 5º são ambíguos, porque criam uma *hierarquia normativa* diferente a tratados com o mesmo conteúdo ético, que é a *proteção dos direitos humanos*.[2]

A Emenda Constitucional nº 45/2004, que acrescentou o § 5º ao artigo109, federalizou os *direitos humanos* ao possibilitar que o Procurador-Geral da República requeira o deslocamento, em qualquer fase de inquérito ou processo, para a *competência da jurisdição federal*, desde que presentes os requisitos: 1. de grave violação de *direitos humanos*; 2. que tenha por finalidade assegurar o cumprimento de obrigações decorrentes de tratados internacionais de *direitos humanos*; 3. que o Brasil seja parte do tratado em questão.

Com a *federalização* aumenta a responsabilidade da União, que tem *personalidade jurídica na ordem internacional*. Não poderia ser diferente, porque é o Estado brasileiro e não o Estado da Federação que assume o cumprimento dos tratados. Se a justiça local for ausente ou falha, cumpre à União suscitar o *deslocamento de jurisdição*. A *responsabilidade local* é primária, a responsabilidade da União é subsidiária mas a *proteção internacional* é subsidiária e adicional.

Este trabalho, não sendo um *tratado de direitos fundamentais* da Constituição, pelos motivos aqui expressos, nos deixa mais livres para mencionar que o artigo 5º, ao traçar um *rol de direitos e garantias individuais e coletivas*, não esgota os direitos inerentes à *dignidade humana*, que se estendem por todo o corpo do Texto Básico. Mas a Constituição, sob o Título II, *Direitos e Garantias Fundamentais*, subdividiu estes direitos em cinco capítulos: direitos individuais e coletivos; direitos sociais; nacionalidade; direitos políticos e partidos políticos.

O artigo 5º oferece extenso, mas não único rol de *direitos e garantias fundamentais*, que incorporam as sugestões das *declarações internacionais de direitos*.

Dentre as garantias constitucionais figuram:

1. *Legalidade*: a proteção judiciária (incisos XXXV, LIV e LV) de que lei não excluirá da apreciação do Judiciário; a independência e imparcialidade do juiz; o juiz natural ou constitucional; o contraditório e o devido processo legal.

2. A estabilidade do *direito subjetivo*: direito adquirido, ato jurídico perfeito e coisa julgada.

3. A *segurança jurídica*: inviolabilidade do domicílio, das comunicações pessoais e as *garantias penais*: *a*) *garantias penais*: juiz competente (LIII e LXI); *b*) *preventivas*: anterioridade da lei penal (XXXIX); irretroatividade da lei penal, salvo para beneficiar o réu (XL); legalidade e comunicabilidade do preso (LXIII); *c*) quanto à *aplicação da pena*: individualização da pena (XLVI); per-

2 MAZZUOLI, ob. cit., pp. 495-496.

sonalização da pena (XLV); proibida prisão civil por dívida (LXVII); proibição de extradição de estrangeiro por crime político ou de opinião (LII); proibição de penas de morte, prisão perpétua, trabalhos forçados, banimento e cruéis; *d*) *processuais*: penas são as anteriores mencionadas e ainda: instrução penal, contraditório, devido processo legal (LIV e LV), ação privada (LIX), presunção de inocência (LVII e LVIII); *e*) incolumidade física e moral do preso; proibição de tratamento desumano e degradante e de não discriminação.

Com relação às *garantias penais*, muitas delas não foram levadas a efeito na prática, dentre elas a permanência de encarcerados depois do prazo de cumprimento de pena ou por longo tempo sem condenação por sentença de juiz competente, sem tratamento de saúde, sem salubridade que promove proliferação de doenças, permanência de encarcerados sem a respectiva defesa, por impossibilidade de pagar advogado, mas principalmente sem observância pelo Estado da proibição de discriminação, porquanto a incidência destes direitos violados recai mais sobre encarcerados sem poder aquisitivo.

Ainda integram o rol de garantias as *ações constitucionais* e outras que asseguram direitos, as quais passamos a resumir.

O *habeas corpus* tem origem na Magna Carta de 1215, na Inglaterra, que fixou as garantias da liberdade física do povo inglês que se difundiu por todas as legislações. O *habeas corpus* significa "tomar o corpo". É ação de ordem constitucional, que assegura o direito de ir e vir, contra *ilegalidade* ou *abuso de autoridade*, inserido do inciso LXVIII do artigo 5º da Constituição Federal. É o mais eficaz e rápido remédio jurídico para cessar a *prisão ilegal*, embora não seja a única forma, sendo ação constitucional. Foi introduzido no Código de 1832, depois na Constituição de 1891, com origens no direito inglês. Somente é admitido contra *autoridade pública*, por *abuso de poder*, excepcionalmente contra particulares, sob argumento de *ilegalidade por coação*, por exemplo, contra dirigente de estabelecimento hospitalar quando há recusa em liberar o paciente em face de pagamentos, fazendeiro que retém colono na propriedade agrícola.

O *direito de petição*, com remota origem na Idade Média, na Inglaterra, no *Right of Petition*, acolhido no *Bill of Right*, foi incorporado em outros diplomas legais, como em 1776 na Declaração da Pensilvânia e em 1791 na Constituição Francesa, tendo sido incluído no inciso XXXIV do artigo 5º da Constituição Federal em vigor. Assegura o direito de qualquer pessoa peticionar a qualquer autoridade, do Legislativo, do Executivo ou do Judiciário e ao Ministério Público contra *abuso de poder* ou *ilegalidade*. Sem pagamento de taxas, qualquer pessoa pode diretamente requerer perante a Administração Pública em defesa própria contra *atos ilegais e abusivos de poder* contra o administrado e ao Estado cumpre o dever de, pelo órgão público prestar o esclarecimento solicitado e tomar as providências cabíveis, conforme o fato, sob *pena de omissão no exercício da função*, e caberá *habeas data*.

O *habeas data* com natureza de *ação constitucional*, ajuizado por *pessoa física* ou *jurídica*, é direito à informação ou retificação de dados referentes ao próprio requerente e nunca em relação à terceiros, pois é de *caráter personalíssimo*, regido pela Lei nº 9.507/97, que traça normas de processo específico. Há divergências na doutrina quanto aos dados sob a cobertura do *sigilo da defesa nacional*. Filiamo-nos à corrente que considera a restrição do direito constitucional, não prevista pelo constituinte, inconstitucional. Portanto, qualquer argumento de descumprimento do artigo 5º, XXXIII, que consagra o direito da pessoa ser informada sobre dados que constem em entidade governamental ou daquelas de caráter público ou direito de eventual retificação de dados, se discriminatórios ou errôneos, não podem ser aceitos, ainda que sob justificativa de *defesa nacional*, porque seria um precedente perigoso ao *Estado Democrático de Direito*.

O *direito de certidão*, previsto no inciso XXXIV do artigo 5º da Constituição Federal, assegura o direito de qualquer pessoa obter do Estado documento expedido para defesa de direitos ou esclarecimento de situação, se demonstrado o *interesse pessoal*. Segundo a Lei nº 11.111/2005, é direito protegido o acesso a *documentos públicos de interesse particular ou coletivo ou geral*, ressalvadas somente as hipóteses em que o *sigilo* seja imprescindível à *segurança da sociedade* e do Estado Os requisitos são legítimo interesse, ausência de sigilo e indicação de finalidade. A recusa constitui omissão que, de acordo com a Lei nº 9.051/95, nº 1, ofende o direito líquido e certo, passível de *mandado de segurança*.

O *mandado de segurança individual*, no inciso LXIX do artigo 5º da Constituição Federal, incorporado nas Constituições anteriores a partir de 1934, para pôr fim à discussão quanto à aplicação do *habeas corpus*, que vinha sendo aplicada também para todos os casos de abusos de natureza diversa do âmbito penal. O objeto é sempre correção de ato ou de omissão de *ato de autoridade pública ou de agente de pessoa jurídica*, no exercício das atribuições de Poder Público. Regulado pela Lei nº 1.533/51, com prazo de 120 dias, a contar da ciência do ato impugnado, é remédio preventivo ou repressivo, *ação de conhecimento* que, para Miguel Seabra Fagundes, é *ação civil*, de rito sumaríssimo, que suscita o *controle judicial* em face de ato que viola ou ameaça *direito líquido e certo*, que é direito comprovado de plano, por documento juntado na *petição inicial*, incontestável, contra *ilegalidade* ou *abuso de poder*.

O *mandado de segurança coletivo* ingressou no *direito brasileiro* na Constituição Federal de 1988, pelo inciso LXX do artigo 5º, para proteger *direito difuso* de todos os membros de uma associação, sindicato na representação de seus filiados, podendo impetrá-lo os *partidos políticos* com representação no

Congresso Nacional e *organização sindical, entidade de classe* ou *associação* legalmente constituída e em funcionamento há pelo menos um ano, em defesa dos interesses de seus membros ou associados, desde que haja *nexo de causalidade* entre o *interesse dos associados*, ou *dos sindicalizados* e o *objeto da ação*. Não se confunde com *mandado de segurança litisconsorcial*, que é impetrado por pessoas jurídicas unidas.

O *mandado de injunção*, que tem inspiração no *writ of injuntion* do direito norte-americano, visa solucionar um caso concreto quando a norma legal é insuficiente. Tem por objeto todas as normas com enunciado na Constituição, que carecem de interposição legislativa para a fruição de direito ou de liberdade protegida. Pode ser impetrado por qualquer pessoa que tenha um direito, liberdade ou prerrogativa institucionais inviabilizados por falta de *norma regulamentadora* da Constituição Federal e Piovesan considera possível o *ajuizamento do mandado de injunção coletivo*, neste caso se reconhecida a *legitimidade da associação de classe constituída.*

A *ação popular* que, na Constituição Portuguesa, artigo 53, § 2º, também serve para fazer cessar *infração contra a saúde pública*, no *direito brasileiro* é ação prevista no inciso LXXIII do artigo 5º da Constituição Federal, possibilitando que qualquer cidadão possa anular *ato lesivo ao patrimônio público* ou de entidade de que o Estado participe, à moralidade administrativa, ao meio ambiente, e ao patrimônio histórico e cultural, salvo comprovada má-fé, e isento de *custas judiciais* e do *ônus da sucumbência*. A origem vem do Direito Romano, que já continha ações populares, a exemplo do *Digesto*, que as incluiu no Livro 47*, De Popularibus Actionibus*, no Título XXLLL-A. É instituto processual civil, como garantia político-constitucional de qualquer cidadão para defesa da coletividade e não do sujeito ativo, de caráter muito mais corretivo do que preventivo, sendo útil, por exemplo para caso de contaminação de água e do solo, que possa afetar os seres vivos, do meio ambiente saudável em geral, que é direito humano. Utilizado também para anular atos que, ao lesarem a *moralidade administrativa*, estão também, por via indireta, criando obstáculos à saúde ou educação da população de um município. Aliás, trata-se de instrumento de variados benefícios à coletividade, se bem utilizado para controlar os *atos da administração pública pelos eleitores*, vez que somente tem legitimidade ativa o cidadão que deve juntar na petição inicial o *título de eleitor* ou documento assemelhado, de acordo com a exigência legal da Lei nº 7.417/65.

A *ação civil pública*, de natureza processual, na defesa de *interesses transindividuais* ou *metaindividuais*, é via processual de proteção do *patrimônio público* e de repressão aos atos de *improbidade administrativa* que sejam lesivos, ilegais ou imorais.

A *ação de argüição de descumprimento de preceito constitucional* (ADPF), ação regulamentada pela Lei nº 9.883/1999, que complementa o artigo 102, § 2º, da Constituição Federal, é subsidiária ou residual, porque só é admitida quando não há outro meio eficaz de sanar a lesividade e visa evitar lesão *de preceito fundamental* ou fazer cessá-la, quando resulta de *ato do poder público*. Por *preceito fundamental* entenda-se todos os *princípios constitucionais*, os objetivos e os direitos e garantias fundamentais, respectivamente artigos 1º a 5º, as *cláusulas pétreas* e os *princípios da administração pública*, dentre outros. Pode ser proposta por todos os legitimados da *ação direta de inconstitucionalidade*, no rol do artigo 103 da Constituição Federal, cuja *petição inicial* deve conter a indicação do *preceito fundamental violado ou ameaçado de violação*; o ato violador ratificado pelo poder público; a prova da violação ou o risco; o pedido; a especificação da *declaração de inconstitucionalidade da lei ou ato normativo*. Pessoa lesada pode representar para propositura da ação ao Procurador-Geral da República que decidirá se acolhe ou não o pedido.[3]

3 Sobre *habeas corpus*, von MOSSIM, Heráclito Antônio, Barueri, SP, Editora Manoli, 8ª ed., onde o autor, além de tratar dos *antecedentes, processo, competência* e *recurso*, apresenta a *prática* do *habeas corpus* com *jurisprudência atualizada* que, acompanhada de *modelos de petições*, constitui um dos mais completos trabalhos sobre o tema.
Sobre *habeas data ver* BARBOSA MOREIRA, José Carlos, *O Habeas Data e sua Lei Regulamentadora*, RDA, 211, jan.-mar., 1998; MORAES, Alexandre de, *Direito Constitucional Administrativo*, São Paulo, Atlas, 2006, pp. 252-259; WAMBIER, Teresa Arruda Alvim, *Habeas Data*, São Paulo, Revista dos Tribunais, 1998; CRETELLA JÚNIOR, José, *Os Writs na Constituição de 1988*, Rio de Janeiro, Forense Universitária, 1996.
Sobre *mandado de segurança* ver PACHECO, José da Silva, *O Mandado de Segurança e Outras Ações Constitucionais Típicas*, Editora Revista dos Tribunais; SIDOU, J. M. Othon, *Mandado de Segurança*; FERRAZ, Sérgio, *Aspectos Polêmicos*, São Paulo, Malheiros Ed., 2006; MEIRELLES, Hely Lopes, *Mandado de Segurança*, São Paulo, Malheiros, 29ª ed.; *idem*, *Mandado de Segurança, Ação Popular, Ação Civil Pública, Mandado de Injunção* e *Habeas Data*, 18ª ed., São Paulo, LTR, 1997.
Sobre *mandado de injunção* ver Carlos Augusto Machado, *Mandado de Injunção*, São Paulo, Atlas, 2000; PIOVESAN, Flávia, *Prática Judicial contra Omissões Legislativas*, São Paulo, Revista dos Tribunais, 1995, p. 95, que, também contrária à decisão do STF, considera que o *sujeito passivo* também possa ser *pessoa privada*, e não somente *pessoa pública*, p. 12; ANASTÁSIA, Rachel Bruno, *Mandado de Injunção*.
Sobre *ação popular* ver sobre *origens*, *Ação Popular Constitucional – Doutrina e Processo*, Revista dos Tribunais, 1968; FERREIRA, Wolfgran, *Direitos e Garantias Individuais – Comentários ao Art. 5º*, EDIPRO, São Paulo, 1997, onde o autor analisa os *remédios constitucionais*, pp. 573-687; ver ainda MORAES, Alexandre, *Direitos Humanos Fundamentais*, São Paulo, Atlas, 2003, 5ª edição.

Outros sistemas jurídicos admitem esta argüição não apenas contra o *poder público*, mas contra *particulares*, conforme no *sistema argentino* o *direito de amparo*.

A Constituição brasileira de 1988 é classificada como uma Constituição programática, porque traça diretrizes a serem seguidas pelos Poderes Legislativo ao elaborarem normas e criarem direitos, e pelo Poder Executivo que deve implementar *políticas públicas* para propiciar o pleno exercício de direitos preconizados no Texto. Uma Constituição programática teria o efeito pedagógico para fazer a sociedade avançar, porém na prática brasileira os dispositivos referentes à criança, aos casos de vítimas de violências, sobre saúde, educação, índios e idosos, dentre outros, carecem de uma *política de acolhimento* eficaz e necessária, que daria efetividade às *normas constitucionais*.

Apesar de a Constituição Federal em vigor conter inúmeros dispositivos de proteção à *dignidade humana* e aos *direitos humanos* em geral e das leis específicas em códigos e estatutos, sua aplicação ainda não foi completamente implementada da prática.

O Estatuto da Criança e do Adolescente no Brasil não foi suficiente para coibir a *prostituição infantil*, o *trabalho escravo infantil*, nem a *exploração da criança e do adolescente*, embora tenha sido um marco para o aprimoramento jurídico dispensado à *pessoa em desenvolvimento físico e psicológico*, muito mais no sentido formal que material, embora o inegável efeito pedagógico mostre que reconhecimento de direito não significa possibilidade de seu exercício, dizendo-se o mesmo em relação ao Estatuto do Idoso.

A existência de crianças e adolescentes nas ruas, sem rumo, sem escola, sem saúde, na marginalidade e nas práticas criminosas de todo tipo, prostituídas e exploradas em grande número, demonstra que o Estatuto da Criança e do

---

Sobre a *ação civil pública* ver DINAMARCO, Pedro da Silva, *Ação Civil Pública*, São Paulo, Saraiva, 2001; MARCUSO, Rodolfo de Camargo, *Ação Civil Pública*, São Paulo, RT, 2004; MORAES, Alexandre de, *Direito Constitucional Administrativo*, São Paulo, Atlas, 2006, pp. 340-343.

Sobre a *ação de descumprimento de preceito constitucional*, ver MORAES, Alexandre, *Direitos Constitucional*, São Paulo, Atlas, 2007, pp. 751-759; que inclui decisões do STF; ROTHENBURG, Walter Claudius & TAVARES, André Ramos (orgs.), *Argüição de Descumprimento de Preceito Fundamental: Análises à Luz da Lei nº 9.882/99*, Atlas, 2001; ver MENDES, Gilmar, *Argüição de Descumprimento de Preceito Constitucional*, Editora Saraiva, 2007, 342 páginas.

Adolescente ainda não saiu do papel e não atravessou a porta dos gabinetes de idealistas e magistrados que aspiram por melhores perspectivas para a futura geração do país.

Esta distorção revela o descompasso entre o *país legal* e o *país real*, o abismo que separa Sociedade e Estado, teoria e prática, manifestação de ideais na lei e realidade fática.

2. EXECUÇÃO DE DECISÃO INTERNACIONAL NO BRASIL

Não há no Brasil *tribunal de competência exclusiva* para crimes e práticas que violam *direitos humanos*.

Quando o Brasil aderiu à jurisdição da Corte Americana de Direitos Humanos, por conseqüência ficou obrigado a cumprir as decisões daquela Corte cuja sentença é internacional, pois não é *sentença estrangeira*. Ela é sentença que vale como *título executivo*, se for condenação para pagamento de *indenização pecuniária*, prevista no artigo 68, § 2º, da *Convenção Interamericana de Direitos Humanos*, sobre *execução de sentença*. Vale dizer que neste caso não se aplicam os dispositivos que determinam a *homologação da sentença estrangeira* pelo STJ, conforme dispõem o artigo 105, inciso I, alínea *i*, da Constituição Federal; Lei de Introdução ao Código Civil, artigos 15 e 17; Código de Processo Civil, arts. 483 e 484; Regimento Interno do STF, artigos 215 e 224 e, no plano internacional, regulados pelo Código de Bustamante.

No caso de *indenização por quantia certa* a execução contra a Fazenda Pública tem procedimento próprio. Porém se a sentença contiver uma parte com *obrigação de fazer ou de não fazer*, e o Estado Brasileiro não cumprir espontaneamente a decisão, então a vítima e o Ministério Público poderão exigir o cumprimento junto ao Poder Judiciário, conforme o artigo 5º, inciso XXXV, da Constituição brasileira em vigor. Neste caso, não se pode alegar a *lei nacional*, porquanto o Brasil está obrigado a cumprir as decisões, porque aderiu àquela Corte. Também não pode alegar que a decisão é contrária à *lei nacional*, porque a Convenção Americana, da qual o Brasil é parte, dispõe sobre a submissão do Estado e a Convenção é *lei ordinária no âmbito interno*, logo trata-se de *obrigação legal*.

O Brasil deve cumprir uma *sentença internacional*, pois, à luz dos compromissos assumidos, é equiparada à decisão de seu Poder Judiciário, porque admitiu a *jurisdição* daquela Corte, ao aceitá-la pelo Decreto Legislativo nº 89/98.

3. PROTEÇÃO ESTATAL DE DIREITOS HUMANOS NO BRASIL

Quanto ao cumprimento de recomendações da ONU o Brasil muito deixa a desejar.

Embora não exista um instrumento específico de *execução forçada de recomendações* ao país, houve um compromisso quando o Brasil aderiu a pactos, tratados e convenções e ele é membro da ONU, o que gera obrigações.

Entretanto, em 2005, o Relatório da ONU recomendou medidas que o Brasil, em fevereiro de 2008, não havia ainda adotado nem ofereceu informações sobre quais medidas adotará ou quais adotou para cumprir obrigações referentes ao respeito aos *direitos humanos*.

Em nova estratégia, a ONU elaborou um documento que reúne *recomendações* feitas desde 2001 sobre o Brasil e analisa a situação, na qual constam, dentre outras *violações de direitos humanos: aumento da violência* na última década, que é a principal causa de morte em pessoas entre 15 e 44 anos de idade; *uso de tortura* generalizada para obtenção de confissões em prisões; a *superlotação endêmica* e as condições desumanas em que os prisioneiros são mantidos; *impunidade*; *guerra de gangs* e *violência policial*. Segundo a ONU, 50 milhões de pessoas vivem na pobreza e o Brasil está entre os cinco mais desiguais do planeta; indígenas têm índice de mortalidade que é o dobro de uma criança do sudeste; discriminação generalizada contra afro-descendente. O *relatório* aponta para a necessidade de uma reforma do Poder Judiciário, que prefere enquadrar *autores da prática de tortura* como *abuso de poder* e não como *tortura*.

Ao *Ministério Público Federal ou Estadual*, conforme o artigo 127 da Constituição Federal, cabe a defesa da sociedade. Dentre as suas funções a de zelar pelo respeito dos poderes públicos e dos *serviços de relevância pública*, aos direitos assegurados na Constituição, promovendo as medidas necessárias a sua garantia, a de defender as *populações indígenas*, e de *controle externo da atividade policial*, na forma da *lei complementar*.

O Ministério Público pode utilizar a via da *ação civil pública*, que protege *interesses difusos, coletivos e individuais homogêneos*, sob título *direitos* humanos na terminologia internacional. As atribuições constitucionais são a defesa da ordem jurídica, do regime democrático e a legitimidade da ação civil pública sem exclusividade.

A *Defensoria Pública*, instituição essencial à *função jurisdicional* do Estado, tem por incumbência a orientação jurídica e a defesa, em todos os graus, dos *necessitados* na forma do artigo 5º, inciso LXXIV, da Constituição Federal em vigor. O *benefício da justiça gratuita* é direito à dispensa provisória de despesas na relação jurídica processual em juízo. *Assistência judiciária* é a dispensa provisória de despesas com advogado.

A *Secretaria Nacional de Direitos Humanos* é órgão que assessora a Presidência da República, sendo competente para: 1. assessorar na formulação de políticas e diretrizes voltadas para os *direitos humanos*; 2. coordenar *políticas nacionais de direitos humanos, conforme diretrizes do Programa Nacional de Direitos Humanos*; 3. articular, iniciar e apoiar projetos para promoção e proteção de *direitos humanos*; 4. exercer funções de *ouvidoria-geral da cidadania*, do adolescente, das pessoas portadoras de deficiência; do idoso e de outros grupos vulneráveis.

Ainda é: 1. órgão executor do programa de proteção a vítimas e testemunhas ameaçadas, instituído pela Lei nº 9.807/1999; 2. autoridade central, conforme o artigo 6º da Convenção de Proteção à Criança e à Adoção Internacional que, concluída em Haia, em 1993, foi aprovada entre nós pelo Decreto Legislativo de 1999 e promulgada pelo Decreto nº 3.087/99; 3. autoridade central, a que se refere o artigo 60 da Convenção sobre Aspectos Civis de Seqüestro Internacional de Crianças, concluída em Haia, em 25.10.198, aprovada pelo Decreto Legislativo nº 79/99 e promulgada pelo Decreto nº 3.413/2000.

Portanto, importante órgão, responsável pela coordenação dos programas fixados pelo Estado brasileiro de apoio a *projetos de governo* e *organizações não-governamentais*, para promover a cultura da paz, a fim de ter uma sociedade justa, igualitária, democrática e tolerante. Assim desenvolveu o *Programa Brasil sem Homofobia*, de 2004, dentre outros.

Ainda há as Secretarias Estaduais de Direitos humanos e as Comissões de Direitos Humanos das Casas Legislativas: Câmara dos Deputados e Assembléias Estaduais.

Capítulo VIII

INSTRUMENTOS DE PROTEÇÃO NÃO ESTATAIS

São as *organizações não-governamentais*, que se dedicam à *defesa dos direitos humanos* e que mantêm função relevante nas *ações de denúncias*, ao levarem ao conhecimento público as práticas violadoras, seja por investigação ou pesquisa, aquelas que cobram das autoridades governamentais as providências necessárias e a *imprensa*, que leva os abusos ao conhecimento público.

1. Internacionais

1.1. Anistia Internacional

É uma *organização civil*, internacional, fundada, em 1961, pelo advogado inglês Peter Benenson, para defender os *direitos humanos*, independente de governo, ideologia política e credo religioso. Recebe financiamento dos filiados em todo o mundo, por subscrições e doações, proibidas *doações de governos*.

Imparcial, busca resolver, em concreto, cada violação com base na *Declaração Universal de Direitos Humanos* e nos demais diplomas internacionais de proteção de direito.

Possui um Conselho Internacional, que traça diretrizes, e um Secretário Internacional, em Londres, do qual emanam os informes sobre presos e violações.

Hoje com mais de um milhão de integrantes, distribuídos em mais de 150 países, já recebeu o *Prêmio Nobel da Paz* e o *Prêmio de Direitos Humanos* da OEA.

São mais de 4.000 grupos nos países, cada membro com no mínimo dois presos de consciência em países que não sejam o seu.

Seu estatuto busca não interferir diretamente na vida política de modo que nenhuma seção, grupo ou membro é responsável por atividades e declarações da Anistia em seu próprio país, para garantir *imparcialidade*.

É uma organização que atua para pôr fim às *violações de direitos* e no *fomento à proteção dos direitos humanos* em todos os campos, opõe-se à tortura e à execução de prisioneiros ou presos, sem se imiscuir ou se contrapor às *opiniões do governo*.

Cabe ao Estado a responsabilidade de coibir abusos e cumprir as *normas internacionais*. O foro principal da Anistia são as *prisões por motivo de opinião política, religião ou origem étnica.*

A organização sempre esteve à frente das lutas e campanhas para a *abolição da pena de morte*, contra penas ou tratamento cruel,desumano ou degradante.

1.2. "Human Rights Watch" (*Vigilância de Direitos Humanos*)

A *Human Rights Watch* tem origem em 1978, sob a denominação *Helsink Watch*, para monitorar o cumprimento das disposições de *direitos humanos* dos Acordos de Helsink. Depois, em 1989, foi criada a *América Watch*, para criticar os *abusos de diretos* na guerra de América Central. Em 1988, os *comitês watch* se reuniram para formar a *Human Rights Watch*, com sede em New York e escritórios em Berlim, Bruxelas, Genebra, Londres, Los Angeles, Moscou, São Francisco, Tashkent, Toronto e Washington, além de escritórios temporários em regiões que necessitem investigações. É uma organização independente, patrocinada pelas contribuições de indivíduos e fundações do mundo inteiro, vedado o recebimento de contribuições de governos; busca proteger a pessoa contra condutas desumanas em tempo de guerra e levar agressores à justiça, garantir a *liberdade política* e proteger os *direitos humanos*. Assim investiga e leva ao conhecimento público as *violações de direitos*, enfrenta governos e detentores de poder. Visa acabar com as práticas abusivas e moraliza a comunidade política e internacional, ao apoiar a causa de *direitos humanos* para todos. Coleta dados, publica na mídia local e internacional. Encontra-se com autoridades governamentais, para impulsionar mudanças, e oferece informações atualizadas sobre conflitos em momentos de crises. Conta com advogados, juristas, acadêmicos e especialistas e dispõe de um *quadro de voluntários* que cresce a cada dia.

Atua de maneira decisiva, como, por exemplo, ao expor o abuso de governos, de hutus e tutsi em Ruanda; servos, croatas, bósnios, mulçumanos e albaneses no Kosovo; israelenses e palestinos; cristãos e muçulmanos na Indonésia e no Sudão; *abusos de direitos* nos EUA nas condições prisionais, abuso policial, detenção de imigrantes e pena de morte. Liderou a *coalizão internacional* para adoção do tratado para banir o uso de *crianças-soldados*, que resultou na elevação para 18 anos da idade mínima de participação em *conflitos armados*. Atualmente 300.000 crianças servem em forças rebeldes dos exércitos por todo o mundo.

1.3. Outras organizações não-governamentais internacionais

Cresce o número de organizações internacionais que monitoram conflitos e pressionam por ações preventivas e corretivas. Além da Anistia, estão a *Physicians for Human Rights* (Médicos para Direitos Humanos) e a *International Campaign to Ban Landmines* (Campanha Internacional para o Banimento de Minas Terrestres).

2. INSTRUMENTOS NÃO ESTATAIS NACIONAIS

Podemos citar alguns locais de debates e denúncias em matéria de violação de *direitos humanos*: Comissão de Direitos Humanos, do Conselho Federal da OAB e das Seccionais, a Associação Brasileira de Imprensa (ABI) e as ONGs, dentre elas o Movimento Nacional de Direitos Humanos e a Justiça Global.

Comissão de Direitos Humanos e Assistência Judiciária da Seção Rio de Janeiro

Cumpre ressaltar que a Comissão de Direitos Humanos e Assistência Judiciária da Seção Rio de Janeiro, a partir de 2007, impulsionou sua participação na *defesa dos direitos humanos*, sob a presidência de Maria Margarida Pressburger. Esta Comissão foi fundada em 30.09.1981, com finalidade da *defesa dos direitos fundamentais do homem*, entre eles o direito à liberdade, à vida e à segurança pessoal; o direito a proteção contra qualquer discriminação (raça, língua, cor, religião ou condição social); o direito contra a tortura ou qualquer tratamento ou castigo cruel, desumano ou degradante; o direito a proteção contra a escravidão; e o direito aos princípios básicos constitucionais por parte do governo. Ela hoje, composta por *advogados*, exceto os *colaboradores*, que podem ser de área diversa, sendo que todos prestam serviços sem qualquer remuneração, tem por atribuições receber notícias, queixas e representações de *violações de direitos humanos*; proceder à *sindicância sumária* para apuração dos fatos denunciados e encaminhados, considerando a exemplaridade do caso; promover seminários, palestras; debates; congressos e cursos que estimulem o estudo, divulgação e respeito aos *direitos humanos*; e cooperar e promover intercâmbio com outras organizações, em cujos objetivos se inclua a *defesa dos direitos humanos*. Esta Comissão atua em qualquer caso em que a *dignidade humana* seja desconsiderada, inclusive, com assento no *Grupo Tortura Nunca Mais*, tem várias frentes de trabalho, mas especialmente a *defesa das violações de direitos contra encarcerados e suas famílias*, porque recebe de duas a três reclamações por dia, sendo as principais queixas espancamento, falta de condições básicas, em especial a falta de higiene, péssima qualidade da alimentação, permanência no encarceramento sem providências quanto ao cumprimento correto da pena. Também atua de modo sistemático com relação às crianças e adolescentes; na questão do índio, contando com um advogado índio; nos problemas dos ciganos, com uma delegada advogada cigana, aliás a mesma que elaborou a Cartilha dos Ciganos; nas violações de direitos dos negros; na proteção dos idosos; na proteção dos deficientes físicos; nas questões de crimes de ódio na internet por razões religiosas e todos os conflitos por intolerância religiosa; quanto às mulheres nas questões de mortalidade da mulher, vez que trabalha em parceria com a OAB Mulher nos demais conflitos; nos direitos sexuais e reprodutivos.

A grande luta e o moderno pensamento, que esta Comissão traduz, não decorre apenas de uma OAB de portas abertas, mas também e especialmente da advogada Maria Margarida Pressburg, sempre disposta a acompanhar as rapidíssimas transformações que os *novos direitos humanos* impõem, rompendo as *tradicionais barreiras teórico-jurídicas*, na busca de novos paradigmas, para aproximar o direito da *realidade social*, inclusive quanto à justa batalha para a *criminalização da homofobia.*

3. A IMPRENSA

Não se pode olvidar a importância do *papel da imprensa* para o aprimoramento da *democracia* e dos *direitos humanos*.

A *isagoria*, palavra de origem grega que significava o livre exercício da palavra no recinto cívico do Àgora, que era uma praça, ou centro-comunal, da vida dos habitantes, usada para reunir políticos para *transações comunais*. Daí a livre manifestação sobre os negócios da *polis*, hoje a *liberdade de manifestação jornalística.*

Thomas Jefferson celebrizou a frase: "se eu tivesse de decidir se deveríamos ter um governo sem jornais ou jornais sem governo, não hesitaria um momento em preferir a última solução".

A *imprensa* registrou e exerceu atividade de relevância em episódios de *defesa de direitos* nos EUA, conforme o que relatamos a seguir.

A Suprema Corte Norte-Americana ratificou a *liberdade de imprensa*, ao decidir que é necessário a *intenção de ofender*, como condição para que o jornal fosse processado, na ação proposta por um comissário de polícia de Montogomery, no Alabama, contra o The New York Times, que publicara anúncio de líderes de entidades de direitos civis, dentre eles Martin Luther King.

Em Montogomery, palco de arbitrariedades de policiais naquela época, o Dr. King e sua mulher Coreta foram ao tribunal da cidade com Ralph Albernathy, que tinha um caso a resolver. Um guarda não quis deixá-los passar e King pediu para ver seu advogado. O guarda aos berros disse: "Se você não sair daqui já, vai precisar de um advogado para você"! Em seguida o Dr. King foi agarrado e arrastado para fora e Coreta, que vinha atrás dos policiais, foi advertida: "Você quer ir junto, garota?" Calou-se a pedido do marido, que foi autuado e mantido numa cela. A imprensa publicou fotos e o incidente no dia seguinte por todo o país. Assim, a polícia descobriu quem era o homem preso. Soltaram King, mas acusaram-no de ter insultado o policial. Foi julgado sob a cobertura da imprensa e condenado a pagar multa de 10 dólares por tumulto e resistência à ordem policial ou passar 14 dias na cadeia. Ele preferiu a segunda opção e a seu pedido o juiz autorizou que fizesse uma declaração, que a imprensa divulgou por todo o país e o mundo. King aproveitou para atacar a discriminação racial em detalhes, explicar as *falsas acusações* a ele e aos negros em geral e protestar pelas injustiças.[1]

Atuações da imprensa, neste e em outros episódios, fazem dela instrumento seguro para transformações, onde ela é livre.

A *liberdade de imprensa* implica em *liberdade de manifestação de pensamento* de um lado e através dela no *direito coletivo à informação*. A *liberdade de informação jornalística*, expressa na Constituição brasileira de 1988, no artigo 220, § 1º, não se traduz apenas na *liberdade de imprensa*, mas de qualquer veículo, impresso ou não, de difusão de notícia. Não se trata apenas do direito do dono do jornal, mas direito dos cidadãos de serem informados por uma *imprensa livre e imparcial*, sem alterar fatos e idéias ou esvaziar-lhes o sentido original.[2]

Este *direito à informação jornalística* é basilar na *democracia*, porque torna públicos os fatos que indicam abusos contra a *pessoa humana*, excesso de poder que gera violação de direitos e desvios nos atos dos agentes públicos incumbidos de preservar e proteger direitos do homem. É *forma de controle social*, ainda que não institucionalizado.

No Brasil o *trabalho jornalístico* sofreu perseguição durante o Golpe de 1964, com jornais fechados e jornalistas perseguidos, mas resistiu com a coragem de seus fotógrafos e jornalistas, em desempenho fundamental na democratização do país.

A *imprensa* continua em destacado papel na *democracia*, ao denunciar *abusos de direitos*, de toda a natureza, cometidos contra mulheres e adolescentes presas com homens ou quando engravidam no cárcere, exploração infantil, trabalho

---

1 *Os Grandes Líderes: Martin Luther King*, Nova Cultural, São Paulo, 1987.

2 José Afonso da Silva, *Curso de Direito Constitucional Positivo*, Malheiros Ed., São Paulo, 16ª ed., p. 250.

escravo, prostituição infantil, abusos, maus-tratos e violência contra crianças e idosos, atuação de milícias nas comunidades carentes, grupos de extermínio e pistolagem no campo.

Algumas vezes o *jornalismo* chega aos fatos antes das próprias autoridades incumbidas de investigar e denunciar. Razão pela qual há nítida relação entre a *liberdade de trabalho jornalístico* e o *pleno exercício dos direitos humanos*, muito embora até 2008 a Lei de Imprensa em vigor tenha origem no período ditatorial. Em boa hora o Supremo Tribunal Federal decidiu suspender alguns artigos desta lei, até decisão final de uma ação que lhe foi proposta.

Onde a *imprensa* não for livre não há *direitos humanos* respeitados nem *democracia*. Por isso o *trabalho jornalístico* não pode ficar sob a égide de normas que impeçam ou limitem sua atuação profissional por interesses políticos ou econômicos, é claro com responsabilidades. *Liberdade de expressão do jornalista* é garantia de preservação dos *direitos humanos*, que pode inibir possíveis violações e contribuir para medir o grau de intensidade com que direitos são violados em cada país.

Cumpre registrar que atualmente, conforme a Associação para Proteção de Jornalistas, a Somália, onde os *jornalistas independentes* estão sendo dizimados, é o segundo país mais perigoso para os repórteres, perdendo só para o Iraque.

Parte II

PRÁTICA – VIOLAÇÕES DE DIREITO NO TEMPO E NO ESPAÇO

Capítulo IX

NOVAS PERSPECTIVAS DOS DIREITOS HUMANOS

1. TEORIA E PRÁTICA

Não devemos estudar *direitos humanos* apenas sob a ótica teórica de direitos, evolução, garantias, conceitos e amplitude, classificação e sistematização sem o cotejamento das violações e incidências de abusos contra o exercício desses direitos.

Não bastam os dispositivos legais e sofisticadas justificativas filosóficas de direitos sem o seu efetivo exercício.

A *ótica legal formalista*, que conserva fórmulas e métodos igualmente conservadores de uma sociedade irreal, desprovida de realidade fática, dá lugar a novas perspectivas, que apontam para o direito como instrumento transformador do presente e construtor do futuro. Portanto, uma ótica crítica e prospectiva, que construirá uma sociedade mais justa e participativa, respeitada a diversidade. O homem é arquiteto do seu destino.

O papel das Ciências Sociais não é o estudo frio e objetivo da sociedade, mas a sua crítica tem um papel prospectivo. O mundo do jurista não pode ficar alheio à realidade social, nem ratificá-la, se for injusta. A teoria sem a crítica das práticas sociais em nada contribui à transformação do homem e da sociedade para o melhor. É com espírito construtivo que chamamos a atenção para as práticas violadoras de direitos em face da ação ou da omissão do aparelho estatal.

A existência digna encerra um feixe de direitos que inserem o homem no mundo, incluído socialmente. O *direito à inclusão social* é fundamental porque a *exclusão*, além de afastar as possibilidades de qualquer *denúncia de violação*, indica a inação ou ausência do Estado, ou que o bem comum satisfaz a apenas pequena parcela do povo.

Assegurar a promoção e cumprimento de *tratados internacionais de direitos humanos* é um dos *elementos de prevenção de conflitos* e de outras formas de violência, na medida em que estas normas pactuadas estabelecem limites à forma como os governos exercem sua autoridade.

Os *abusos dos direitos humanos* são de difícil comprovação, na medida em que seus autores ocultam provas sob variadas formas e de conseqüências mais drásticas, dentre elas os *sequestros*, os *desaparecimentos* e os assassinatos políticos.

A *falta de acesso às provas* e a *manipulação de dados sobre as vítimas* criam obstáculos à coleta de dados para o cálculo total de violações e de suas vítimas. Em que pesem as dificuldades, as *organizações de defesa de direitos humanos* desenvolvem técnicas para coletar e avaliar dados, dentre eles a *Amnistia International*, *Human Rigts Watch* e a *Physicum for Human Rights* (Médicos para os Direitos Humanos).

O estudo e pesquisa sobre vítimas transcendem a preocupação dos juristas para chegar ao campo da *saúde pública*, em razão das conseqüências psíquicas e físicas que acarretam as violações de direitos. Por outro lado, novas tecnologias facilitam que indivíduos e grupos envolvidos em conflitos relatem experiências e preocupações, ao darem publicidade e assim pressionarem autoridades a realizarem *ações positivas preventivas ou corretivas*.

A Holanda tem o *Interdisciplinar Reservade Programe on Root Causes of Human Rights Violation* (Programa Interdisciplinar de Pesquisa sobre Causas Principais das Violações de Direitos Humanos).

A *Anistia Internacional* apontou, em *relatório de 2002*, os países violadores de *direitos humanos*, o que causou reação de insatisfação dos EUA.

O *relatório* assim dispôs quanto às *violações internas* nos Estados nas Américas:

Execuções extrajudiciais: Brasil, Argentina, Colômbia, Guiana, Haiti, Honduras, Jamaica, República Dominicana e Venezuela.

Tortura e maus-tratos: Brasil, Argentina. Bahamas, Belize, Bolívia, Chile, Colômbia, Equador, EUA, Guatemala, Haiti, Jamaica, México, Paraguai, Peru, República Dominicana, Santa Luzia, Trinidad e Tobago e Venezuela.

Desaparecimentos: Argentina, Chile, Colômbia, El Salvador, Guatemala, Haiti, Honduras, México, Paraguai, Peru, República Dominicana e Venezuela.

Presos políticos: Cuba e Peru.

Detenções arbitrárias: Cuba, Equador, EUA, Jamaica, México, Trinidad e Tobago e Venezuela.

Pena de morte: Bahamas, Cuba, Granada e Jamaica.

Sentenciaram-se *pessoas à morte* e efetuaram-se *execuções* em Cuba e nos EUA.

O *relatório* também apontou para o despreparo dos policiais no Brasil como fator resultante das mortes e ineficiência no combate ao *crime organizado*, além das *denúncias de maus-tratos nas penitenciárias*, a *impunidade*, a *detenção sem julgamento* e a *perseguição aos índios*.

No *âmbito externo* são incontáveis as *violações*: Saddan Hussein comandou massacres contra curdos e xiitas. Kissinger bombardeou no Camboja. Ieltsen barbarizou a Chechênia. Gorbatchov promoveu vítimas na invasão russa ao Afeganistão.

George Bush comandou a invasão de dezembro de 1989 para capturar o General Manoel Noriega, chefe de Estado, protegido diplomático, sem jurisdição no Panamá e violou *direito internacional*, sacrificando inocentes em operação e fazendo desabrigados.

Pinochet matou mais de três mil pessoas sob alegação de *defesa contra o comunismo*.

George W. Bush invadiu e atacou o Iraque, além de torturar *prisioneiros de guerra*, tudo sob alegação de acabar com as *armas químicas* do Estado Iraquiano, que até hoje não foram encontradas, nem mesmo havendo provas de sua existência.

A questão é mais política do que jurídica porque cumpre aos *órgãos públicos* a investigação e em especial ao Judiciário aplicar sanções à *conduta violadora*, o que raramente ocorre.

No Brasil, se o queixoso for pobre e vulnerável, a denúncia não resultará em nada e se militante de *direitos humanos* poderá ser morto, conforme Doroth Stang, ou injuriado, conforme João Duboc Pinaud, ex-Secretário de Direitos Humanos do Estado do Rio de Janeiro, por ocasião da morte nas dependências do *sistema penitenciário* de um detido, embora já tivesse *habeas corpus* a seu favor desde a véspera de sua morte.[1]

---

1 PINAUD, João Luis Duboc, *Longas Noites sem Direitos Humanos, Ópera em Quatro Atos*, Rio de Janeiro, 2005; o autor foi presidente do Instituto dos Advogados Brasileiros (no biênio).

Abnegados ativistas de *direitos humanos* lutam sem eco ou refletores, a não ser o registro na *História do Direito*, que é a história da luta do homem por justiça e liberdade, mas sem efeito prático imediato.

Por vezes o ativista é levado a se afastar da luta, se esgotados todos os caminhos éticos e morais, conforme relata Pinaud.[2]

Não basta elaborar leis e preparar a máquina estatal, se não houver segurança para o denunciante e vontade política para punir os autores de violações de direitos e elaborar a prevenção contra estas práticas.

2. DIRETRIZES PARA A PROTEÇÃO E A INVESTIGAÇÃO

Para enfrentar o desafio de reduzir as *violações de direitos humanos* há as *diretrizes básicas*, que são fruto de *recomendações*, resultantes da *Carta das Nações Unidas*, que sugerem a prestação de técnica de assistência aos governos para preparar profissionais habilitados em conhecimentos específicos para atuarem em instituições nacionais fortes. Para isto faz-se necessário formular diretrizes sobre a criação e funcionamento destes órgãos, bem como a preparação e capacitação para cuidar das vítimas, segundo as *Nações Unidas*, cujas linhas básicas resumimos a seguir.[3]

Há fatores essenciais para o eficaz funcionamento das *instituições de defesa dos direitos humanos*:

1. *Independência.* Uma independência com relação ao governo, à política partidária e demais entidades que possam intervir no trabalho.

2. *Jurisdição.* A jurisdição precisa vir definida em faculdades adequadas.

3. *Acessibilidade.* Facilidade de acesso aos órgãos institucionais.

4. *Cooperação.* Para a investigação de presumidas violações são indispensáveis: 1. um mecanismo nacional com faculdade investigatória dos abusos; 2. interesse do governo e vontade expressa em cumprir obrigações internacionais e nacionais.

---

2 *Idem*, ob. cit., pp. 149-156: registra cópia da carta de renúncia da presidência da Comissão Especial de Mortos e Desaparecidos da Presidência da República, enviada ao Presidente da Republica, na qual expõe os *motivos da renúncia.*

3 *Intituciones Nacionales de Derechos Humanos*, Série de Capacitación Profissional nº 4, Centro de Derechos Humanos, Naciones Unidas, 1995.

Na prática verificamos que se não houver apoio do governo o mecanismo não funcionará com eficácia.

O *organismo de investigação*, para ser eficaz, tem por características: 1. capacidade jurídica; 2. competência em matéria de organização; 3. finalidades definidas e apropriadas; 4. vontade política para realizar o trabalho.

A investigação da denúncia necessita de:

1. Um Poder Judiciário, no âmbito nacional, que funcione como deve, imparcial, como estrutura básica de *defesa dos direitos humanos*, preparado para este assunto e consciente de que as normas jurídicas são interpretadas e aplicadas, neste caso, *pro homine*, ajustadas à *condição das vítimas* e que cumpre humanizar os *postulados do direito internacional e nacional*.[4]

2. A instituição nacional para receber e tomar medidas deve ser considerada medida adicional e oferecer algo que o ordenamento jurídico ou outros processos institucionais não podem oferecer, isto é, zelar na proteção de direitos de todos os cidadãos. Mas é sempre preferível que a instituição tenha faculdades fixadas em lei e as responsabilidades perante os denunciantes.

A instituição deve: 1. fixar critérios para admitir denúncias; 2. fixar o objeto e natureza das denúncias admissíveis; 3. não deve ocupar-se de estruturas ou delitos resultantes de conflitos puramente privados.

Legitimidade para apresentar denúncia: 1. *qualquer pessoa*, desde que o objeto seja pertinente à *jurisdição* daquela instituição, que pode ser cidadão, refugiado, criança, preso, ou associação de pessoas; 2. *terceiros*, quando a vítima não está em condições de denunciar, como por exemplo a criança, pessoa com incapacidade física ou mental, desaparecido, morto ou incomunicável; nestes casos seriam parentes, amigos, representante legal ou organização governamental em socorro da vítima; 3. denúncia em nome de uma categoria; neste caso uma *instituição nacional* pode exigir alguma condição.

As normas básicas são: *a*) o denunciante deve integrar a categoria afetada ou que se ache em risco; *b*) o denunciante deve ser atingido pessoalmente pela presumida violação; *c*) que a categoria das pessoas afetadas ou passíveis de serem afetadas seja tão numerosa que seja impossível resolver a situação pelo método de um número de pessoas concretas em uma denúncia; *d*) que existam questões de direito ou de fato comuns aos membros da categoria constante nas reclamações do denunciante; *e*) os resultados seriam incongruentes se as denún-

---

4 CANÇADO TRINDADE, *Tratado de Direito Internacional dos Direitos Humanos*, vol. I, p. 26.

cias fossem isoladas; *f*) que os motivos das denúncias se estendam à categoria por inteiro sendo adequado que os recursos sejam a todos da categoria.

Quanto aos *procedimentos*: 1. denúncia por escrito; 2. sem ônus direto ou indireto para o denunciante; 3. não se admitindo denúncia anônima; 4. haja segurança de confidência; 5. instituições nacionais devem oferecer garantias de que o denunciante não correrá perigo.

Recusa da denúncia poderá ocorre-se ela: 1. não cumprir os requisitos prévios com relação ao objeto e à natureza; 2. é injustificável, frívola ou sem fundamento legal; 3. se houver transcorrido o prazo entre a comissão do ato e a apresentação da denúncia.

A instituição nacional de investigação deve ter: 1. pessoal capacitado e especializado; 2. recursos financeiros para este fim; 3. faculdades básicas para investigar.

Neste caso cada país, ou instituição nacional, fixará as faculdades conforme o caráter do mecanismo que examina a denúncia e suas funções estabelecidas na lei.

São *faculdades básicas* para que a *investigação* seja eficaz: 1. para informar a pessoa ou o órgão objeto de denúncia sobre as acusações para a contestação; 2. acesso livre a todos os documentos inclusive os públicos que se façam necessários para o órgão investigado; 3. para impor a produção de informações, seja por documentos ou testemunha oral; 4. liberdade para investigar sobre o terreno, dentre outros, visita nos cárceres e centros prisionais; 5. de convocar partes para audiência; 6. para conceder imunidade a pessoas que prestam declaração ou sejam testemunhas; 7. de ouvir e interrogar cada indivíduo, inclusive peritos e representantes de organismos governamentais que tenham conhecimento da presumida violação ou esteja em condições de ajudar de algum modo; 8. para citar testemunha e obrigá-las a comparecer, receber declarações e prestar informações sob juramento e obrigar que se apresentem documentos e outras provas materiais dos organismos e autoridades públicas que o investigador considerar necessárias.

Cumpre gizar que o *trabalho das instituições nacionais* tem papel fundamental para inibir as *violações dos direitos humanos*, a começar pela educação e a formação de profissionais que dispõem dos conhecimentos específicos sobre o tema. A *educação* instrui *grupos profissionais* sobre a observância das *normas internacionais e nacionais*, especialmente, aqueles que lidam diretamente com as vítimas ou autores de abusos de direitos.

Esses grupos são: 1. advogados, juízes e fiscais (no Brasil promotores e procuradores da República); 2. forças de ordem, incluídas as forças policiais e militares; 3. pessoal penitenciário; 4. pessoal parajurídico; 5. membros do Poder Legislativo; 6. funcionários públicos encarregados de: *a*) redigir e reformar leis;

b) elaborar e aplicar políticas; *c*) preparar informes sobre *direitos humanos* para órgãos criados em virtude de *tratados internacionais*; 7. trabalhadores sociais; 8. forças armadas; 9. meios de difusão; 10. organizações não-governamentais de *direitos humanos* e organizações da comunidade; 11. mestres e professores; 12. sindicalistas; 13. membros da profissão médica; 14. dirigentes da comunidade.

Todo o *trabalho de educação* deve ser acompanhado de alguns cuidados para que a *formação de profissional* seja eficaz e especialmente a *determinação do público-alvo*, a *formulação de um programa adequado* às tarefas habituais daquele grupo e uma *seleção de instrutores* apropriados ao grupo.

Capítulo X

VIOLAÇÕES DE DIREITOS EM RAZÃO DE CONFLITOS

1. REFUGIADOS E DESLOCADOS

Pessoas deslocadas são aquelas com refúgio dentro de seu próprio território ou impedidas de transpor a fronteira internacional, que foi fechada. O número de deslocados aumenta conforme aumenta o número de refugiados, o que constitui problema sério, apesar do direito inegável de circulação das pessoas. O Timor Leste em 2006 teve em seu território cerca de 30 mil refugiados dentro do próprio território, os quais moraram em 53 campos de refugiados na capital, enquanto outros 70 mil moradores de Dilli tiveram que mudar para outros distritos. Eram os deslocados, que perderam casas ou tiveram que deixá-las, em face do conflito étnico por um motim militar deflagrado contra a polícia civil e as forças armadas, que evoluiu quase para uma guerra civil.

Migração é movimento em si, isto é, circulação de pessoas dentro do território; migração interna, ou fora dele, externa ou internacional.

Imigração é ação de vir estabelecer-se em país estrangeiro e emigração é saída da pátria, individualmente ou em massa.

A OIT estuda as questões da mão-de-obra dos imigrantes. Ainda assim o dever dos Estados, de respeitar e assegurar o respeito dos direitos humanos dos migrantes, à luz dos princípios da igualdade e da não-discriminação, tornou-se questão de difícil solução por todo o mundo, vez que as violações de direitos contra os migrantes cada vez mais se evidencia. O comportamento discriminatório gera responsabilidade internacional dos Estados. Os trabalhadores migrantes indocumentados têm os mesmos direitos laborais que outros trabalhadores no Estado de emprego, que deve assegurar o respeito destes direitos na prática, segundo Cançado Trindade, que ressaltou o problema, incluindo o seu voto concordante, em parecer da *Corte Interamericana de Direitos Humanos*, no seu alentado discurso de posse na *Academia Brasileira de Letras Jurídicas*.[1]

O direito de ir e vir, isto é, direito de cada indivíduo de deixar qualquer país, inclusive o seu próprio e a ele retornar tem amparo no § 2º do artigo 13 da Declaração Universal dos Direitos do Homem, que amplia o direito de circulação, reconhecido no § 1º. Ainda quanto ao direito de ir e vir consta do art. 8º da Declaração Americana dos Direitos e Deveres do Homem; art. 12 do Pacto Internacional sobre Direitos Civis e Políticos; art. 2º do Protocolo nº 4 da Convenção Européia para a Proteção dos Direitos Humanos e Liberdades Fundamentais; art.18 da Carta Africana dos Direitos Humanos e das Pessoas.

Há um conjunto de normas internacionais de proteção aos estrangeiros, inclusive imigrantes, e no Brasil vigora o Estatuto do Estrangeiro, assim como em cada país elabora suas próprias normas, que devem guardar consonância com os tratados em geral. Os direitos humanos dos estrangeiros constituem vasta legislação e intrincadas discussões doutrinárias, que merecem trabalho em separado.

Há diferenças entre *refugiado* e *asilado*. O asilo é instituto antigo, desde a Grécia, depois praticado na Idade Média em conventos, cemitérios e lugares sagrados e santificados, que as autoridades respeitavam. O asilado é perseguido por motivo político ou de opinião e busca a acolhida em outro país, que a concederá conforme sua legislação interna, porque é ato discricionário do Poder Executivo do Asilante, ou ainda pode ocorrer a busca em locais protegidos pelo Direito Internacional (missões diplomáticas estrangeiras, navios militares, aeronaves militares, ou acampamentos militares de outros Estados) para o asilo e neste caso é concedido pela autoridade estrangeira encarregada do local, por exemplo, o Chefe da Missão Diplomática, os comandantes militares dos navios, aeronaves ou acampamentos militares.

O refugiado, com motivação mais abrangente, é protegido pelo Alto Comissariado das Nações Unidas para Refugiados (ACNUR) que funciona des-

---

1 A *Recta Ratio nos Fundamentos* do *Jus Gentium como Direito Internacional da Humanidade*, discurso de posse, cadeira nº 37, pp. 46-47, onde o empossado fez referência ao Parecer nº 18, de 17.9.2003, da Corte Interamericana de Direitos Humanos sobre a Condição Jurídica e os Direitos dos Imigrantes. Parecer de importância histórica, o *fundamento da igualdade e não discriminação,* integrante do *jus cogens,* aos migrantes, para os quais devem ser garantidos o devido processo legal a qualquer pessoa, independente do estatuto migratório, respeitados os direitos humanos, inclusive trabalhistas, mesmo para os imigrantes indocumentados.
Ver definições de migração em CAVAZARES, Thelma Thais, *Direito Internacional da Pessoa Humana: a Circulação de Pessoas*, 2ª ed., Renovar, Rio de Janeiro, 2001, p. 10.

de fevereiro de 1951, criado pela ONU. As motivações podem ser religiosas, morais, étnicas e até por causas econômicas ou resultar de catástrofes da natureza.

Os refugiados ainda são um flagelo da humanidade. Países pobres são mais afetados por correntes de migração forçada. As 20 nações com maior proporção de refugiados tem uma renda *per capita* inferior a 700 dólares por ano. Segundo as *Nações Unidas*, em relatório da *International Migration 2006*, os refugiados estão assim encontrados: Ásia – 7,7 milhões; África – 3.000.

Além dos problemas inerentes à migração, ocorrem ataques a campos de refugiados. A África sofreu, por exemplo, na região dos lagos africanos, pós-êxodo de 1.750 milhões de ruandeses em direção à Tanzânia, Zaire, e Burundi e de 190 mil habitantes do Burundi, também ao Zaire e à Tanzânia.Centenas destes refugiados foram forçados a retornar aos países, antes do final dos conflitos que os levaram à emigração, ou por enfrentamentos nos países em que se refugiaram, como por exemplo os ruandeses, quando se deu a ofensiva de Laurente Kabila e sua Aliança de Forças Democráticas para a Libertação do Congo-Zaire, que derrotou o presidente Mobutu.

A Libéria, com 778 mil refugiados e a Bósnia-Herzegovina, com 673 mil, são países com grande número, segundo a *Enciclopédia do Mundo Contemporâneo*.[2]

Os países mais industrializados receberam cinco milhões de solicitações de asilo entre 1985-1995. Segundo o Alto Comissariado da ONU para Refugiados consta que o Iraque foi o país de onde mais partiram pedidos de asilo para países europeus, para o Irã, o Kwait e a Arábia Saudita, sendo que no Egito chegaram a um mil, mais de 70 mil no Líbano e 10 mil na Turquia, dentre eles um contingente razoável de jovens médicos, engenheiros e professores, que seriam necessários à reconstrução do Iraque.

Refugiado, segundo normas internacionais, fica protegido contra saída compulsória, isto é, extradição, expulsão e deportação, porque o seu reconhecimento está expresso nos direitos fundamentais do homem, não restritos às fronteiras nacionais de cada país. O princípio do *non refoulement* (não-devolução) assegura a proteção.[3]

---

2 Tradução Jones de Freitas, e outros, São Paulo, *Publifolha*, Rio de janeiro, 2000, p. 76.

3 ARAÚJO, Nádia de; ALMEIDA, Guilherme de, *Direito Internacional dos Refugiados*, Renovar, Rio de Janeiro, 2001; CARVAGERE, Thelma Thais, *Direito Internacional da Pessoa Humana*: Circulação Internacional de Pessoas, 2ª ed., Renovar, Rio de Janeiro; MELLO, Celso D. de Albuquerque, *Curso de Direito internacional Público*, 15ª ed., Renovar, Rio de janeiro, 2004. Ver ainda SOARES, Guido Fernando Silva, *Os Direitos Humanos e a Proteção dos Estrangeiro*, em Revista de Informação Legislativa. Brasília, a. 41, nº 162,abr/jun, pp.169-204.

No Brasil, o Comitê Nacional de Refugiados (CONARE), órgão de deliberação, vinculado ao Ministério da Justiça, analisa o pedido, informa ao Alto Comissariado e declara a condição de refugiado. A Lei nº 9.474/1997 definiu os mecanismos de recepção do Estatuto dos Refugiados.

O Brasil recebeu refugiados sob proteção da Igreja Católica, oriundos das ditaduras do Cone Sul nas décadas de 60 e 70, enquanto aguardavam o asilo na Europa e recebeu refugiados da África. Em 2005, conforme dados do CONARE, o Brasil contava com o total de 3.074 refugiados, dos quais eram: 2.506 da África, 274 da América Latina e Caribe, 181 da Ásia e 113 da Europa.

Problema social preocupante quanto aos estrangeiros é o dos imigrantes, pois, embora as normas internacionais reconheçam direitos aos estrangeiros, nota-se um quadro de graves violações por discriminação e perseguições. A gravidade da situação ficou patente no movimento que eclodiu na França em 2005, que incendiou Paris, tendo como pano de fundo a insatisfação dos imigrantes, em face dos graves problemas sociais que sofrem, apesar de viverem no país que é o berço das reivindicações por igualdade em séculos passados.

Igualmente preocupantes é a situação dos imigrantes na América Latina, especialmente no Brasil, em São Paulo, onde os latinos clandestinos sobrevivem em condições sub-humanas em troca de teto para morar mediante a exploração da mão-de-obra, análoga à escravidão, vez por outra denunciada, mas sem incidir em conseqüências positivas junto às autoridades brasileiras.

2. CONFLITOS ARMADOS

Os conflitos dentro das nações eram menos numerosos: 20 nos anos 50; 30 nos anos 60 e 70; e mais de 50 nos anos 80. São freqüentes as lutas por acesso aos recursos naturais nas últimas décadas: diamantes no Camboja; petróleo em Angola e do no sul do Sudão; desejo de controle, produção e distribuição de drogas no Afeganistão, Colômbia e Myanmar.[4]

A violência entre as nações, denominada guerra, historicamente, hoje carrega controvérsia na definição. A qualificação de guerra pode variar conforme duração de tempo e número de mortos no conflito armado.

Em face das controvérsias e para evitar dificuldades na aplicação das leis humanitárias, a Convenção de Genebra usou a expressão conflito armado, que se propagou de tal forma que modalidades incluem as novas guerras independentes de fronteiras territoriais.

4 OMS, Relatório de 2003, p. 219.

Luta armada assimétrica está ligado ao terrorismo moderno, que é conflito que visa atacar os pontos fracos das sociedades relativamente prósperas e abertas por parte de grupos organizados e desprovidos de força militar convencional e de poder econômico. [5]

A noção de terrorismo evoluiu e hoje não inclui a luta por independência de um povo submetido a outro, a luta contra um governo despótico ou a forma armada de combater um governo usurpador e desrespeitador de direitos humanos. Mas o seqüestro de aviões e os atentados a prédios, que sacrificam a população civil e que submetem pessoas inocentes à tortura psicológica pelo medo é forma de terrorismo. Práticas desumanas não são justificadas pela promessa de uma sociedade melhor, ao criar clima de terror e insegurança, ao matar homens sem distinção e destruir bens.

Os conflitos armados causam drástica afetação em serviços de saneamento, abastecimento e suprimento de água. Antes da chamada *Guerra do Golfo*, em 1991, o serviço de saúde iraquiano atendia 90% da população, mas durante os conflitos os hospitais e clínicas foram danificados e tiveram que ser fechados.

Nos conflitos no Timor Leste, em 1999, após o plebiscito pela independência, as forças milicianas destruíram todos os serviços de assistência à saúde, restando apenas o hospital principal em Dili.

A maioria dos países não mantém um sistema de registro confiável sobre saúde. Isto torna difícil avaliar mortes, doenças e deficiências físicas ligadas a conflitos. Há freqüente diferença entre o número oficial registrado de ocorrência resultante de conflito e o número constatado pelas organização-não governamentais de defesa dos direitos humanos e de defesa da saúde pública. Por exemplo: na Guatemala, três conjuntos de dados, comparados com os dados oferecidos por testemunhas e vítimas, deram estimativa total de mortes na guerra civil, que apontou cerca de 132.000 mortes, embora o número oficial registrasse um número que omitia cerca de 100.000 mortes.

Cumpre ressaltar que as forças armadas registram com maior precisão as suas baixas por conta de um sistema rigoroso no âmbito militar. Não há, portanto uma estimativa de mortes muito correta em alguns casos. Não se sabe com segurança o número de vítimas na República Democrática do Congo entre 1998 e 2001 (aproximadamente mais de 2,5 mil), ou no Timor Leste, no conflito de 1999, e em Ruanda, onde variam as estimativas entre 500.000 a um milhão.[6]

---

5 Idem, ob. cit., p. 214.

6 Idem, ob. cit., p. 215.

A tortura tem sido utilizada por forças militares de nações ditas civilizadas, conforme em abril de 2004, quando norte-americanos torturaram presos iraquianos na prisão de Abu Ghraib em Bagdá, incluindo abuso sexual, pancadas até a morte e nudez masculina, em cultura que a considera vergonhosa, além dos maus-tratos e calabouços frios e úmidos.

Há leis inerentes a meios e métodos sobre os quais os princípios gerais de direito internacional não consideram bárbaros ou pérfidos ou que não foram repudiados pela consciência universal. Portanto, forçoso é observar direitos e deveres dos beligerantes em relação ao outro, ao território do Estado inimigo, aos habitantes pacíficos, bem como as normas sobre o esforço humanitário durante o conflito.

Não basta estudar quais são as normas internacionais sobre o tempo de paz e tempo de guerra, sem observar as violações e compará-las, bem como os níveis de reincidência.

A Organização Mundial de Saúde levantou a estimativa de homicídios de agentes humanitários, os quais estariam teoricamente imunes à agressão.

O estupro tem sido utilizado como arma de guerra, assim como os abusos sexuais contra pessoas do sexo masculino. No conflito da Bósnia-Herzegóvina, entre 1992 e 1995, há estimativa de mulheres que sofreram estupro entre 10 mil a 60 mil, há registros de que seriam 20 mil, sem estatística correta, e ainda há registros em Bangladesh, Libéria, Ruanda e Uganda.[7]

A Sérvia reprimiu rigidamente os separatistas albaneses e kosovares, de tal forma que foram acusados de realizar limpeza étnica e sob pressão internacional da OTAN fez atacar alvos na Sérvia, no Kosovo, em 1999, até que o exército sérvio foi expulso do Kosovo e a ONU passou a administrar a província, que ficou sob a soberania de Belgrado. As tensões prosseguiram com a derrocada do ex-presidente Milosevic, da Iugoslávia, acusado de crimes de guerra pelo Tribunal Penal Internacional para a ex-Iugoslávia. Também Rodovan Karadzic, médico psiquiatra, criminoso da Guerra da Bósnia, capturado em 21 de julho de 2008, acusado de comandar o massacre de milhares de muçulmanos em Srebrenica, cidade bósnia, em 1995, e responsabilizado pelo cerco de 43 meses a Sarayevo, do qual resultaram as mortes de 11 mil pessoas por violência ou fome.

Os conflitos nos Bálcãs, que atingiram cerca de 200 mil pessoas, decorrem da secessão da Eslovênia e da Croácia, a partir de junho de 1991, e a seguir, em setembro, a declaração de independência da Macedônia, e da Bósnia em seguida. Após a dissolução da Iugoslávia, que acirrou e trouxe à tona os conflitos

7 Relatório da OMS, ob.cit., p. 216.

étnicos, os sérvios, sob liderança de Karadzic, temiam ser expulsos da Bósnia, como o foram na Croácia, então fundaram a República Srpska, em metade do território da Bósnia, sob a presidência do mesmo Karadizic, sob apoio sérvio, que perseguiu os croatas e muçulmanos bósnios, em atos cruéis de massacres. O Acordo de Dayton, em 1995, após o bombardeio da OTAN, muito questionável do ponto de vista do direito internacional, põe fim à guerra e dividiu a Bósnia em dois Estados, a República Srpska e a Federação Croata-Muçulmana, quando Karadzic e Mladic tornam-se foragidos. Mas os conflitos armados prosseguem na região, com a guerra étnica da minoria albanesa no Kosovo, que declarou independência em 2008.

Há lutas entre povos, entre grupos religiosos e de variada natureza, dentre eles o Hamas luta pela libertação do território da Palestina ocupado, fruto de uma dissidência mulçumana. Os seus líderes não se importam com a categoria que se queira nomear, seja guerra santa ou de libertação.

Há o Grupo Al-Qaeda, criado em 1989 por Osama bin Laden, que é saudita e luta contra a invasão norte-americana com armas e treinamentos do próprio EUA, conduziu ataques contra os EUA no Sudão, voltou ao Afeganistão e tornou-se colaborador do regime talibã, que implantou a teocracia; conta com aliados por todo o mundo e promove ataques a nações que apóiam os EUA, como Arábia Saudita, Turquia e Indonésia, ataca os "inimigos do Islã". É organização que maximiza o número de vítimas em seus ataques suicidas, usando bombas com intervalos de segundos, para que não haja sobreviventes. É uma irmandade, revitalizada em 1954, sendo o terrorismo muçulmano de remotas bases na Irmandade Muçulmana, criada em 1928 por Hassem al Banna, que era organização política, científica, cultural, empreendimento econômico e idéia social, segundo seu idealizador.

O Grupo da Brigada de Abu Hafs al Marsi assina autoria do atentado, que matou 192 pessoas e feriu 1.430 no metro de Madrid na Espanha em 11.3.2004, em carta que diz:

> "Se é válido vocês matarem crianças, mulheres, idosos e jovens no Afeganistão, Palestina, Iraque e Cachemira, porque seria proibido para nós matar os seus?"

Na Doutrina de Segurança dos EUA, no texto *A Estratégia de Segurança Nacional dos EUA*, de 2002, o presidente norte-americano defende o uso da força, unilateral e preventiva, contra qualquer país que possa ameaçar a segurança norte-americana.

O conceito de guerra preventiva levou os EUA a combater antes que ocorra o problema, como justificativa para a invasão no Iraque em 2003, cuja guerra contra o terror levou os EUA a limitar liberdades civis no território americano, impor restrições a estrangeiros residentes e após 11 de setembro a possibilidade de prisão de imigrantes por até um ano sem julgamento e sem evidências de envolvimento com o que consideram ser terrorismo, conforme leis aprovadas pelo Congresso Norte-Americano.

3. TORTURA E DESAPARIÇÃO FORÇADA

A tortura é objeto de estudo multidisciplinar, dentre elas: Psicologia, Medicina, Psiquiatria, a Sociologia, Estatística, o Direito e a Ciência Política.

A prática da tortura é remota. Foi pena aplicável desde antes do Código de Hamurábi, depois incluída no Velho Testamento aos escravos. No Novo Testamento a sevícia por açoites era a mais comum, no Direito Romano, no Direito Penal do século XII e no século XIII, quando integra os Códigos Processuais. A Igreja acolheu o seu uso processual e o Papa Inocêncio IV aprovou legislação penal de Frederico II, admitida contra os hereges e muito usada na Inquisição, aceita por Santo Tomás d'Aquino quando não houvesse outro recurso de apuração da verdade (Suma Teológica) e oficialmente aceita nos processos, mas não recomendada por padres e bispos. Também foi direito dos senhores de escravos, no Brasil.

A Idade Média, sob o império da barbárie, contra a dignidade do homem, mostrou a sua prática nos Tribunais Eclesiásticos da Inquisição para propiciar a confissão dos acusados, como meio processual de busca da verdade.[8]

Na pós-Primeira Guerra Mundial volta a tortura como método de interrogatório policial e militar em vários países, depois praticada por nazistas aos prisioneiros na Segunda Guerra, até que finalmente foi repudiada de maneira formal e expressa na Declaração Universal dos Direitos do Homem em 1948.

O Concílio Vaticano II (1963-1965) declarou que tudo que viole a dignidade da pessoa humana, ou seja, as mutilações, as torturas físicas ou morais e as tentativas de dominação psicológicas, são efetivamente indignas e contradizem sobremaneira a Honra do Criador.

---

8 *A Inquisição em seu Mundo*, João Bergaminho Gonzaga, Ed. Saraiva, 1994, pp. 31 e seguintes.

A tortura praticada pelo Estado, conforme classifica João José Leal,[9] pode ser:

1. *policialesca ou inquisitorial* – praticada, em geral, em presídios e cadeias por funcionários subalternos, por motivos funcionais, em quase maioria contra suspeitos de crimes comuns contra o patrimônio, contra a liberdade sexual ou contra a pessoa, marginalizados que não possuem meios para denunciá-la; esta prática foi abolida formalmente nos Estados Contemporâneos em seus sistemas jurídicos, que punem seus autores por abuso de autoridade, lesão corporal ou outro ato típico, que varia conforme a elevação do nível de consciência democrática do povo;

2. *institucional ou sistêmica* – aplicada por motivação política ou ideológica, os seus autores cumprem um serviço que pensam ser ordem legítima, com vistas a obter informações ou para aniquilar o inimigo do sistema; tipo comum na América nos anos 60 e 70, especialmente no Brasil, Chile e Argentina, conforme a seguir detalhamos;

3. a tortura praticada por particular é outra espécie, que consiste na prática por delinqüente individual por motivo vil, torpe, por insegurança, ódio, inveja, ou para ocultar, crime, agindo na ausência ou omissão do Estado na repressão ao crime; exemplo foi a tortura, seguida de morte, do jornalista Tim Lopes, cujo corpo foi enterrado em cemitério clandestino, denominado microondas, no morro da Coréia, para onde criminosos levam as suas vítimas.

Outros exemplos de grupos organizados por membros de forças de segurança ou até criminosos que se utilizaram da tortura: Organização Clandestina de Revanche, no Irã; Guerreiros Reais de Cristo, na Espanha; Aliança Anticomunista, na Argentina; Mão Branca, na Guatemala, cujo fundador chegaria à Vice-Presidência do Estado: Mario Sandoval Alarcón; o Esquadrão da Morte, em São Paulo; os Lobos Cinzentos, na Turquia.

Muitas vezes a tortura é recurso ilegal utilizado por grupos e governantes para manutenção no poder. Notamos que, embora abolida formalmente, a tortura ainda é praticada no Brasil, apesar dos esforços de militantes em direitos humanos. Hoje sua prática recrudesce no mundo, sob alegação de defesa de um possível ataque terrorista.

O protocolo de Istambul contém diretrizes das Nações Unidas, criadas em 1999 por médicos, cientistas forenses, monitores de direitos humanos e

---

9 *RT*, vol. 771, p. 456.

advogados de 15 países, sob o registro e avaliação de evidências médicas de torturas.[10]

A prática da tortura resulta da ausência de treinamento adequado e mecanismos próprios de investigação, quando a polícia, sob alegação não oficial, justifica que precisa obter confissões rápidas e respectiva condenação para evitar reincidências de outros crimes.

É mais complexa a sua erradicação, quando utilizada pelo Estado, porém não oficializada, porque de difícil comprovação da autoria, encorajada pela ausência de controle estatal que propicia ampliar a rede de tolerância aos abusos acobertados pela própria instituição. É um ciclo vicioso, que precisa de uma vontade política persistente, insistente, reta e consciente para desmantelar os costumes arraigados.

As violações de direitos caminham juntas com procedimentos delituosos de agentes públicos em governos corruptos e ditatoriais.

A ONU pediu à *Organização Mundial de Saúde* colaboração para esboço de princípios de ética médica, aplicáveis à proteção de pessoas submetidas a qualquer forma de detenção ou prisão.

A Grã-Bretanha foi declarada culpada na *Corte Européia de Direitos do Homem* de promover a tortura e tratamento desumano em Ulster (contencioso entre a República da Irlanda e o Reino Unido), onde foram especificados procedimentos desumanos e degradantes, utilizados pelos ingleses. Também ficaram comprovados interrogatórios, realizados na Irlanda do Norte, durante operações do exército inglês contra irlandeses.

Houve repúdio da OMS à repressão psiquiátrica para fins políticos, por exemplo, contra dissidentes políticos da URSS.

A ética médica impõe procedimentos, no sentido de negar a cooperar na tortura, e a Associação Médica Mundial e a Organização Médica Mundial e outras associações definiram a tortura, suas causas, conseqüências e incidência no mundo.

No Chile, foram registradas práticas violadoras de direitos humanos pela Direção de Inteligência Nacional Anticomunista (DINA), em obediência

---

10 *Tribuna Médica*, nº 647, p. 11. Ver ainda: COIMBRA, Mario, *A Tortura como Crime Internacional*, RT, ano 91, nº 799, maio 2002, pp. 461-481; *Pena de Morte e a Tortura no Pensamento Islâmico*, Mohammed ARKKOUNN, pp. 81 e segs.; RADTKER, Hebert, *Tortura: Recurso Ilegal de Manutenção no Poder*, pp. 5 e segs., in *A Pena de Morte e a Tortura*, H. Radtker e outros, Concilium, 1978; TOORON, Alberto Z., *Novos Crimes Hediondos e a Progressão no Regime Prisional Diante das Leis do Crime Organizado e da Tortura.*

ao Presidente General Augusto Pinochet e outros atos por carabineiros e pelas Forças Armadas, que agiam com vistas à eliminação de opositores ao golpe de 11.9.1973 contra Allende, amplamente documentados dentre os atos os assassinatos de Carnaelo Soria, funcionário da ONU, depois de seqüestrado em Santiago do Chile; Orlando Letelier, ex-Ministro da Defesa e das Relações Exteriores do Presidente Allende, em Washington, cujo autor, major do exército chileno Armando Fernandez Larrior, quando apresentado às autoridades americanas em 4.2.87, declarou cumprir ordens diretas do General Pinochet; do Comandante Chefe do Exército Chileno, General Carlos Prates e sua esposa Sofía Cuthbert em Buenos Aires.[11]

No Brasil, a prática da tortura foi utilizada no Período Vargas, para que os presos informassem sobre companheiros opositores da ditadura e das perseguições, prisões e torturas. No Estado Novo, Período Vargas, de 1937 a 1945, época da truculência do chefe da polícia política, as práticas de tortura eram constantes, dentre elas a de introduzir agulhas ou tesourinhas embaixo das unhas e uso de alicates.

Segundo Wolgran Junqueira Ferreira, a ditadura Vargas praticou atrocidades por sua polícia política, sob o comando de um capitão que fora em 1964 senador pelo Mato Grosso e líder do Governo no Senado após o Golpe de 64. Logo no ano do golpe estadonovista, Filinto Muller, antigo participante da Coluna Prestes e ex-tenentista, foi recebido oficialmente pelo Comandante-em–Chefe da Gestapo.[12]

É preciso registrar o que foi a tortura, no Brasil a fim de que as futuras gerações conheçam a história de seu país, para que no futuro saibam escolher caminhos que não repitam os fatos execráveis.

O aprimoramento das técnicas ocorre nas décadas de 60 e 70, na Operação Bandeirante, com objetivos semelhantes aos órgãos criados e orientados pela Central de Inteligência Americana, que já era precursora na tortura, que depois foi incorporada ao Exército pelo DOI-CODI, na Aeronáutica pelo CISA e na Marinha pelo CENIMAR, cujos centros superaram longe as 30 formas elencadas pelo Arquipélago Gullag, de Soljenitsen.[13]

---

11 *Lãs Víctimas Del general*, Francesc Relea, Jornal Espanha El País Iemanal, 8.3.1998.

12 *Direitos e Garantias*, S. Paulo, Julex, p. 376; CHACON, Vamireh, *Vida e Morte das Constituições Brasileiras*, Forense, 1987, p. 169; ver também Rodert. M. Lavine, *The Vargas Regime (The Critial Years. 1934-1958),* Colúmbia University Press, Nova York, 1970, pp. 27e168.

13 *Um Relatório para a História – Brasil Nunca Mais*, Editora Vozes Ltda., Petrópolis, RJ, p. 246; FON, Antonio Carlos, *Tortura, A História da Repressão Política no Brasil*, Global Editora, São Paulo, 1979, p. 40.

No período, a partir de 1964, as torturas passaram da prática a *método científico*, inserido em *treinamento militar*, sofisticando-se ao ponto de exportar técnicas a outros países, conforme relata Antônio Carlos Fon, que também menciona a fazenda de São Paulo como *casa de tortura*. Uma propriedade rural descrita em diversos depoimentos foi descoberta pela imprensa em Parelheiros, região da Grande São Paulo, em cuja entrada havia uma placa: Fazenda 31 de março.[14]

As torturas, além de atrozes, passaram a aulas dos futuros torturadores, que assistiam, de 80 a 100 pessoas, conforme depoimentos diversos, dentre eles: Júlio Antônio Bittencourt de Almeida, 24 anos, estudante, torturado na prisão, em Belo Horizonte, em curso de tortura por professores e platéia composta de elementos das forças armadas;[15] Ângelo Pezzuti da Silva, 28 anos, torturado no Rio de Janeiro confirmou que serviu como demonstração em aula prática para 100 sargentos e um professor, oficial do exército, cuja denominação consta em outro processo, que projetava slides sobre tortura, narradas no Conselho de Justiça Militar de Juiz de Fora, em 1970.[16]

Naquele período não foram poupadas as crianças, mulheres ou gestantes. Não havia distinção entre homens e mulheres vítimas de torturas, salvo as sexuais e as grávidas, para que seus maridos ouvissem os gritos ou a intimidação psicológica, que causava abortos.

César Augusto Teles, 29 anos, e sua mulher, presos em São Paulo (18.12.1972) por agentes do DOI-CODI, tiveram os filhos Janaína (5 anos) e Edson Luiz (4 anos) levados às dependências da polícia militar, para verem os pais marcados por sevícias e mostrados aos pais com vestimentas rasgadas, sujos, pálidos e cobertos de hematomas (...). O casal sofreu ameaça de que seus filhos seriam molestados por horas; outras barbaridades foram praticadas contra mulheres, como, por exemplo, consta do depoimento da jornalista de 20 anos, Míriam Leitão: "(...) que apesar de estar grávida naquela ocasião e disto ter ciência os seus torturadores, ficou vários dias sem alimentação".[17]

---

14 Tortura, *A História da Repressão Política no Brasil*, Globo Editora, São Paulo, 1979, p. 40; ver Wolgran Junqueira Ferreira, *A Tortura, Sua História e Seus Aspectos Jurídicos na Constituição*, Julex,1991, pp. 68 e segs.;)

15 *Um Relatório para a História – Brasil Nunca Mais*, Editora Vozes Ltda., Petrópolis, RJ, p. 32; BNM nº 158, 942-954;

16 Idem, p. 31; BNM nº 158, pp. 929 e 932.

17 BNM nº 693, vol. 24, pp. 8.971, 8.973 e 9.871; BNM nº 257, vol. 1º, p. 128; Miriam Leitão, *auto de qualificação e interrogatório*, 1973, BNM nº 674, vol. 3º, pp. 782 e 783.

Relatos de torturas mencionaram a Casa dos Horrores, em Fortaleza; a Casa de Petrópolis, identificada posteriormente à Rua Arthur Barbosa, nº 120; Casa de São Conrado, de onde se avistava o Hotel Nacional, conforme depoimento na 1ª Auditoria da Aeronáutica, em 1974,[18] além de médicos e legistas comprometidos com a feitura de laudos para acobertar mortes sob torturas.

Dentre os *sistemas de tortura* foram usados: além de arrancar dentes com alicates, o *sistema inglês,* aparelhagem eletrônica que variava o nível de ruído, iluminação e temperatura na cela, sem qualquer contato com o mundo exterior, sem alimento por 18 a 24 horas, a seguir o almoço e uma hora depois o jantar, para desequilíbrio psíquico para o preso não resistir ao *interrogatório*; *geladeira*, equipamento do *sistema inglês* feito em concreto, pintado de negro, com caixas de som e outras parafernálias, para aumentar o som, luzes e temperatura, variando calor altíssimo e frio intenso, luzes sem se acenderem por dias ou por dias piscando; *dobradores de tensão*, que era um *circuito eletrônico* alimentado por pilhas de rádio, que conseguia voltagem de 500 a 1000 volts, porém com *correntes elétricas*, com três botões correspondentes a três seções, fraca, média e forte, que são acionadas em uma pessoa ou em grupo e neste caso somam as voltagens das três seções; *pimentinha*, que era uma caixa vermelha de madeira com um imã no seu interior, no qual girava um rotor combinado, com uma escova que recolhia correntes elétricas, conduzidas por fios, que iam aos terminais, chegando a voltagem de 100 volts, em torno de 10 ampéres e aumenta a *corrente elétrica* em função da velocidade sobre o rotor, alimentado por uma manivela, sem medo que sua faísca produzia queimaduras na pele e choques violentos; *cadeira do dragão* em São Paulo e no Rio de Janeiro, *cadeira do tipo de barbeiro*, na qual a vítima é amarrada com correias forradas por espumas e com placas de espuma pelo corpo, os dedos de mãos e pés amarrados com fios elétricos, para a seqüência de *choques elétricos*, enquanto outro torturador dá choques entre as pernas e o pênis do torturado, com um bastão elétrico.

Segundo Wolgran Junqueira Ferreira, a *pianola boilesen* foi outra *máquina de suplício*, inventada pelo Presidente da Ultragás, Henning Boilesen, que fora ativo coletor de contribuições entre as empresas brasileiras e multinacionais para manutenção da tortura no Brasil e morto por um grupo de ativistas contrário ao governo.[19]

---

18 BNM nº 679, vol. 1º, pp 213v e 214.

19 FERREIRA, Wolgran, *Direitos e Garantias Individuais*, p. 383.

Corajosos e orgulhosos, envaidecidos ao afirmarem que "com relação a qualquer organização estrangeira nada tinham a dever" e já "estamos exportando know-how", os torturadores sofisticaram-se nas mais primitivas maneiras de torturas com animais, jacarés, cães, cobras e baratas, estas introduzidas em orifícios do corpo da vítima.[20]

Também em depoimentos, foi registrado que serviu à tortura o Colégio Militar de Belo Horizonte, conforme depoimento em 1970 de José Antônio Gonçalves Durat, de 24 anos, torturado por um encarregado do inquérito, pelo escrivão, por um cabo e por um policial da delegacia policial de roubos e furtos e seviciado por um aluno do Colégio Militar, "a título de prestar estágio no IPI".[21]

Wolgran Ferreira classificou as torturas da seguinte forma:

1. coações morais e psicológicas tentadas e consumadas;
2. coações físicas tentadas e consumadas;
3. coações físicas específicas e consumadas (violências sexuais, torturas com instrumentos pérfuro-contundentes, cortantes e queimantes; torturas com aparelhos, contra sinais vitais e torturas complementares, além das torturas atípicas).[22] Ele catalogou 285 práticas de torturas naquele período.[23]

Durante aquele período, em Manaus, oficiais de outros países foram treinados em *técnicas de tortura* e *combate à guerrilha*. Na turma de 5.08.1983 esteve o 1º tenente de infantaria Juan Eduardo Elmiger, argentino, em 2006 identificado como membro do *grupo nostálgico*, que se manifestou contra a *política de direitos humanos* e o tenente Vargas Jimenez, que no livro que lançou em 2007, *Bacaba, Memórias de um Guerreiro de Selva da Guerrilha do Araguaia*, narra técnicas usadas que aprendeu no Centro de Instrução de Guerra na Selva (CIG), fundado em 1964, com primeiro curso em 1966. Dentre os ex-alunos há assassinos condenados, cúmplices de genocídio e acusados de torturas. Seu ex-aluno,

---

20 *Um Relatório para a História – Brasil Nunca Mais*, ob cit. p. 39; BNM nº 1.122, vol. 1, p. 386.; BNM nº 75, vol. 5º, p. 1.277, a vítima conta que em seu cubículo, havia uma jibóia de nome Miriam; BNM nº 75, vol. 5º, p. 1.224, o preso relata que uma cobra de dois metros foi colocada junto com o acusado em sala de dois metros por duas noites; BNM nº 56, vol. 1º, p. 328, a acusada, estudante do Rio de Janeiro, 23 anos, em depoimento relata "(...) que ao retornar à sala de tortura, foi colocada no chão com um jacaré sobre seu corpo nu".

21 Ob. cit., p. 33; BNM nº 147,vol. 2º, pp. 441-444.

22 Ob. cit., pp. 378 a 380, em que o autor resume os métodos.

23 Ob. cit., pp. 377-379. São elas, no rol de Wolgran, com base no trabalho *Tortura Nunca Mais*.

graduado em 1978, coronel francês Didier Tauzin, liderou em 1994 a Operação Chimère, cujos integrantes tinham secretamente *oficais hutus*, que combateram os *tutsis* em Ruanda, no *conflito étnico* que resultou em 800 mil vítimas. O general francês Paul Aussaresses foi instrutor de tortura no CIG, cujos detalhes revela no livro *Je N'ai Pas Tout Dit- Ultimes Revelations au Service de La France*, lançado em Paris.[24]

A *tortura* na América Latina foi facilitada pela denominada *Operação Condor*, idealizada por Augusto Pinochet, que após derrubar o presidente eleito no Chile, Salvador Allende, assumiu o poder naquele país entre 1973 e 1990. Esta operação consistia na *aliança entre ditaduras* do Cone Sul (1970-1980) para eliminar e perseguir opositores dos *regimes militares* do Brasil, Argentina, Chile, Paraguai e Uruguai, com vistas a facilitar que inimigos de um regime fossem presos em região de outro, o que possibilitou a prática de diversas *violações de direitos humanos*. A história constata inúmeros casos, dentre eles o seqüestro de Lilian Celibert e seus dois filhos, em Porto Alegre, para retorno forçado ao Uruguai, em operação das polícias e exércitos do Brasil e do Uruguai.

Nestes países a *prática de tortura* e de outras atrocidades nem sempre ficaram impunes. No Brasil a Lei de Anistia proibiu a *punição de opositores do regime* e dos que atuaram sob a justificativa da defesa do Estado. Mas a frágil harmonia entre torturados e torturadores foi quebrada com a assinatura de 148 mandados de prisão pela juíza italiana Luisana Figliolia do Tribunal de Roma para 61 argentinos, 32 uruguaios, 22 chilenos, sete bolivianos, sete paraguaios, quatro peruanos e 13 brasileiros, que teriam praticado *atos criminosos contra italianos*.

Se uma *ordem judicial italiana* é válida a todos os 27 países da União Européia, o mesmo não ocorre nos países latinos, que precisam autorizar por seu Poder Judiciário a *aplicação de sentença estrangeira*. Além disso, o Brasil não pode extraditar brasileiros, conforme a Constituição em vigor, cujo dispositivo neste sentido integra seu núcleo imodificável.

Por outro lado, a *decisão italiana* traz à baila a história recente do Brasil, com seus algozes e vítimas, em face da letargia do Estado em oferecer à nação um procedimento mais atento às barbáries praticadas em grande número e gravidade.

O livro-relatório *Direito à Memória e à Verdade* confirma 707 processos formados pela Justiça Militar entre 1964 e 1979; 7.367 acusados judicialmente e 10.034 atingidos na fase de inquérito; quatro condenações à pena de morte não

24 *Folha de São Paulo,* 15.6.2008. p. A 12.

consumadas; 130 pessoas banidas do país; 4.862 cassados de seus mandatos e de direitos políticos; 6.592 militares punidos; e 245 estudantes expulsos das universidades e que nas décadas de 60 e 70 ocorreram:[25] 1. prática de tortura em presos políticos como norma e não como exceção; 2. morte por não resistir aos maus-tratos; 3. execução fria de outros capturados com vida; 4. estupro de mulheres e abuso sexual do homem; 5. decapitação e esquartejamento de prisioneiros; 6. ocultação de cadáveres, que representavam prova de seus crimes.

Em entrevista, o advogado Antônio Modesto da Silveira ressalta que não se pode ainda precisar o número exato de *perseguidos políticos* naquele período, mas que em todo Brasil foram centenas de milhares e no Estado do Rio de Janeiro, local de maior número, cerca de dezenas de milhares. O *número de detidos* variava, porque aumentava conforme algumas circunstâncias, uma delas era, por exemplo, a visita do Presidente da República ao Rio de Janeiro.[26]

Destacaram-se na luta para libertar *presos políticos*, que a *história do direito* e a *consciência política* não podem esquecer, os advogados, dentre eles os do Rio de Janeiro, que durante a ditadura, a partir de 1964, atuaram de modo intenso e sistemático: Antônio Modesto da Silveira, por todo o país e que soma o maior número de clientes, que são alguns milhares; Osvaldo Mendonça; Sobral Pinto, que advogou independente da *posição política e ideológica do cliente* e com a experiência anterior, da defesa de Luiz Carlos Prestes, na década de 30; Heleno Fragoso, que enfrentou as mais diversas situações, e, dentre seus clientes, aqueles de classe média e media alta; Evaristo de Morais Filho; Augusto Sussekind de Morais Rego; Alcione Barreto; Rosa Cardoso; Carlos Vivaldo Vasconcellos; Bento Rubião; Eni Raimunda Moreira; George Tavares, Lino Machado e seu filho Nélio Machado, Torquato Quatro de Oliveira Borges, Manoel de Jesus; e Luiz Jorge Werneck Viana. Outros também advogaram, alguns a convite de colegas, porque no mesmo processo havia mais de 30 réus e não se recusaram à causa do bem, ainda que sob riscos imprevisíveis, aos quais se submeteram bravamente, dentre eles destacamos: Marcelo Cerqueira (Presidente do IAB Biênio 2000-2002); Humberto Jansen Machado (Orador do IAB – Biênio 2008-2010); Paulo Eduardo de Araújo Sabóia (Presidente do IAB de 2008-2010); Paulo Argüelles, Raul Lins e Silva, Técio Lins e Silva, Amílcar Soares e Antônio Carlos Barandier. Cumpre gizar que advogaram gratuitamente para perseguidos que não podiam

25 Fruto de 11 anos de investigação pela Comissão Especial sobre Mortos e Desaparecidos Políticos, estabelecida em 1995 sobre práticas entre 1961 e 1988, lançado em 2007.

26 Entrevista do advogado Antônio Modesto da Silveira concedida à autora em 21.1.2008.

pagar *honorários*, enquanto outros tantos esquivavam-se de exercer este tipo de defesa de conseqüência arriscada.

A perseguição e o desrespeito à dignidade atingiu também advogados que defendiam seus companheiros de profissão e por este motivo sofreram perseguições, seqüestros rápidos e outros mais prolongados, dentre eles, no Rio de Janeiro os advogados: Modesto da Silveira, seqüestrado, preso em certa madrugada de 1970 por militares do Exército e levado para o DOI/CODI, onde ficou por alguns dias até ser solto mediante a ação eficiente da dupla Evaristo de Morais e George Tavares, além de sofrer várias tentativas; Sobral Pinto, que sofreu diversas perseguições, quando já contava com mais de 70 anos de idade, sendo uma das prisões em Goiânia, sobre a qual o IAB se mostrou sensível; Heleno Fragoso; Augusto Sussekind de Morais Rego; Evaristo de Morais Filho, este por alguns dias preso no CENIMAR; Carlos Vivaldo Vasconcellos; George Tavares, preso em duas ocasiões.

Os advogados George Tavares, Heleno Fragoso e Augusto Sussekind de Morais Rego foram presos, cada um em suas casas e levados em 1.11.1970 à 4ª Subseção de Vigilância, no Alto da Boa Vista, onde ficaram na então denominada geladeira, um corredor muito frio. Sussekind passou mal; Heleno Fragoso, recém-operado do coração; então George Tavares brigou com um guarda, que o ameaçou de morte. Os três advogados permaneceram presos, juntos com o maestro Herlon Chaves, cujo motivo da prisão não sabiam. Permaneceram presos por três dias, até que um colega de Colégio Militar de George Tavares, capitão Zairo Pontes, compareceu àquele local de ilegalidades e horrores e conseguiu libertá-los. Este fato motivou que o IAB se manifestasse, em conjunto com a OAB, contra as *prisões ilegais dos advogados* e pedisse a *instauração de inquérito* no *Conselho de Defesa dos Direitos Humanos* para apuração dos fatos, com a seguinte representação:

> "Como tal proceder, inédito no país, mesmo em época de supressão de *garantias constitucionais*, atingiu-se, mais do que as *pessoas das vítimas*, o *exercício da advocacia*, como condição mesma de defesa e preservação mínima dos *direitos humanos*, pelo qual não escapará, e decerto, a esse colendo Conselho a imperiosa necessidade de apurá-los, com *identificação dos culpados, mandantes e mandatários*, para resultar de tranqüilidade geral e do próprio nome do Brasil."

Aliás, George Tavares já havia sido preso pelo Exército, em 16 de junho de 1969, quando permaneceu por alguns dias no depósito de presos do Regimento Caetano de Farias.

O advogado Marcelo Cerqueira, hoje professor de Direito Constitucional, autor de diversas obras de pesquisa substanciosa da *história constitucional*, foi preso por cinco vezes, durante o *exercício da advocacia*, dentre elas: no Ministério da Guerra, quando levou a ordem de soltura de um cliente; em outra ocasião, teve naturalmente o privilégio de dividir a cela em boa companhia, com Darcy Ribeiro no CENIMAR; em outro momento, na polícia federal, quando conseguiu soltar seu cliente, o trabalhista Jorge Gomes Talarico, que contou mais de 30 prisões. Porém, o mais grave ocorreu quando o mesmo advogado Marcelo Cerqueira era *deputado federal*. Enquanto, em Brasília, ele discutia e votava a Lei da Anistia, sua casa no Rio de Janeiro foi atacada a bomba quando sua mulher, hoje procuradora do Estado Lucia Lea, amamentava sua filha.

Ao todo, durante a repressão, nas décadas de 60 e 70, foram centenas de milhares de detidos e perseguidos, dos quais no Rio de Janeiro dezenas de milhares, segundo o advogado Modesto da Silveira, cujos clientes somam alguns milhares por todo o país e que considera difícil fazer um *rol das torturas,* praticadas, porque além daquelas acima descritas, existiam variantes, conforme a criatividade do torturador, que era infinita.

Cumpre relatar o que se segue: Modesto da Silveira leva um de seus clientes, também advogado, ao Conselho da OAB, Afonso Celso Monteiro Nogueira, que tirou a camisa para exibir as marcas e como não poderia tirar a calça, porque havia mulher em plenário, mostrou parte da perna com as mesmas marcas, que confirmavam o sofrimento no pau-de-arara. Um dos conselheiros presentes, ex-Ministro da Justiça, Miguel Seabra Fagundes, naquela ocasião afirmou diante do que viu:

> "É por isso que o governo brasileiro está tristemente célebre por ter se tornado um grande produtor e exportador de *know-how* de tortura".[27]

O *número de detidos*, no Rio de Janeiro, não comportava nas prisões, então extravasavam para ilhas-presídios, três navios e o Estádio Caio Martins, em Niterói, onde se manteve detidos por longo tempo.

---

27 *Idem*, o advogado, vítima de tortura foi vereador, e deputado, passou pela fazenda de São de São Paulo, que era uma das casas de tortura, mencionada em *Um Relato para a História – Brasil Nunca Mais*, 12ª ed., Vozes, pp. 244 e 246 e BNM nº 26, vol. 10º, C-3, pp. 2.163-2.177 e dentre outras torturas, consta que foi colocado pendurado pelos pés, mantendo os braços suspensos, (...), descido do novo instrumento de martírio, perguntaram-lhe se sabia nadar(...); o primeiro banho consiste em ser deitado e mantido nessa posição, no leito pedregoso de um regato pouco fundo, cujas águas repentinamente descem de volume e ímpeto (...).

"Aqui não existe nem Deus, nem pátria, nem família. Só você e nós". Esta frase emblemática de um agente do DOI-CODI para uma prisioneira política reflete a essência do *período de trevas da repressão* em que o Brasil mergulhou a partir de 1964.[28]

A *tortura de presos políticos contrários às ditaduras* deixam marcas no corpo físico e na memória dos torturados e de seus familiares. Dor maior experimentam os torturadores, marcados para sempre na alma e na paz eterna com o estigma indelével da barbárie física e moral praticadas, que a história não permite esquecer.

Se a Operação Condor notabilizou-se por *repressão multinacional*, do outro lado a *solidariedade internacional de apoio aos perseguidos políticos* encontrou forte base na Igreja Católica, sob o lema "solidariedade não tem fronteiras", que diante dos fatos corrigiu seus rumos, porque de início apoiara o Golpe de 1964.

O Cardeal Paulo Evaristo Arns, incansável crítico, denunciou perseguições e fez de uma sala na Casa da Cúria Metropolitana de São Paulo, Avenida Higienópolis, nº 890, a ponta mais forte da *rede de solidariedade aos perseguidos políticos* – a sede do *Boletim Clamor*, a partir de junho de 1978. Este boletim coletou e divulgou informações sobre tortura, presos, julgamentos irregulares e desaparecidos, dentre outras *violações de direitos humanos*. O seu nome tem origem no Salmo Bíblico "inclina os teus ouvidos ao meu clamor", que, ao adotar a *solidariedade sem fronteiras*, tornou-se local de referências de países vizinhos e peregrinação de mães e avós em busca dos entes queridos.

Clamor fora pequeno grupo ecumênico, a partir de 1978, criado para ajudar *refugiados políticos*, que chegavam a São Paulo após os *golpes militares* no Chile, Uruguai e Argentina e denunciar as atrocidades. Era integrado, dentre outros, por Jan Rocha, inglesa e correspondente da BBC (1973-74) e do The Gardian (1984-94), de onde ainda é colaboradora; os advogados Luiz Fernando Greenhalgh e Fermino Fecchio; o padre Roberto Grandmaison; a irmã Michael Mary Nolan; a professora Teresa Brandão e Jame Wright.[29]

Também se notabilizaram Ivo Lorcheiter, Bispo de Santa Maria, que dirigiu a CNBB durante a *ditadura*, denunciou violações de direitos e defendeu reli-

---

28 FERREIRA, Elizabeth Fernandes Xavier, *Mulheres Militância e Memória*, Rio de Janeiro, Fundação Getúlio Vargas, p. 144; de um agente da repressão à presa política Hercília, estudante da Faculdade de Filosofia de Pernambuco, que integrou a luta armada e militante de esquerda; o livro reconstitui a trajetória, vida e militância de 13 ex-presas políticas, mulheres que romperam seus limites e foram agentes de sua própria história e na de seu país.

29 *O Estado de São Paulo*, 6.1.2008, p. 8.

giosos presos e perseguidos, e Aloísio Lorcheider, teólogo respeitado, presidente da CNBB por oito anos.

Silencioso e discreto, igualmente atuante em favor da liberdade, o Cardeal Eugênio Sales, líder católico, para surpresa daqueles que o apontavam como um conservador, na mesma *rede de solidariedade*, atuou junto com o *Alto Comissariado das Nações Unidas para Refugiados*. Ele abrigou na Arquidiocese do Rio de Janeiro *fugitivos políticos*, enquanto esperavam o *asilo* na Europa e agiu sob autorização e recomendação do então Papa João Paulo II, para que prosseguisse na *defesa dos direitos humanos*.

Dom Eugênio Sales, respeitado pelos militares, conta para um jornalista que telefonou ao então Chefe do 1º Exército, do Rio de Janeiro, Sílvio Frota, católico e seu amigo, e disse:

"Frota, se você receber comunicação de que comunistas estão abrigados no Palácio São Joaquim, de que estou protegendo comunistas, saiba que é verdade, eu sou o responsável. Ponto final, ponto final". Não recebeu do militar qualquer comentário naquele momento.

Assim, abrigou mais de quatro mil refugiados políticos e suas famílias, conforme registros dos Arquivos da Arquidiocese, da Cáritas local, da Comissão Brasileira de Justiça e Paz e do Alto Comissariado das Nações Unidas (ACNUR).

Mas diante da quantidade de refugiados que chegavam do Cone Sul ao Rio de Janeiro, o Cardeal abriu os cofres da Mitra, órgão que administra o *patrimônio da arquidiocese* e apelou para a ONU, que autorizou *repasses emergenciais do escritório de promoção do desenvolvimento* (PNAUD) para a Cáritas. Então foram alugados 80 apartamentos no Centro, Lapa, Santo Cristo, Rio Comprido, Tijuca, Andaraí, Bonsucesso, Flamengo, Botafogo e Copacabana.

Além da ajuda para gastos pessoais, e assistência médica em tempo integral, especialmente para as crianças, e auxílio jurídico para tramitação de *pedidos de asilos* para países da Europa, ele exigiu *sigilo absoluto das operações*. Ele levava em seu carro, para evitar *emboscada das forças policiais*, as *famílias de refugiados* para o aeroporto do Galeão, quando concedido *asilo*.

Também soube ser enérgico diante de agentes do General Vidella, presidente da Argentina, que tentaram se infiltrar entre os *refugiados protegidos*, devolvendo-os ao país de origem.

Foi prudente e comedido ao enfrentar o *movimento das forças de repressão* que circulavam diante da janela de sua residência no Palácio São Joaquim diariamente. Enfrentou a perseguição aos padres e seminaristas e o seqüestro do Bispo de Nova Iguaçu, Adriano Hipólito.[30]

Ele exigiu máxima discrição e segredo de tudo, o que facilitou, naquele momento, ser atendido em muitos pedidos aos militares para soltura de presos.

Quando ficou pronta a *lista de desaparecidos* na Argentina, país cujo clero apoiou a *ditadura*, Dom Eugênio Sales levou-a pessoalmente ao Papa, porque a Argentina não possuía lista semelhante.

A Argentina, em outubro de 2007, julgou o padre Cristian Von Wernich, por *participação ativa na repressão contra opositores da ditadura* e condenou-o à *prisão perpétua* por sete homicídios e 34 seqüestros. Outros fatos de participação de membros da Igreja daquele país ainda estão sob investigação.

Também ativo na *defesa dos direitos humanos* durante o mesmo período foi Dom Helder Câmara, um dos fundadores da CNBB e seu 1º Presidente e da CELAM, pioneiro na *teologia da libertação*, na opção a favor dos pobres, na defesa dos movimentos sociais e do engajamento da Igreja mais participativa e, por seu amor integral e solidariedade, defendeu perseguidos políticos, independente de seus credos, expondo sua vida e sua segurança. Piletti e Walter Praxedes, divulgam documentos secretos que demonstram a campanha perpetrada pelo Governo Médicis (1909-1974) contra a escolha de Dom Hélder para o Prêmio Nobel, por indicação do *episcopado alemão*, vez que o bispo era respeitado e conhecido internacionalmente, mas apelidado pelas forças repressoras de *bispo vermelho*.

Incontestável o papel da Igreja católica no Brasil, que registrou na história da América Latina e do Brasil, naquele período, a sua perene defesa em prol dos *direitos humanos*, fortalecendo as colunas que sustentaram homens, mulheres e crianças, em exemplos de *solidariedade* e de *fraternidade* e que contribuiu diretamente para que o país acabasse com *ditadura*.

Muitos anônimos lutaram por *direitos humanos* e vários *perseguidos políticos* foram salvos secretamente das garras da insana repressão, cuja história ainda muito terá para ser contada e reescrita.

Alceu Amoroso Lima, intelectual católico, outra personalidade corajosa e combativa, não mediu esforços em *defesa da liberdade* naquele período, que não poupou intelectuais respeitáveis, dentre eles: o militar Nelson Werneck Sodré, Antônio Callado, Edmundo Muniz, Muniz Bandeira, Ênio Silveira, Thiago de Mello, que integrando a incontável lista de clientes do advogado Modesto da Silveira, constam também Dias Gomes e Ferreira Gullar.

---

30 *O Globo*, 2.3.2008, pp. 16-17.

Até hoje parentes das vítimas buscam pelos corpos de desaparecidos. Esta página da história das *violações aos direitos humanos* de tão cruel sinaliza que o drama de Antígona é bem suave. A história cristã ensina que até Pilatos autorizou Arimatéia a levar o corpo de Jesus e sepultá-lo.

A Argentina, o Chile o Uruguai avançam na punição daqueles que cometeram atrocidades durante as ditaduras dos anos 70 e 80.

Na Argentina as denominadas *leis do perdão*, *lei de obediência devida* e *ponto final*, aprovadas no governo do Presidente Raul Alfonsin (1983-1989), foram revogadas pelo Congresso faz três anos.

Assim a Argentina pode processar *autores de prática de tortura, seqüestro e assassinato*, mas também iniciou dezenas de processos por acusação de seqüestros de bebês, filhos de presos políticos, que nasceram nos campos clandestinos de tortura. Foi possível instaurar processos contra 1.065 civis e militares, dos quais 166 morreram, 345 foram processados e com *prisão preventiva* decretada, 176 condenados, 46 foragidos, outros acusados respondem em liberdade e outros foram apenas denunciados.

O Tribunal de La Paz, em outubro de 2007, condenou à *prisão perpétua* o ex-policial Miguel Etchecolatz, por genocídio e por participação ativa na repressão contra opositores da ditadura, o padre Cristian Von Wernich por sete homicídios e 34 seqüestros, enquanto outros atos de participação de membros da Igreja daquele país ainda estão sob investigação. Aguardam julgamento na província de Buenos Aires o ex-capitão da marinha e ex-deputado Alfredo Astz, apelidado o *Anjo Louro* e o ex-ditador Jorge Rafael Videla.

No Chile, o Supremo Tribunal de Justiça em 2003 condenou a 15 anos de prisão o ex-general da DINA, que era a polícia secreta de Augusto Pinochet, Manuel Contreras, enquanto outros processos prosseguem. Em março de 2008 foram condenados pelo assassinato de 31 pessoas em Osorno, 24 policiais e três militares reformados, após serem declarados culpados pela morte em outubro de 1973 de *opositores do governo*, que derrubaram o presidente eleito Salvador Allende.

No Uruguai foram abertos 14 processo contra militares e civis, sob acusação de seqüestros e assassinatos durante o período militar (1973-1985), que participaram da *Operação Condor*. Em 2006, o ex-presidente civil (1973 e 1976) Juan Maria Bordaberry, que se aliou aos militares em 1972 e fechou o Congresso, mas destituído por eles, recebeu *ordem de prisão* pela Justiça por seqüestro e desaparecimento dos Congressistas Zelnear Michelini, Héctor Gutérrez Ruiz, Rosario Barredo e William Whitelaw, *militantes do movimento tupamaro*. A abertura do processo foi possível porque os acusados não estão amparados na *lei da caducidade*, que protege *militares uruguaios*. Também foi preso Gregório Alvarez,

Comandante-em-Chefe do Exército em 1978 e 1979 e ex-ditador que assumiu o governo posteriormente, até 1985, agora responsável pelo desaparecimento de cerca de 200 pessoas.[31]

Nota-se que os países que integraram a Operação Condor, gradativamente, tornam públicos os nomes e processam aqueles que praticaram *atos de violação grave aos direitos humanos*.

Outro aspecto diz respeito aos fatos históricos. A Lei da Anistia não significa que a história não deva registrar a *tortura* e sua autoria em *períodos de trevas*, porque é incontestável que os episódios de horrores já integram a História Política do país, ainda que os atores, protagonistas ou coadjuvantes queiram o esquecimento. Nenhuma nação consegue fazer de sua história um rascunho que se apaga, para reescrevê-la de outro modo, nem a lei consegue impedir o avanço civilizatório quanto ao *respeito aos direitos humanos*.

Cumpre assinalar que Lei de Anistia nº 6683/79 não anistiou *torturadores*. Ela anistiou "todos que foram punidos com fundamento em atos institucionais e complementares", portanto não anistiou *agentes civis ou militares* que praticaram a tortura. Esta lei somente abrigou sob o manto da proteção legal os civis ou militares que sofreram punições sob a égide do *período ditatorial*. Uma corrente entende que os *torturadores* praticaram *erro de subordinado*. Outra corrente entende que a *tortura* foi método adotado pelo Estado, que a nosso ver é provado com as *aulas de tortura* que exemplificamos, as quais constam de pesquisas, livros estrangeiros, depoimentos em processos judiciais e informações com indicação das fontes, inclusive do livro *Brasil Nunca Mais*, além da mencionada *escola de tortura*, inaugurada em 1964 em Manaus.

Tortura e *maus-tratos* são tipos diferentes. A *tortura* é ato mediante o qual se infringe intencionalmente dor severa ou sofrimento físico ou mental à pessoa, com a finalidade de se obter informação ou confissão, punição, intimidação ou coerção ou qualquer motivo baseado em discriminação de qualquer espécie.

Os *maus-tratos*, embora não incluídos expressamente no art. 5º da Constituição Federal em vigor, podem denotar violação à *dignidade da pessoa humana*, como, por exemplo, aos idosos, às mulheres, aos doentes em hospitais e ambulatórios, doentes mentais em instituições psiquiátricas, à criança e ao adolescente, ao trabalhador, ao prisioneiro ou detido. Este crime, tipificado no art.136 do Código Penal, decorre de *autoridade*, ou de quem tem sob sua autoridade, guarda ou vigilância, para fins de ensino, educação, tratamento ou

---

31 FIGUEREDO, Janaína, *O Globo*, 3.8.2008, p. 41.

custódia, e a *vítima* será aquela que se encontre sob autoridade, guarda ou vigilância do agente.

Quanto à *tortura*, vedada no art. 5º, XLIII, da Constituição Federal, no rol dos *crimes hediondos*, da Lei nº 9.455, de 1997, que fixou penalidade às modalidades de *tortura simples*, pena de dois a oito anos de reclusão e de *tortura por omissão*.

Nosso *sistema jurídico* não faz distinção. O *sujeito ativo* é qualquer pessoa, seja funcionário ou particular, mas o *tipo penal* exige que o ato seja com o fim de obter informação, declaração ou confissão de "provocar ação ou omissão criminosa" ou "em razão de discriminação racial ou religiosa". Deste modo, restringe a aplicação da lei em face do seu *elemento objetivo*, deixando aberta a questão dos motivos de ambição, ódio, vingança ou político-ideológico.

O Movimento Nacional de Direitos Humanos, em relatório com base no *Serviço SOS Tortura,* anotou que das 1.684 queixas, mais de 60 delas, no período de 30.10.2002 a 26.6.2003, são cometidas por *policiais civis* e *policiais militares*,[32] que lideram o *ranking das torturas*.

O Relatório de 2000 da Anistia Internacional mostra que há denúncias de *torturas* e *maus-tratos* em mais de 150 países. Em mais de 80 países há *tortura* com resultado *morte*. A maioria das *vítimas* são pessoas suspeitas ou condenadas por crimes e a maioria dos *torturadores*, segundo aquele relatório, são *policiais* e *militares*.

A Associação Médica Mundial, a Organização Mundial de Saúde e outras *associações médicas* definiram a *tortura*, suas causas e conseqüências, bem como sua incidência no mundo todo. A *ética médica* impõe procedimentos no sentido de negar a cooperar na *tortura*.

A Corte Suprema dos EUA, em 1972, estabeleceu que a *pena de morte* consiste no agir do Estado, que constitui forma de punição cruel e insólita, que viola as Emendas VIII e XIV da Constituição Americana.

Na *preservação dos direitos do homem*, na esteira da Convenção Interamericana para Prevenir e Sancionar a Tortura, aprovada pela Assembléia geral da OEA, em 1985, proclamaram-se o compromisso dos Estados em incorporarem normas que garantam compensação às vítimas destes crimes.

As *torturas de presos iraquianos por mulheres norte-americanas* causaram indignação e perplexidade. Os *agentes de torturas* até então eram homens, que

---

32 "União cria grupo móvel contra tortura", Gabriela Athias, *Folha de S. Paulo*, p. 3, 27.6.1003, que lideram o *ranking* das torturas.

exerciam funções que facilitavam a prática. Na medida em que as mulheres exercem os mesmos papéis, passam também a praticar os abusos. Só o tempo dirá se o *papel de torturador* é tipicamente masculino ou não importa o sexo mas a cultura da sociedade que o cultivou. A *cultura americana* é a da violência, é a do combate ao terror, justificado com o terror, mantendo o elo da barbárie no mundo e o fomento da indústria bélica.Os *maus-tratos* e *torturas* dos prisioneiros geraram reação dos iraquianos que responderam em 11 de maio com a decapitação de um soldado americano de 25 anos e outras atrocidades.

A História do Iraque é prenhe de repressões e torturas, especialmente pelo ex-ditador mais truculento do mundo árabe, Saddan Hussein, que perseguiu e matou opositores. A tortura, antes do interrogatório, compelia o torturado a dizer o que não conhecia e a apontar inocentes. Um aparato raro incluía, além de choques elétricos, espancamentos, queimaduras, banhos de ácido, que iam dos pés aos joelhos, amputação de membros, criação da figura grotesca do delator, intromissão nas escolas e festas familiares. Dentre outras atrocidades, a *intimidação sexual* consistia no seqüestro de mãe, mulher ou filha de detentos, que eram estupradas diante de seus olhos pelo *violador da honra*, que era cargo criado pela repressão para este tipo de tarefa. Nem os parentes do ditador escaparam da barbárie, dentre eles, 51 executados, sob alegação de *traição*. Dois genros do ditador, Hassein e Saddam Kamel, casados com suas duas filhas e irmãos, após desembarcarem vindos da Jordânia, caem na emboscada e são chacinados com o pai, uma irmã, um irmão e dois sobrinhos.[33] O mesmo ditador, que teve sua carreira fermentada sob apoio e patrocínio dos EUA, por diversos interesses, foi por este invadido, que de patrocinador passou a inimigo.

O art. 1º da Convenção contra a Tortura, adotada pela *Resolução da Assembléia das Nações Unidas*, em 1984, define *tortura* e o art. 4º dispõe que os Estados assegurarão que a *tortura*, a sua *tentativa* e todo ato que constitua *cumplicidade* ou participação na tortura serão considerados crimes, conforme sua *legislação penal*.

Resta ainda mencionar a Colômbia, em que o desrespeito aos *direitos humanos* é constante, onde a *democracia* foi esfacelada, porque limitada pelas *oligarquias*, incrustadas no Partido Liberal e no Partido Conservador, que monopolizaram os *cargos públicos* desde o século XIX. Sem reformas sociais nem combate à corrupção e à fraude, o país, assessorado por norte-americanos, fomenta *soluções militares* para os conflitos, em lugar das reformas que o povo

33 BARELLA, Eduardo, "Do sonho de liderar os árabes ao império da delação e terror", *in O Estado de São Paulo*.

clama. Em 1966, o braço armado do Partido Comunista da Colômbia acaba por expandir pelo território as Forças Revolucionárias Colombianas, sob direção de Jacobo Arenas e Manuel Marulanda, "El Tirofolo" (Tiro Certeiro). A *guerrilha*, com rendimento anual aproximado de 300 milhões de dólares, para manutenção do fluxo de armas e pagamento de homens e logística necessária, segundo Teixeira da Silva,[34] liga-se aos *narcotraficantes*, que também estão presentes nos *governos colombianos*. Os EUA fornecem armas e apoio direto ao governo, que não se dispõe a negociar com os *guerrilheiros* a liberação de reféns. Ao preferir uma *solução militar*, o *governo colombiano* deixa cidadãos submetidos a todo tipo de *violação de direitos humanos,* em poder das *Farc*. Acirra a violência, aumentam os seqüestros dos suspeitos de apoiar a *guerrilha*, e as *atuações dos paramilitares* sem controle e as *forças conservadoras* não aceitam negociação.

As *Farc* mantêm centenas de reféns em condições degradantes, dentre eles Ingrid Betancourt, resgatada pelo *exército colombiano*, com o apoio dos EUA, em julho de 2008, que, quando no cativeiro, em carta à sua mãe revela que:

> "Durante muito tempo fomos como os leprosos que estragam a festa. Os reféns não são uns assuntos *politicamente correto*, soa melhor dizer que é preciso ser forte diante da guerrilha, estar disposto a sacrificar algumas vidas humanas. Diante disso, silêncio. Apenas o tempo pode despertar as consciências e elevar os espíritos. (...) De minha parte aspiro a que um dia tenhamos essa sede de grandeza, que faz com que povos surjam do nada e que os impulsiona rumo ao sol. O dia em que entendermos a vida e a liberdade dos nossos sem fazer concessões, isto é, quando formos menos individualistas e mais solidários, menos indiferentes e mais engajados, menos intolerantes e mais compassivos, então, nesse dia, seremos a grande nação que desejamos ardentemente. Essa grandeza está presente, adormecida nos corações. Mas os corações se empederniram e pesam tanto que não nos permitem elevar nossos sentimentos. (...) Todos esses anos foram terríveis, mas creio que não estaria mais viva sem o apoio que eles nos deram, a todos nós que, aqui, somos morto-vivos".[35]

---

34 "Chuva sobre a selva", posfácio *in Carta à Mãe, Ingrid Betancourt*, Rio de Janeiro, Ed. Agir, 2008.

35 BETANCOURT, Ingrid, *Carta à Mãe – Direto do Inferno*, Rio de Janeiro, Ed. Agir, 2008, pp. 36-37.

Tormentosa é a *questão da moralidade*, ainda que seja uma aliança tática entre narcotráfico e um movimento de libertação ou de repressão ao crime.

Quando soldados militares e um oficial das Forças Armadas, no município do Rio de Janeiro, entregam três jovens para *grupo de traficantes de comunidade rival* para executá-los, em junho de 2008, na comunidade do Morro da Providência, e quando um carro parado com mulher e dois filhos, um de nove meses e outro de dois anos, que morre porque o veículo é metralhado por policiais, que agem por mero engano, pensando que fossem delinqüentes que perseguiam, fica mais uma vez demonstrada a urgência na *capacitação em direitos humanos para policiais e militares*.

Concluímos pelo exposto que no Brasil os *agentes públicos* necessitam de preparo e capacitação, especialmente em *técnicas de abordagem* e *atividades em comunidades carentes*, onde há maior incidência de *vítimas inocentes*. Para prevenir erros é fundamental incluir como elemento integrante do *programa de concursos públicos*, em especial para as *polícias civil e militar*, Ministério Público, Magistratura, Defensoria Pública e Procuradorias, bem como na *grade curricular das escolas militares, o estudo de direitos humanos*.

4. GRUPOS DE EXTERMÍNIO, PISTOLAGEM, MILÍCIAS E TRIBUNAIS DO CRIME

Os *grupos de extermínio*, a *pistolagem*, as *milícias* e os *tribunais do crime* funcionam diante da omissão do Estado.

Os grupos de extermínio atuam na eliminação de pessoas que grupos ou pessoas consideram indesejáveis, constituindo fenômeno relativamente recente em sua ligação com o *crime organizado*, a lavagem de dinheiro e o narcotráfico. Os grupos de extermínio condenam sumariamente, à margem da lei, rompendo com os direitos fundamentais, o contraditório, o devido processo legal, julgamento com juiz natural, direito à defesa e à vida, onde e quando o Estado é omisso e inoperante.

Na Colômbia, a *Lei de Justiça e Paz* tratou da desmobilização dos grupos armados, que entregaram as armas, os quais terão no máximo oito anos de prisão, ainda que por homicídios, desde que cometidos em ação de bandos, com ajuda financeira mensal por quase três anos, inclusive para estudos, embora não existam políticas públicas eficazes para crianças. Os *ativistas de direitos humanos* analisam com atenção o processo de desmobilização dos bandos armados, porque suspeitam que ocorra mudança, na forma de agir.

Pistolagem

A *pistolagem* difere dos *grupos de extermínio* porque tem como característica principal a contratação de um matador de aluguel para executar alguém em geral relacionado às questões agrárias, constituindo prática reiterada no interior do Brasil contra ativistas pela reforma agrária. O episódio histórico é a morte de Chico Mendes, conhecido internacionalmente por sua luta pelos povos da floresta e preservação da floresta amazônica, que pagou com a vida o seu ideal.

Outro é a morte de Doroth Stangy, freira missionária americana, com seis tiros, porque defendia os povos da floresta e o desmatamento, cujos executores foram condenados pela justiça, mas os supostos mandantes foram condenados no primeiro julgamento que foi anulado, e absolvidos no segundo, mesmo em face da indignação da opinião pública. Deste fato gerou um projeto de lei, hoje aprovado, para impedir novo julgamento após condenação pelo tribunal do júri.

Milícias

No Rio de Janeiro surgiu uma nova modalidade de grupos organizados à margem e contra a lei. São as denominadas *milícias*, grupos organizados, integrados por pessoas da comunidade, policiais militares, ex-policiais, bombeiros e militares das Forças Armadas, que visa reprimir o tráfico de drogas. Não possuem características de milícia no sentido próprio, que é tropa militar ou de segundo segmento.

As milícias cariocas matam traficantes ou provocam sua fuga, oferecendo proteção aos moradores e aos comerciantes em troca de pagamento mensal. São fruto da pobreza e da ausência do Estado em comunidades carentes, mas têm objetivos políticos e financeiros. Há milicianos que recebem diárias e cestas básicas, falando-se até em *planos de carreira*, muitos controlam serviços de TV a cabo, venda de gás e ponto de Kombis e vans de transporte.Conforme todo grupo à margem da lei, eles interferem por vezes no cotidiano das pessoas embora não seja esta a finalidade inicial. Os relatos comprovam: em briga de um casal, homem grita em casa, entra um "miliciano"; em brigas de vizinhos "um miliciano interfere ao modo dele".[36]

---

36 *Folha de São Paulo* 25.02.2007; ver Maia Pasinato Izumino e Cristina Nenu, *Revista da Sociedade Brasileira para o Progresso da Ciência*, ano 54, nº 1, jul/ago/set/2002.

Assim, o miliciano acaba por fazer a lei, decidir, julgar e executar, se for preciso, na ausência do Estado, na incapacidade das polícias e diante da indiferença dos governantes. Deste modo, sem presença estatal, diante da prática hobbesiana do homem – lobo comendo lobo –, no perigoso caminho da fragmentação do poder, os milicianos são os modernos senhores de engenho, onde o rei reina e não governa, e o poder é cada vez mais fragmentado entre milicianos e traficantes e os súditos. Estes súditos são as comunidades sofridas, que sobrevivem à mercê da mais cruel forma de dominação: a *submissão econômica*. Algumas das dezenas de milícias estão descendo para o asfalto e, mediante ameaças, exigem que os moradores paguem por uma suposta segurança.

Um repórter, um fotógrafo e o motorista de um jornal carioca, junto com um morador, foram capturados em 14 de maio de 2008 pela Milícia na Favela de Batan, em Realengo, onde mantinham casa para trabalho jornalístico investigativo. A equipe de jornalismo e o morador foram submetidos a tortura por sete horas e meia, com choques, espancamentos e tiveram o dinheiro e os equipamentos roubados. Quando os milicianos encontraram o material enviado à redação nos computadores da equipe, com textos e fotos de policiais com os delinqüentes, os castigos foram redobrados, com exigência para que nada contassem.

Este episódio coloca em xeque não apenas a segurança pública do Estado do Rio de Janeiro, mas o *Estado Democrático de Direito*, que se esgarça cada vez que se coíbe ou se constrange um jornalista ou uma equipe de jornal, seja por quem for, pela censura ou pelos delinqüentes, cada vez que a ilegalidade se sobrepõe à legalidade. O ataque não foi à dignidade das pessoas apenas, nem ao jornal, mas à liberdade de informação, de manifestação de pensamente e de expressão, portanto à liberdade que cada cidadão tem de ser informado e proteger-se das condutas marginais .

Atos dessa natureza devem encontrar na sociedade o combate intransigente, urgente e necessário à imprensa livre.

As *comunidades carentes* não estão mais na plenitude da liberdade democrática de pensamento, manifestação de pensamento e expressão a partir do momento em que os candidatos às eleições municipais, no Rio de Janeiro, dependem de autorização dos milicianos ou dos narcotraficantes para que possam ingressar no espaço sob o controle deles, que também articulam ter seus candidatos. Fato de conhecimento público da população e das autoridades e que deixa vulnerável o *Estado Democrático de Direito* e a autoridade do Poder Executivo Estadual, a quem cumpre a prestação da segurança pública, para o livre exercício da cidadania, sem interferências.

Tribunais do crime

Os *tribunais do crime*, em São Paulo, acontecem por organização criminosa com estrutura de poder, que decide sobre quebra de disciplina, sobre pedidos de seus membros ou de simpatizantes e até de estranhos que a eles recorrem, como, por exemplo, para dar uma surra na mulher que traiu o queixoso, devolver ao comerciante os objetos furtados em dois ou três dias, enquanto na justiça legítima e legal não conseguiria devolvê-los com tal rapidez.

Este tribunal recebe a queixa pelo denominado *disciplina*, que decide se for conduta de pouca importância (pequenos furtos, ou dívidas de pouca monta). Caso seja considerada mais grave a conduta (estupro, homicídio ou traição ao comandante), tem pena de morte determinada pelo tribunal, que é convocado. As audiências são por telefone ou pessoalmente, ouvidos o acusador ou a vítima e depois o acusado. A sentença é registrada em livro próprio, que é enviado ao comando do sistema penitenciário, se ocorreu na prisão, ou enviado ao comando da região, se fora do sistema prisional. Os tribunais do crime, em São Paulo, têm estrutura própria e distinta dos tribunais do Rio de Janeiro, que variam conforme a sistema de hierarquia e comando criado por cada organização criminosa.[37]

Todos estes julgamentos funcionam ao arrepio da lei e do respeito à pessoa humana, sob a capa da impunidade e da ineficiência do Estado, que deixa a população fora da proteção legal.

5. PRESOS E ENCARCERADOS EM GERAL

A *Assembléia Geral da ONU*, em 9 de dezembro de 1988, pela Resolução nº 43/173, acolheu o conjunto de princípios para a proteção de todas as pessoas submetidas a qualquer forma de detenção ou prisão.

A violação de direitos dos presos ocorre em tempo de guerra com prisioneiros ou na ordem interna em tempo de paz.

O desafio das sociedades contemporâneas está na prevenção de práticas abusivas e repressão aos abusos, que incluem a violência do Estado como instrumento punitivo.

A história da polícia e das prisões e dos abusos e violência de agentes públicos são traduzidos na proporção em que políticas de segurança e justiça tradicionais e convencionais se revelam ineficientes e inadequadas para garantir a lei

37 O Poder do Crime, *O Estado de São Paulo*, 17.2.2008, p. 4; Tribunal do Tráfico em Ação, *O Globo*, 30.3.2008, pp. 20-21.

e a ordem de um lado e a promoção dos direitos humanos do outro. Os direitos dos presos não são incompatíveis como os direitos das vítimas.

Não cumpre neste trabalho discutir a noção de ordem, porque implicaria na análise dos sociólogos sobre a formação social brasileira, marcada por um senhoriato, que não evoluiu muito do período imperial até os nossos dias em que a escravidão assalariada substituiu a da senzala, em tradição estamental de uma *elite senzaleira*, na expressão de Carlos Guilherme Mota,[38] provavelmente por influência do pensamento de Caio Prado, para quem "toda a história do Brasil sempre foi uma negócio; só um negócio", contrário à tese de que o Brasil é harmonioso .[39]

No sistema legal brasileiro os direitos dos presos são preservados formalmente. São os principais: respeito à integridade física e mental; alimentação e vestuário; trabalho; previdência social; constituição de pecúlio; descanso e recreação; exercício de atividades profissionais, intelectuais, artísticas e desportivas; assistência material à saúde, jurídica, educacional, artística e desportiva; proteção contra o sensacionalismo; entrevista pessoal com advogado; visitas; chamamento nominal; igualdade no tratamento; audiência com direito de representação e petição a qualquer autoridade; contato com o meio exterior.[40]

Há uma tradição de estudos sobre violência, crime e direitos humanos na América do Norte e Canadá, especialmente, e na Europa, na França, na Alemanha e na Grã-Bretanha.

Crimes por agentes do Estado no exercício legal das atividades, ou além delas, e crimes por cidadãos que tomam para si a função de aplicar a justiça, instigados pela ausência do Estado no papel de regulador público da violência e pelo procedimento desviante das instituições, as quais deveriam oferecer segurança e justiça, estão refletidos na violência policial, linchamentos, grupos de extermínio e ação de justiceiros.

No massacre do Carandiru, em São Paulo, em 2.10.2004, morreram 111 presos; no Presídio de Água Santa, no Rio de Janeiro, morreram 31 presos, quando guardas jogaram bomba, depois de descobrirem uma fuga; morreram 18 dos 51 presos trancados em cela pequena (1,5 m x 4m), sem ventilação, da 42ª

---

38 *Ideologia da Cultura Brasileira*, Editora 34, historiador; o autor é professor titular da USP, fundador do Instituto de Estudos Avançados da USP.

39 *O Estado de São Paulo*, 9.12.2007, p. 5.

40 MATTOS, Renata Soares Bonavides, *Direitos do Presidiário e sua Violação*, São Paulo, Ed. Método, 2002, 215 páginas; estuda e traça comparativamente a realidade dos *sistemas prisionais estrangeiros*.

Delegacia de Polícia, no Parque São Lucas, em São Paulo, em 1989; 13 presos foram mortos em conflito interno no presídio Mata Grande, em Mato Grosso, em 2000; 27 presos foram mortos no presídio conhecido como Urso Branco, em Porto Velho, Rondônia, em janeiro de 2002; 25 presos mortos e carbonizados, em 2007, na cadeia pública de Ponte Nova, em Minas gerais.

O sistema carcerário é um dos maiores violadores de direitos humanos no país, porque sem oferecer condições de salubridade, impera a promiscuidade, a humilhação, a degradação, a crueldade, os maus-tratos a homens e mulheres de mais baixa renda e sem condições de pagar uma defesa eficiente. Basta indagar em que classe social é recrutada a massa carcerária e a resposta corrobora muito mais os estudos dos sociólogos e historiadores do que dos juristas. A distribuição da justiça não é do mesmo modo, nas lições de Foucault,[41] ao variar conforme a classe, posições sociais e outros aspectos no Brasil, cuja tradição espelha o exemplo: mulher, em mercado junto à comunidade carente, é presa em flagrante ao furtar um pacotinho de manteiga; levada à delegacia, autuada por furto, permanece presa enquanto aguarda o julgamento, que a condenou a dois anos; mulher branca de classe média alta, encontrada em flagrante com 500 reais em roupas, em loja de shopping de bairro nobre na mesma cidade, levada à delegacia e autuada por furto, foi liberada imediatamente para responder ao processo em liberdade.

No Estado do Pará, município de Abaetetuba, delegada mantém uma adolescente de 15 anos em cela de 20 homens, onde sofreu abusos sexuais e engravidou. A corregedora foi afastada das investigações porque declarou que a menor provocava sexualmente os presos. A divulgação do fato pela imprensa estimulou que outras vítimas, mulheres presas com homens, denunciassem fatos semelhantes, dentre elas, uma que engravidou por duas vezes e não pode amamentar o filho, que lhe foi retirado após o parto.

Indivíduos sujeitos de direitos, segundo a lei, sem a percepção de que são sujeitos de direitos segundo a consciência nacional, sinalizam para as autoridades legislativas e executivas na direção da construção de uma nova ordem social e rompimento com a tradição estamental, que exclui ou privilegia, sob pena de continuar o Estado a fabricar excluídos e construir presídios. O exemplo emblemático é que na falta de vaga na Delegacia de Palhoça, em Santa Catarina, a titular acorrentou os presos às colunas do edifício e ninguém reclamou porque acorrentados estão presos às correntes maiores que são a submissão e a impotên-

41 Michel Foucault, *Ditos e Escritos*, vol. 4, p. 35; ver *Vigiar e Punir*, Editora Vozes, Petrópolis.

cia, refletidas no silêncio diante de abusos daqueles que se situam em espaços sociais ditos superiores, comprovados pelas notícias de jornais, que afirmaram: "acorrentados não reclamam".

No momento em que a pena privativa de liberdade for aplicada a qualquer cidadão independente de classe ou posição social, talvez então as justas reivindicações da massa carcerária sejam atendidas. Quando este dia chegar, esta massa estará reduzida em quantidade e o falacioso discurso da reeducação, que reabilita o preso no sistema, que incide predominantemente sobre aqueles que jamais receberam educação, será de fato realidade.

As práticas judiciárias e policiais sinalizam para o objetivo de nosso trabalho, que é a necessidade de incluir nos concursos e cursos o estudo de direitos humanos, até hoje mal compreendido por uns e desconhecido por outros.

Não trataremos da questão carcerária no Brasil, porque seria objeto de um trabalho inteiro, mas traçamos um rol de distorções: 1. as condições desumanas dos cárceres; 2. a falta de assistência jurídica adequada ao encarcerado; 3. o tratamento desumano às famílias dos encarcerados; 4. a ausência do Estado que facilita massacres e mortes dentro dos estabelecimentos carcerários, ao colocar integrantes de grupos rivais juntos; 5. ineficácia de meios de inserção do ex-encarcerado na sociedade; 6. desigualdade no tratamento dos encarcerados conforme posição social; 7. aplicação de penas privativas de liberdade rigorosa para atos de mínimo ou nenhum prejuízo social (pequenos furtos de alimentos); 8. encarceramento de acusados, sem poder aquisitivo, para constituir advogado, enquanto espera julgamento, em pequenos furtos (dois salames; um pandeiro; shampoos, etc.), enquanto que os de poder aquisitivo, ainda que acusados de crimes mais graves, em maioria, não passam uma noite encarcerados por conta de *habeas corpus*.

A prática está longe dos textos legais e a igualdade é apenas formal. A Constituição no art. 5º dispõe sobre direitos dos presos, dentre eles: 1. local de cumprimento de pena (inciso XLVIII); 2. vedados tortura ou tratamento degradante (inciso III); 3. respeito à integridade física e moral (inciso XLIX); 4. direitos das presidiárias para permanecer com os filhos durante o aleitamento.

Todos os dispositivos legais do sistema jurídico brasileiro neste campo não se inserem na harmonia com as práticas políticas e judiciais habituais.

Os movimentos moralizantes dos últimos anos, implementados com o desmantelamento de organizações e prisões de indivíduos que desfrutam de espaços sociais e econômicos privilegiados, nunca antes indiciados, ainda não é o suficiente para se concretizar a distribuição da justiça. Primeiro porque a proporção é ínfima em relação ao número de encarcerados pobres e em segundo lugar porque nada altera quando as camadas menos privilegiadas da sociedade na massa carcerária é recrutada sob a égide de uma lei e uma ordem ratificadora de injustiças.

Organismos internacionais em seus relatórios e organizações não governamentais apontam para os problemas da carceragem no Brasil. Mas as autoridades brasileiras ainda não foram capazes de minorar os abusos e distorções denunciados.

Do mesmo modo que hoje rejeitamos as antigas penas, dentre elas afogamento, apedrejamento, chibatadas, morte na fogueira, crucificação e guilhotina, as gerações futuras também ficarão horrorizadas com a história das penas, que mostrarão as condições dos encarcerados e o tratamento desumano aos quais são submetidos e que implicam em dupla penalidade: a legal e a real.

Não olvidamos que a análise histórica tem que ser imparcial e em conformidade com a época e que as penas pretéritas eram inerentes ao momento histórico e cultural daquele período. Entretanto, os estudos de Sociologia, Antropologia, Ciências Sociais e Penais apontam, faz muito tempo, para a inadequação do sistema penal e penitenciário, bem como o seu recrutamento, porque estão completamente fora de sintonia entre teoria e prática, lei e realidade, práticas e necessidades humanas, igualdade formal e material. O tempo do Estado contemporâneo não se harmoniza mais com o sistema carcerário de nosso país, onde ocorre todo tipo de ofensa à dignidade. Uma destas ofensas está na situação das mulheres, que no Brasil são cerca de 25 mil presas, das quais muitas engravidaram no cárcere, algumas por mais de uma vez, outras porque ficaram presas junto com homens, e os filhos destas relações permanecem com as mães nos dois primeiros anos de vida, sem qualquer providência ou política de assistência, inclusive psicológica, para aqueles que já nascem com as marcas da prisão, do sofrimento e da dor que lhes impõe o Estado negligente. Em quantos países do mundo as encarceradas engravidam tanto e por mais de uma vez?

As resoluções da Assembléia Geral da ONU, dentre elas o *Conjunto de Princípios para a Proteção de Todas as Pessoas Sujeitas a Qualquer Forma de Detenção ou Prisão*, de 1988, bem como as regras mínimas para o tratamento de presos, adotadas pelo 1º Congresso da ONU sobre Prevenção da Criminalidade e o Tratamento de Infratores, realizado em Genebra, em 1995, pelo Conselho Econômico e Social, através de suas resoluções, que tratam das acomodações, roupas de cama, comida, esporte, serviço médico, disciplina, informação para reclamações de presos, contato com o mundo exterior e outros procedimentos, completamente distantes da realidade carcerária no Brasil. Estas diretrizes estão no Manual de Treinamento para o Pessoal Penitenciário, preparado por *The International Center for Prision Estudes, do King's College*, na Universidade de Londres, em colaboração com a *Penal Reform International*, por solicitação do

Alto Comissariado da ONU para Direitos Humanos, no qual contém instruções preciosas sobre direitos humanos, preservação da dignidade, direito dos presos à saúde, alternativas à pena de prisão, administração de presos e o pessoal penitenciário, além dos instrumentos internacionais pertinentes. Constatamos que são folhas de papel, que agentes penitenciários e policiais ironizam, os quais, mal remunerados, engrossam as fileiras daqueles que não confiam nas instituições, na medida em que este texto não guarda qualquer semelhança com os procedimentos brasileiros.

Capítulo XI

VIOLAÇÕES EM RAZÃO DA ORIGEM DO NASCIMENTO

1. JUDEUS

A história da perseguição aos judeus é antiga e já ocorria sete séculos antes de Cristo.

Entre 1630 e 1654, ocasião da tolerância religiosa, membros da comunidade judaica da Holanda, de origem portuguesa e espanhola, estabeleceram-se em Pernambuco. Houve momentos de oscilação quanto à migração deles para o Brasil no século XIX, mas os judeus adquiriram certa visibilidade no Brasil.

Após a adoção de restrições em *cartas de chamadas*, que eram exigências de possuir família no país, em 1935 o governo Vargas nega o ingresso. O Estado Novo veda a concessão de vistos a *pessoas de origem semita*, incluindo negociante e turista, em circular secreta, o que resulta em queda de 75% da migração judaica.[1]

A política era oscilante entre restrições e exceções, mediante pedidos de pessoas, embora continuasse ilegal o ingresso, sob ameaça de deportação, que só ocorreu em raros casos: o de Olga Benário, entregue grávida aos nazistas pelo Governo Vargas para morrer, e o de Jemy Gleizer.[2]

Negar o Holocausto é negar que mais de seis milhões de judeus foram mortos pela Alemanha Hitlerista. Mas com o fim da Segunda Guerra, chegam os sobreviventes, depois da crise egípcia do Suez e da invasão da Hungria pelos

---

1 *Brasil: 500 Anos de Povoamento*, IBGE, Centro de Documentação e Disseminação da Informação, Rio de janeiro, IBGE, 2000.

2 Ver ainda Lesser, JEFFEY H., *O Brasil e a Questão Judaica: Imigração, Diplomacia e Preconceito*, Rio de Janeiro, Imago, 1995, p. 37; Grimberg, KEILA, *Nova Língua Interior, Os Judeus no Brasil*, pp. 122 a 139. *in Brasil: 500 Anos de Povoamento*, IBGE.

soviéticos em 1956, notando-se que a partir deste período passam a integrar a classe média e à participação no processo político, no comércio, na vida editorial e na intelectualidade, dentre eles, nas artes plásticas, Lasar Segal e Fras Kracjberg; na química Heirich Rheinled; na Biologia Ernest Marcus; nas letras Jacó Guinsberg e Anatol Rosefeld; e Arnaldo Niskier na educação e cultura, que soma em sua produtiva biografia, dentre outras atividades, a Presidência da Academia Brasileira de Letras.

No ano 2000 havia cerca de 100.000 habitantes de origem judaica no Brasil, que é receptivo à comunidade judaica, que repudia discriminação, mas não pode evitar ínfimo grupo isolado em São Paulo, denominado *skin red* de caráter nazi-fascista, que promove ataques a minorias, como aos homossexuais e prega um anti-semitismo repudiado pela sociedade brasileira. Ainda uma banda paulistana, chamada Brigada NS, em 2001 usou a suástica na capa do CD *Retorno à Velha Ordem*, repleta de canções racistas. Os neonazistas mantém similitudes com o pensamento nazista, como por exemplo a limpeza étnica, a raça pura ariana e o ódio pelos judeus ao negarem a existência histórica do Holocausto.

É visível a existência na Europa de um *surto anti-semita*, que levou o Parlamento Europeu a declarar ilegal a negação do Holocausto para coibir o retrocesso nos corações e mentes, embora seja inútil combater deste modo a ignorância humana. Melhor deixar que idéias absurdas sejam derrubadas pela estratégia do debate esclarecido e crítico, que corrige os equívocos nas democracias.

O *Human Rights Watch*, por sua vice-diretora da Divisão da Europa e Ásia Central, Rachel Denher, manifestou que os governos têm sua parcela de culpa pelo crescimento das manifestações nazistas atuais, porque não fazem o bastante para combatê-las nem as inclui nas listas de prioridades.

As atrocidades cometidas durante o nazismo foram de tal número que fica impossível descrevê-las. Registramos aqui a Noite de Cristal, *Krystallnight*, que recebeu este nome porque mais de 400 sinagogas foram queimadas, milhares de negócios e propriedades judias foram arrombadas, vasculhadas e saqueadas. O barulho fora semelhante a cristais destroçados e estilhaçados das janelas de vidro das lojas dos judeus. Este episódio resulta do fato de Herschel Grynszpan, de 17 anos, atirar no terceiro secretário da embaixada alemã em Paris, Ernest von Rath, que morre em razão dos ferimentos. O jovem revoltado era de uma das famílias abandonadas, que não tinham para onde ir, em face da expulsão de quase dois mil judeus poloneses da Alemanha, encaminhados para a fronteira dos dois países, tendo o governo polonês se recusado em recebê-los. O ato do rapaz foi recebido como uma declaração de guerra à Alemanha e uma conspiração judeu-macônica mundial, punida com o episódio sangrento que marca o início da intolerância ostensiva contra os judeus e que deflagra a Noite de Cristal, conforme assinala Rodrigues Guerra.[3]

Em agosto de 2007, manifestações públicas na Alemanha, ao se completarem 20 anos da morte do braço direito de Hitler, o nazista Rudolf Hess, festejado por muitos neonazistas, sugerem avanço perigoso da propaganda da ideologia mais execrável da história da humanidade. No Brasil manifestações e partidos políticos desta natureza são proibidos.

Movimentos de traços nazistas estão crescendo, conforme demonstra o rol a seguir.

EUA – a Aliança Nacional é organização nacionalista, separatista e xenófoba, além e o Partido Nacional Socialista do Povo Branco

Brasil – há grupos, em especial em São Paulo e no Rio Grande do Sul, por exemplo, os carecas (*skinheads* e os *boneheads*, de início movimento estético e de estilo de vida) marcam o movimento xenófobo de extrema direita. Gangues do subúrbio do ABC Paulista e do leste de São Paulo uniram-se aos movimentos dos cabeças raspadas nacionalistas e pregam valores conservadores.

Chile – diversos grupos, dentre eles o Movimento Pátria Nova de Chilenos, baseados no antigo Movimento Nacional Socialista dos anos 30.

Argentina – o Partido do Novo Triunfo, que é neonazista, apresentou-se como Partido Nacionalista dos Trabalhadores nas eleições de 2003.

Reino Unido – grupos neonazistas: Sociedade 9 de novembro, o Combat 18 e a Aliança Nacionalista.

Noruega – o movimento Nacional Socialista da Noruega é um grupo xenófobo que nega o Holocausto.

Dinamarca- o Movimento Nacional Socialista Dinamarquês conquistou 0,5% dos votos nas eleições municipais de 2001, também neonazista.

Rússia – a Unidade Nacional Russa cresceu desde sua fundação e com a queda do comunismo tem força na Estônia, Lituânia, Letônia e Ucrânia.

Alemanha – o Partido Nacional Democrático (NPD) é legenda atualizada do antigo partido de Hitler.

---

3 *JB*, 26.8.2007, p. A26; RODRIGUES GUERRA, Bernardo Pereira de Lucena, *Direito Internacional dos Direitos Humanos Nova Mentalidade Emergente Pós-1945*, Curitiba, Juruá, 2006, pp. 30-32 e 41, sobre o programa nazista; na página 37 trata da *emigração* para a Palestina, como alternativa encorajada pelos *nazistas*, cujos *contratos de transferência* permitia emigrar com parte de seus bens, do que resultou a emigração de cerca de 55.000 judeus para a Palestina, os quais puderam fortalecer seus *laços de comunidade*.

Bélgica – a organização Sangue, Terra, Honra e Lealdade, criada em 2004, teve 17 de seus integrantes presos por terrorismo e racismo.

Croácia – os neonazistas, baseados no ensinamento do líder fascista Ante Pavelic, fundaram a União Democrática Croata nos anos 90.

Suécia – a Frente Nacional Socialista funciona como partido neonazista e o Movimento de Resistência Sueca é *grupo ativista.*

Austrália – *gangues neonazistas*, como a Liga Jovem Patriótica, se dizem nacionalistas radicais, são contra asilo a outros povos e não toleram aborígenes.

Turquia – o Movimento Nacional Socialista Turco é grupo neonazista, luta contra etnias, como curdos, armênios, ciganos e judeus.

Grécia – fundada em 2004, a Aliança Patriótica é partido político nacionalista, contra imigrantes, homossexuais e grupos de esquerda.

Sérvia – a Separação Nacionalista é grupo de notória manifestação nazista, formado em 2004 por adolescentes.

Tais manifestações devem sem coibidas. Por outro lado, manifestações que esclareçam as massas sobre o triste passado devem ser estimuladas. O conhecimento da história pode corrigir o presente e preparar gerações futuras para que não se repitam perseguições contra judeus. A cultura ilustrada liberta enquanto a ignorância aprisiona.

Hanna Arendt, judia mais alemã que religiosa, pensadora respeitada, em obra publicada e questionada, traça o perfil de Otto Adolf Eichmann, um alto funcionário da Alemanha Nazista, considerado carrasco, que organizou o transporte de milhares de judeus para campos de concentração e de extermínio, sob justificativa de ter cumprido seu dever, foi condenado à morte na forca, pela Corte Distrital de Jerusalém, em julgamento que durou de 11.4.1961 a 14.8.1961, por quatro crimes: provocar o assassinato de milhões de judeus; conduzir milhões de judeus a condições que poderiam levar à destruição física; causar sérios danos físicos e mentais a eles; e determinar que fossem proibidos os nascimentos e interrompidas as gestações de mulheres judias em Theresienstadt. A filósofa, na qualidade de correspondente do The New Yorker, revista americana, acompanhou o julgamento, que foi publicado durante cinco semanas, transformado em livro, bombardeado pela imprensa, inclusive a judaica, mas a pensadora mantinha o seu orgulho de ser judia, que para ela era modo de pertencimento no mundo e não como espiritualidade.

Na polêmica obra ela discute qual é a responsabilidade do cidadão por atos cometidos nos quadros da licitude de um Estado que é soberano e reconhecido pelos outros Estados. Tanto que a pensadora ao discorrer sobre a aplicação da pena de morte ao carrasco nazista, comenta o seguinte:

> "(...) política não é um jardim de infância; em política, obediência e apoio são a mesma coisa. E, assim como você apoiou e executou uma política de não partilhar a terra com o povo judeu e com o povo de diversas outras nações – como se você e seus superiores tivessem o direito de determinar quem devia e quem não devia habitar o mundo –, consideramos que ninguém, isto é, nenhum membro da raça humana, haverá de querer partilhar a Terra com você. Esta é a razão humana, é a única razão, pela qual você deve morrer na forca."[4]

Este pensamento hoje está superado com o *Tribunal Penal Internacional*, que pune por prática de crimes, ainda que o subordinado esteja cumprindo ordens, além do fato de que os direitos humanos evoluíram para coibir a sua violação sob justificativa de cumprimento de dever, porque a própria noção de direitos humanos é limitadora da ação estatal.

Observa-se na vida particular da pensadora que ela rompeu relações com Heidegger, que fora seu professor e depois amante, ao tomar conhecimento de suas opiniões pró-nazistas. Porém, ao retornar à Europa em 1949, ela acaba por fazer vistas grossas aos *erros políticos* daquele que, a nosso ver, tudo indica ter sido sua grande paixão, e até o final de sua vida põe em relevo o seu vigor filosófico.

Waldemar Zweiter enfatiza o direito democrático de cidadania e nacionalidade, o direito humano de ser um nacional e manter sua identidade judaica e o direito de ser brasileiro judeu e não de uma suposta *dupla nacionalidade*, conforme ainda muitos imaginam.[5]

---

4 ARENDT, Hannah, *Eichmann em Jerusalém – Um Relato sobre a Banalidade do Mal*. Tradução José Rubens Siqueira, São Paulo, Companhia das Letras, 1999, p. 302; na obra *Origens do Totalitarismo*, Ed. Companhia das Letras, a autora trata *do anti-semitismo moderno*, ao ressaltar que os *judeus* não avaliaram adequadamente quando o *anti-semitismo* deixava de ser discriminatório, para se transformar em argumento político poderoso que unisse a *opinião pública*; sobre a autora ver: CRISTINE-DENAMY, Sylvie, *Hannah Arendt*, Instituto Piaget, 442 páginas, ver ainda KRISTEVA, Júlia, *O Gênio Feminino – A Vida, a Loucura, as Palavras*, Editora Rocco, 240 páginas, no qual a psicanalista trata de três aspectos de Hannah Arendt: o ensaio biográfico sobre Rahel Varhagem e a crítica a Santo Agostinho; as perspectivas sobre *judaísmo, anti-semitismo e a banalidade do mal*; e o itinerário que ela percorreu ao analisar os eventos políticos no contexto de sua vida particular; ADLER, Laure, *Nos Passos de Hannah Arendt*, Ed. Record, 664 páginas.

5 *A Gênese Judaica dos Direitos Humanos*, Topbooks Editora.

2. Ciganos e povos nômades

Os ciganos hoje, aproximadamente 15 milhões por todo o mundo, são sedentários, nômades e seminômades. O tamanho do território brasileiro facilita o *nomadismo.*

Os primeiros grupos saíram da Índia, no sul de Send, norte de Nova Déli, para fugir da guerra. No final do século VIII (*etnia kshatriyas sinds*) e depois no século XII (para os *rajaputros*), para historiadores, embora existam outras teses sobre as origens.

Viajantes pela Europa desde o século XIV, receberam o apelido de *bohémien* (boêmio) em razão da Boêmia na França.

O primeiro registro é de 22 de agosto de 1419 no departamento de Ain, em Châtillon-sur-Chalaronne, naquela ocasião em Châtillon-en-Dombes. Depois encontrados em 1422, em Tournai, a seguir, Paris, em 1427, Troyes, em 1442, e Mâcon, em 1452, Os grupos eram bem estruturados e enviavam um embaixador às autoridades de cada localidade, qualificado de *capitão de companhia*, que apresenta cartas de representação da Boêmia, Polônia e Hungria e as carroças instaladas na cidade por alguns dias, até partirem, por volta do século X, por razões desconhecidas dos historiadores, migrando para a Romênia, onde há maior concentração (cerca de 1,8 milhão) de ciganos. Atualmente somente 5% destes são nômades.

Na Europa há cerca de 10 milhões de ciganos, concentrados principalmente em 10 países, onde são conhecidos como *romãs*.

O vocábulo cigano é genérico. Existem subdivisões e famílias que mantém tradições e culturas próprias.

No Brasil há dois grandes grupos: *rom* e *calom*. Os *rons,* por todo o mundo considerados autênticos, eram ferreiros, que hoje trabalham com parafusos, chaves, pregos, ferramentas e objetos de couro, pois os antigos traficantes de cavalos hoje negociam carros, são excelentes comerciantes, mecânicos, vendem jóias, ouro, roupas e tapetes Os *caloms*, com maior concentração em Andaluzia na Espanha, também na África do Norte, Portugal e sul da França, foram deportados e outros emigraram para a América. Estes, em especial no Rio de Janeiro, podem ser encontrados entre juízes, promotores, oficiais de justiça, policiais e advogados. Hoje a apresentação da cartilha dos ciganos afirma que *Rom* é todo e qualquer cigano e *Kalom* é um dos clãs que integram os ciganos. No Brasil há sete clãs, que são denominados: *Kaderash, Moldowaia, Sibiaia, Roraronê, Kalê, Lovaria e Mathiwia.*

Em razão das perseguições ou de preconceitos a grande maioria dos ciganos esconde sua identidade e ao integrarem o cotidiano dos não-ciganos cada vez mais perdem as características originais.

A bibliografia sobre o tema é rara, mas a monografia de Cláudia Camargo de Campos, em entrevista com o então presidente da União Cigana do Brasil, Mio Vassicht, reproduz a explicação:

Pelas manchetes dos jornais, cigano é rotulado como ladrão, ocioso e assassino. Esses fatos fizeram com que o *rom*, juiz de direito, que não quis se identificar, negasse a raça: "Tenho prestígio entre os meus colegas e se eles souberem que sou cigano não vão mais confiar em mim. Por isso, preciso negar a minha ciganidade. Nós estamos caminhando, a passos largos, para a extinção. Alguns ciganólogos previram que daqui a 200 anos não haverá mais ciganos e eu acredito nisso", disse o juiz para Vassicht.[6]

A UCB nasceu de um racha do antigo Centro de Estudos Ciganos e um grupo de ciganólogos e antropólogos elegeu o cigano Mio Vassicht para iniciar o movimento de divulgação da cultura, a fim de evitar estereótipos inverídicos sobre os ciganos, ponto de referência para roteiros e documentários. Esta organização luta para que ciganos não neguem sua ciganidade e, como paradoxo, que se desmistifiquem as raízes ciganas de pessoas que não as possuem e assim, muitas vezes, com atitudes inadequadas, contribuem para acirrar o preconceito contra os ciganos na Sociedade Gadjè, isto é, não cigana. Há discriminação, ainda em meio que se supõe esclarecido, que atinge ciganos que alcançaram posição social e profissional destacada, conforme relatou Camargo de Campos,[7] no episódio com o calom Oswaldo Macedo, entrevistado em 1990, que contou o seguinte:

> "Certa vez, quando palestrante no Seminário da Primeira Semana Cigana, na Casa (...), ao me dirigir para o local com uma amiga, também cigana, fui rejeitado pela Diretora do Museu (...). Ela só faltou esconder seus objetos e depois perguntou qual era a minha profissão. Eu lhe disse: "Sou cirurgião de urgência, tenho outros títulos, mas talvez, não lhe interesse em face desse nosso primeiro tropeço. Ou seja, ela hostilizou um cigano que é um homem igual aos outros."

6 *Ciganos e suas Tradições*, Ed. Madras, São Paulo, p. 84; a UCB nasceu de um racha do antigo Centro de Estudos Ciganos e um grupo de ciganólogos e antropólogos elegeu o cigano Mio Vassicht para iniciar o movimento de divulgação da cultura a fim de evitar estereótipos inverídicos sobre os ciganos, ponto de referência para roteiros e documentários.

7 Ob. cit., p. 88.

Os ciganos são perseguidos e estereotipados, esquecidos pela historiografia oficial e discriminados e à margem da classe dominante.

Foram usados pela família real de Espanha, enquanto precisaram deles para combater a invasão otomana e lhes emprestavam parcelas do campo para instalação do acampamento. Mas fora do perigo do exército árabe desaparece a boa recepção que lhes fora dispensada e muitas vezes foram usados como bode expiatório nos tempos dos salteadores, cuja reputação passa a persegui-los permanentemente.

Em 1565, na Tourraine, em Loches, embora exibissem sua carta-patente do rei, foram obrigados a dar seus cavalos como garantia, em face da suspeição de possíveis furtos. Luís XIII adota legislação de 1996, que permitia prisão a *título de prevenção*, sem qualquer processo contra os ciganos.

A reputação de ladrão deve-se à literatura mais barata, fantasiosa e lendária que os estigmatizou, além de escritores de escol, conforme Cervantes, que lhes atribui o seqüestro de uma menina na obra História.

A crise européia pós-Guerra dos 30 Anos acirra a rejeição aos ciganos, que são proibidos de trabalhar e obrigados à mendicância.

Luís XIV visa a expulsão dos ciganos da França, assim declarando a negativa de empregá-los, bem como de aceitá-los no exército privado, seguida por legislações repressivas em toda a Europa, que culmina com a deportação para as ilhas das Américas e a venda como escravos, no Regulamento dos Estados de Navarra, em 1713, expulsos das feiras e raspada a cabeça dos recalcitrantes. Todas as acusações incidem sobre eles.

Antoine Alexandre Reihart, ou cigano Antoine de Lagrave, na Alsácia, apontado como ladrão por jornais sensacionalistas e executado em 1782, acusado de canibalismo, em processo na Hungria, que condenou 150 ciganos, dos quais 18 mulheres foram decapitadas, cinco homens enforcados e o resto encarcerado.

A França com vistas a controlar a população que crescia na Europa, entre 1844 e 1855, exige caderneta antropométrica, que obriga todos os nômades a se apresentarem às autoridades em cada deslocamento.

Pouco se conhece sobre o genocídio sofrido na Segunda Guerra. Com o estigma de nômades os ciganos foram sacrificados na Polônia, em Auschiwitz, na câmara de gás, por decisão dos nazistas, em 2.8.1944, no total de 2898 nômades, incluindo mulheres e crianças.

Atualmente a Alemanha tenta se redimir do passado. O Estado Alemão de Rhineland-Palatine, que é a maior região em concentração de ciganos, assinou um acordo entre Kurt Beck e o líder cigano da região, Jacques Delfeld, que prevê, dentre outros pontos, a valorização da cultura do grupo e o ensino da língua cigana nas escolas estaduais. Importante medida tomou a Alemanha, após séculos de perseguição e discriminação, para finalmente os ciganos serem reconhecidos como etnia.

As formas de discriminação persistem na Europa e são variadas: crianças ciganas pobres enviadas para escolas de alunos com problemas mentais; ausência de cultura cigana nas escolas.

Anita Vlcek, estudante tcheca, em sua tese, elenca os testes psicológicos impostos a estas crianças para segregá-las, em *A Integração dos Ciganos Através da Educação*, dentre eles o seguinte: a professora enquanto entrevista a mãe e sua criança, joga uma bola no chão; a mãe não sabe que se trata de um teste, pega a bola e o aluno foi rejeitado por ser muito lento.[8]

Nos países do Leste Europeu, após a divisão das nações originais, na antiga Thecoslováquia, União Soviética e Iugoslávia, agora novos territórios, os ciganos, que não conseguiram a cidadania no país e migraram, acabam na miséria e nas ruas. Durante o período comunista todos tinham as mesmas chances de trabalho, mas depois, com a competição do mercado, ficaram desempregados e pobres.

Daí a discriminação é grande, por exemplo, os tchecos falam *dobry den* (bom dia) para todos, salvo para os ciganos.

Os 10 milhões de ciganos na Europa estão assim distribuídos: Romênia – 1.850.000; Bulgária – 750.000; Espanha – 700.000; Hungria – 700.000; Sérvia e Montenegro – 450.000; República Eslovaca – 435.000; Turquia – 400.000; França – 310.000; Alemanha – 100.000.

Em 1971, o 1º Congresso Cigano admite hino e bandeira; em 1976, ocorre o 1º Festival Internacional Cigano; em 1977, as Nações Unidas, para prevenção de discriminação e proteção de minorias, convocam os países com população cigana para ampararem seus direitos; em 1978, em Gênova, ocorre o 2º Congresso Mundial Cigano, em 1981, o 3º, na Suécia, e o 4º, em 1990, na Polônia. A bandeira adotada é metade azul celeste e a outra metade verde-relva, que simbolizam o céu e a terra respectivamente, com uma roda de carroça no meio com 16 aros, que simboliza o nomadismo.

Na França, Inglaterra, Hungria, Itália e Índia há instituições de amparo e melhoria dos direitos econômicos, culturais e sociais destes grupos e na Macedônia há três partidos, um prefeito, canais de rádio e televisão em língua cigana e representantes no Parlamento. A língua cigana é próxima das modernas línguas indo-européias do norte da Índia e do Paquistão, uma forma de idioma

8 Monteiro, ROZANE, "A intolerância passada a limpo", *in JB*, p. A14.

romanês, que a antropologia relacionou com as línguas *punjabi* e *potohari*, do Paquistão.

No Brasil registra-se a chegada dos ciganos em 1698, no Maranhão, da primeira etnia *calon* (ou *kalé*), que integrava o grupo da Península Ibérica, deportada de Portugal.

Em Portugal as Ordenações do Reino Português proíbem os ciganos e seus descendentes de ocuparem cargos públicos, eclesiásticos e de receberem títulos honoríficos e as Ordenações Filipinas, os proibiam de entrarem no reino. João V (1689-1750) estendeu as proibições da presença cigana para o ultramar português, atingindo o Brasil.

Primeiro habitavam os brejos, depois o largo do Rossio, hoje Praça Tiradentes, depois foram para a atual Rua da Constituição, no Rio de Janeiro. Por um lado alguns foram deportados, outros enriqueceram, incluindo comerciantes de escravos.

O país incluiu o branco, o negro e o índio na consolidação da nação brasileira, excluindo a presença cigana no discurso nacionalista e do registro oficial histórico, para deixá-la à margem da chamada boa sociedade.

No Brasil os ciganos ainda sofrem perseguições e discriminações. Hoje começam a se organizar para manter suas tradições e se proteger das discriminações, porque não se pode olvidar que ciganos nascidos no Brasil têm os mesmos direitos de cidadão brasileiro e mais os direitos inerentes à minoria étnica, reconhecida pelos organismos internacionais e declarações internacionais de direitos.

Em 2006 os ciganos levaram à Presidência da República reivindicações sobre discriminações no exercício de direitos, que totalizaram 25 propostas para proteção dos ciganos e de suas tradições, fruto das propostas apresentadas na I Conferência Nacional de Promoção da Igualdade Racial, e após a IX Conferência Nacional de Direitos Humanos, a I Conferência Estadual. O Presidente da República sancionou um Decreto, que cria o *Dia Nacional do Cigano*, para que todos façam reflexão sobre o povo cigano, que marca o período em que o governo brasileiro se dispõe a dar ao povo cigano oportunidades iguais às dispensadas às outras etnias ou grupos que se sentissem discriminados. À delegada na IX Conferência Nacional de Direitos Humanos, Mirian Stanescon Batuli-Rorani (nome cigano), cigana do clã Kalderash, advogada, deve o povo cigano a luta pelo acolhimento das propostas e a autoria da *Cartilha Cigana*, que é realização das Secretarias de Direitos Humanos e a especial de Políticas de Promoção de Igualdade Racial, Secretaria da Identidade e da Diversidade Cultural e Fundação Santa Sara de Kali.

Dentre as principais propostas ciganas apresentadas e aprovadas na IX Conferência Nacional de Direitos Humanos e na I Conferência Nacional de Promoção Social, que estão no âmbito dos direitos e das políticas públicas, da educação, saúde e cultura, da comunicação, uma delas consideramos urgente: o respeito às barracas ciganas (*thieras*) e, nos acampamentos, à inviolabilidade. Se, à luz do art. 5º, inciso IX, da CF/88, toda pessoa está protegida pela inviolabilidade do domicílio, se a casa é o asilo inviolável do indivíduo, nela ninguém pode ingressar sem o consentimento do morador, salvo para prestar socorro ou durante o dia por ordem judicial, também a barraca em acampamento está protegida pelas mesmas garantias, porque é a casa dos ciganos, especialmente os mais pobres, que sofrem com invasões a qualquer hora. Os ciganos estão submetidos e protegidos às mesmas normas constitucionais, conforme qualquer outra pessoa. As invasões que sofrem os ciganos mais carentes, por todo o território nacional, ocorrem por falta de conhecimento dos próprios direitos entre os ciganos e das autoridades policiais, que agem de modo arbitrário, ao arrepio da Constituição Federal em vigor.

Para que os direitos humanos dos ciganos sejam respeitados é preciso primeiro a conscientização dos próprios ciganos sobre seus direitos e garantias, que prescinde de educação, a fim de capacitá-los para enfrentar os conflitos e saber exigir do Estado o exercício e respeito aos direitos.

A discriminação é tanta que algumas personalidades nasceram ciganas, mas quase ninguém tem conhecimento, salvo em pesquisas muito discretas.

A Índia assume o cigano nômade como indiano. Quando um cigano não tiver nacionalidade por discriminação, em qualquer parte do mundo, poderá procurar ajuda em qualquer representação diplomática da Índia e será atendido.

A Declaração de Universal de Direitos do Homem e a Convenção sobre a Eliminação de Todas as Formas de Discriminação Racial da ONU trataram de modo genérico dos direitos individuais, mas não tratou de direitos específicos de minorias étnicas. Já o Pacto Internacional de Direitos Civis e Políticos mencionou direitos de minorias étnicas, religiosas e lingüísticas, sem definir o que eram as minorias. Em 1992 a Comissão de Direitos Humanos da ONU publica a Resolução nº 65, sobre *A Proteção dos Rons*, que se limita a solicitar estudos e medidas para eliminar a discriminação contra ciganos.

As Recomendações e Resoluções do Conselho Europeu, embora demonstrassem preocupação com os direitos e interesses dos ciganos, não apresentaram resultados na prática, apesar da Convenção sobre os Direitos das Minorias e da publicação de livros de estudos sobre os ciganos.

No Brasil os ciganos estão por toda parte. O Presidente da República sancionou Decreto, que cria o *Dia Nacional do Cigano*, o *Dia de Santa Sara*

Kali, Padroeira dos Ciganos, 24 de maio, e determinou, no art. 2º, que as *Secretarias Especiais de Políticas de Promoção da Igualdade Racial e dos Direitos Humanos da Presidência da República* apoiarão as medidas a serem adotadas para comemoração deste dia. Isto indica a disposição do Estado em começar a cuidar para que os ciganos sejam respeitados em qualquer parte do território brasileiro e de corrigir erros e injustiças de séculos, para que cada cigano possa viver livre de discriminação, onde possa educar suas gerações, sem renegar ou esconder a origem cigana, com medo de represálias e perseguições, podendo difundir sua arte, sua música, suas tradições e costumes, sua alegria e seu pensamento: Minha terra é o Planeta/ Meu teto é o Universo/ Minha religião é a Liberdade.

3. POPULAÇÕES INDÍGENAS

Em 1492, quando Colombo chega à América, havia cerca de 40 milhões de habitantes, os nativos, mas no final do século XVI somente pouco mais de um milhão, por conta de lutas contra ou a favor dos europeus, epidemias, trabalhos forçados e suicídios coletivos, porque não resistiram à perda de cultura e dos valores, que os colocavam em descompasso com seu *habitat* natural. A este fenômeno os estudiosos denominaram genocídio cultural, não amparado pelo direito positivo.

Las Casas,[9] pregador da Ordem Dominicana, entrincheirou-se nas colunas em prol dos indígenas, promovendo sua luta de todas as formas, em obras literárias, reflexões jurídico-filosóficas, dentre as quais as obras História da Las Índias, Apologética Sumária e *De Único Vocationis Modo*. Nomeado para o bispado e com o seu prestígio, elabora o Manual Confessionário, no qual impedia os colonos de se confessarem, em caso de prática de agressão violenta e cruel contra os índios.

Indígenas usados em guerras de independência no período de consolidação da fronteira, são expulsos sistematicamente pelos americanos, que implementaram uma política de extermínio.

Assim, as populações indígenas naquele período e posteriormente permanecem à margem da política e dos movimentos revolucionários, salvo quando

9 Bartolomé las Casas: O Apóstolo dos índios da América Espanhola no Século XVI, *in Correio da UNESCO,* ano 3, nº 8, Fundação Getúlio Vargas, 1975.

utilizados, mas nunca na qualidade de integrantes de uma nação, isto é, fora dos projetos dos Estados-Nações Americanos.

A exemplo disto foram massacrados por guerrilheiros e contra-guerrilheiros na América. Em movimentos revolucionários na Nicarágua, El Salvador e Guatemala, nas décadas de 70 e 80, incluídos como campesinato e não como indígenas.

Em 1987, criadas regiões autônomas no continente americano, o indígena passa a reivindicar e mobilizar-se em prol do reconhecimento da diversidade cultural nas diversas nacionalidades, como por exemplo, em 1991, no Equador, sem ruptura com o Estado. O Peru passa a incluí-los no discurso da guerrilha, respeitadas as origens, mas a população fica alheia às disputas políticas, tendo sido ainda usados no México pelos zapatistas, que se fizeram seus porta-vozes em barganhas de serem seus representantes.

No Brasil a população nativa no século XVI era de milhões. Há indício da presença humana entre 11 e 12 mil anos atrás. Hoje foram reduzidos a pouco mais de 300 mil indígenas.

Havia mais de 1,3 mil línguas indígenas à época do descobrimento, hoje apenas 180, salvo os isolados sem contato.

Em 1993 há o reconhecimento legal da diversidade étnica, cultural e lingüística, respeitados o bilingüismo, especificado e diferenciado, com a elaboração do referencial curricular nacional para as escolas indígenas, escola-espaço do diálogo entre a cultura e resgate da memória indígena e valorização das línguas e construção de um sistema de conhecimento e valores nativos. Entretanto, a maioria das escolas nas comunidades indígenas do Amazonas foi construída pelos próprios indígenas, sem quadros e cadeiras e, sem transporte escolar. Aumentou o número destas escolas, entre 2002 e 2006, de 1.706 para 2.422, das quais 63,2 % estão na região norte. Há aproximadamente 600 escolas em comunidade indígenas, das quais parte delas não recebe a merenda escolar e nestas comunidades não se respeita a alimentação tradicional dos índios, incluindo refrigerante e massas, enquanto em outras, 43% delas, nem recebem merenda. Pesquisas, conforme as da COIAB (Coordenação das Organizações Indígenas da Amazônia Brasileira), indicam que a migração aumenta para capitais, porque os pais, preocupados com a formação dos filhos, deixam as aldeias para trabalho de mão-de-obra barata na área urbana, além da discriminação que sofrem.[10]

Comenta Rosani Moreira Leitão que a busca de forma criativa, consciente ou não, de adaptação a uma realidade é, ao mesmo tempo, ambíguo mas inevi-

10 *Estado de São Paulo*, 25.3.2007, p. A2.

tável. Se por um lado preservar a língua materna e a identidade indígena é condição para sobrevivência das nações indígenas, como grupo étnico específico, as tendências de um sistema globalizante produzem, sobre ela, efeitos contraditórios, às vezes de negação da própria identidade. [11]

A história do povoamento indígena no Brasil é, antes de tudo, uma história de despovoamento.[12]

Na história da colonização brasileira havia semelhanças entre os *negros da terra* (índios) e os *negros da Guiné*, ambos próximos no trabalho compulsório e na escravidão.

A submissão dos nativos oscilou entre guerra e catequese, embora o processo missionário jesuíta, em 1549, evoluíra para a criação de barreira à escravidão do índio, com apoio da Coroa, que edita leis de 1570 e 1690, restringindo a escravidão. Sem fiscalização não foi suficiente para impedi-la nos século XVI e XVII.

O padre Antônio Vieira opunha-se àquela situação. Por outro lado, a lógica dos colonizadores, com a catequese, visava acabar com as diferenças étnicas e culturais, promovendo a homogeneização.

As populações indígenas faziam alianças com os colonizadores contra as *nações* rebeldes aos portugueses e outras lutavam contra os europeus.

Após inúmeros conflitos, nova fase incentiva o casamento entre índios e brancos, com o Alvará de 7 de abril de 1755, que dava preferência na posse das terras onde ficassem com suas famílias, abolindo juridicamente a distinção entre ambos e a *limpeza de sangue* dos estatutos portugueses sobre descendência indígena.

Na prática a conversão à civilização não se deu porque os indígenas eram ainda mão-de-obra barata e súditos de segunda classe.

No século XIX a população foi devastada. D. João VI, em 1808, abre guerra contra os *botocudos*. Após a Independência, o país retorna à idéia de integração e adoção da prática civilizada para índios, sob inspiração de Pombal, mas a Constituição 1824 não mencionou a existência deles.

---

11 Estudantes indígenas em escolas de branco: expectativas e dificuldade, *in Relações Sociais e Grupos Socialmente Segregados*, org. OLIVEIRA, Dijacid David de *et al.*, Brasília, Movimento Nacional de Direitos Humanos, pp. 87-88.

12 VAINHA, Ronaldo, *História Indígena, in Brasil: 5000 Anos de Povoamento*, IBGE, pp. 37-45.

O Regulamento das Missões, de 1845, é o único documento imperial com relação ao aldeamento para transição e *assimilação dos índios*, embora a política não acompanhe o progresso da cultura nacional.

Na República nasce o Serviço de Proteção ao Índio (SPI) e a Localização do Trabalho Nacional (SPILTN).

O Marechal Rondon, sob as ordens de Hermes da Fonseca, afirma a tutela militar dos índios pelo Estado, com vistas ao *soldado-cidadão*, designado para demarcar terras indígenas e civilizar quem ficasse à margem da nação.

Na década de 30 o retorno à idéia nacionalizante de integrar os índios à nação, como *guarda de fronteiras*, corroborada pelo Estado Novo, que pretendia transformá-los em trabalhadores rurais, conforme a *Marcha para o Oeste* do famigerado Departamento de Imprensa e Propaganda.

A ação articulada entre o SPI e a Fundação Brasil Central propiciou trabalhos produtivos sob o ponto de vista antropológico dos irmãos Villas Boas e o SPI é substituído pela FUNAI em 1947, que tutela o índio.

Destacaram-se na construção da política voltada às etnias dos grupos indígenas, em oposição à noção estereotipada, Darcy Ribeiro, Levi-Straus e os irmãos Villas Boas.

A Constituição de 1988 reconhece a diversidade cultural e étnica dos indígenas, o direito de posse com usufruto das terras tradicionalmente ocupadas por eles e que pertencem à União, a quem compete o processo de legalização e demarcação.

O processo de delimitação da área indígena no Brasil permite prazo para contestação do Estado, Municípios e terceiros, o que propicia longas discussões, antes que o Ministério da Justiça delibere.

Em 1980, o cacique guarani Ângelo Creta, vereador eleito pelo MDB, foi assassinado na reserva de Mangerinha, no Pará, 10 anos após o massacre dos yanomamis, em Roraima.

Hoje a população indígena transita entre os dois códigos: do branco e do índio. Ela tem dificuldades de criar formas permanentes de representação, em face da diversidade das etnias e da geografia dispersa.

Em 1996 cresceram os conflitos naquelas terras, com registros de invasões por não-índios, especialmente garimpeiros. Os episódios acarretaram mortes, lesões corporais e ameaças de mortes contra índios.

Cumpre à FUNAI, à Polícia Federal e ao Ibama, desde 1990, a fiscalização de terras indígenas, embora existam ainda 45 notificações de grupos isolados não contatados pelo homem branco, identificados como novos grupos: canoé e akuntsu em Rondônia e corubo no Amazonas, sem que se conheça o número de integrantes nem seu idioma.

Desde 1988 a Constituição atribui ao Ministério Público Federal a defesa de direitos indígenas (art. 232), os quais eram até então atribuição exclusiva da FUNAI. A Procuradoria da República criou coordenadoria específica, bem como para defender minorias étnicas (art. 6º, VII, *c*) e para isto abriu concurso para contratação de 10 antropólogos, porque precisava de perícia.

O índio que já está aculturado responde pelos atos praticados à luz da legislação brasileira, inclusive do Código Penal, mas aquele que ainda não está adaptado à cultura do branco não responde por seus atos, embora ambos sejam índios brasileiros e devam estar sob a égide da bandeira brasileira. As terras tradicionalmente ocupadas por índios são terras da União.

As condições de vida nas tribos em geral são precárias. O contato com o branco propiciou o consumo de álcool, pela troca na exploração de mão-de-obra na extração de madeira nas reservas indígenas. Campeia a barganha ilegal entre índio e não-índio, de tudo que traduza lucro material ao não-índio, sem controle ou restrições das autoridades, que não coíbem o aliciamento e a prostituição de jovens e adolescentes indígenas.

Outro fato preocupante são os dados oferecidos pelo Ministério da Justiça: 581 índios em penitenciárias do país, dos quais a maior concentração é no Estado do Mato Grosso do Sul. Por outro lado o CIMI (Conselho Indigenista Missionário) informa que em 2007 foram 53 índios assassinados neste Estado.

A imputabilidade do índio é medida conforme sua consciência para entender o caráter ilícito da conduta, que depende neste caso da condição de aculturamento do indígena, para responder ou não pelos atos praticados, de acordo com a legislação brasileira.

A questão ainda é polêmica porque implica da velha discussão do etnocentrismo, não mais aceito. Uma corrente entende que índio pode ser acusado como qualquer outra pessoa, enquanto a outra defende que o não-aculturado é inimputável.

Altas taxas de suicídios e de doenças sexualmente transmissíveis são fruto do abandono pelo Estado, apesar dos esforços do Ministério da Saúde, que instalou Distritos Sanitários Especiais Indígenas para vacinação. A taxa de mortalidade infantil, que baixou de 94 para 56 mortos por mil nascidos, ainda é insatisfatório, assim como a condição humana daquela população, à margem da proteção da máquina estatal.

Longe estamos de reconhecer o bem-estar das populações indígenas. Além da demarcação de terras, urge combater as invasões, explorações e massacres, por conta da cobiça pela riqueza do solo e subsolo.

A região dos índios cinta-larga, na Raposa Serra do Sol, sofre pelas invasões reiteradas de garimpeiros. Não foi suficiente o massacre de 29 garimpeiros em 7 de abril de 2004, quando 24 índios foram indiciados. O poder público não consegue coibir a exploração daquela área, onde se encontra uma das maiores riquezas do planeta, o diamante azul, o mais valioso, cuja grama equivale a um automóvel popular. O governo determinou o fechamento do garimpo, que não parou, e uma policial foi presa ao sair de Rondônia com diamantes em suas roupas íntimas.

Há enorme área devastada, naquela região, pelo garimpo, que usa escavadeiras, caminhões e instala barracas permanentemente, enquanto os índios vivem na pobreza.

A falta de definição sobre a destinação das riquezas faz permanecer, sob risco de confronto entre índios e garimpeiros, uma região que poderia contribuir para solução de vários problemas brasileiros.

Permanecem os conflitos na Reserva da Raposa Serra do Sol, onde há duas correntes de pensamento entre os próprios indígenas: uma que quer a manutenção de não-índios na região, para uma troca de toda natureza, inclusive de gêneros alimentícios; outra quer exclusividade e terra contínua na extensão, o que é contestado por quem teme pela independência daquelas populações, com a perda de território do Brasil.

Em maio de 2008 eclode uma tensão anunciada, que é o conflito entre os índios e os produtores de arroz na reserva Raposa Serra do Sol. O decreto do Presidente da República, em abril de 2005, que demarcou terras contínuas, gerou insatisfações. Duas associações indígenas nesta área defendem filosofias diferentes: pela demarcação contínua, defendida pela Igreja Católica, e sem a presença dos produtores: outra associação, com apoio dos evangélicos, quer a permanência dos arrozeiros, defendendo a soberania e a convivência de índios e não índios.

Faixa de fronteira, segundo a Constituição de 1988, art. 91, § 3º, é área de segurança do território nacional, portanto deve receber tratamento especial. Ora, a Reserva Indígena Raposa Terra do Sol está na fronteira com a Venezuela e a Guiana. Logo, trata-se de área estratégica e, por isso, deve ser tratada com atenção especial.

A questão é difícil quando índios queimam a mata para criação de gado, como herança do homem branco.

Há necessidade urgente de impedir a apropriação da cultura indígena por missões estrangeiras, que visam em sua maioria interesses, que não são os da população nativa, senão vejamos a seguir dados preocupantes:

O Grupo de Trabalho da Amazônia, coordenado pela Agência Brasileira de Inteligência (ABIN), em relatório de 2006 condenou a demarcação da Reserva

Indígena Raposa Serra do Sol e fez denúncias sobre o crime organizado naquela área.

No relatório da GTAM, na ausência do Estado as ONGs estrangeiras exercem influência nas áreas indígenas, atuando na Amazônia Legal 115 ONGs.

Vejamos alguns dados: 206.682 índios divididos em 163 povos: terras indígenas representam 12,9% do território nacional: 611 reservas, que ocupam 106 milhões de hectares, dos quais 98,6% estão distribuídos em 414 reservas na Amazônia.

No Brasil vivem 460 mil índios (0,25 da população brasileira), não contabilizados pela FUNAI 100 mil índios que vivem em áreas urbanas ou tribos isoladas: regiões ricas em diamante na Reserva Roosevelt (2,7 milhões de hectares de Rondônia possuem 15 vezes mais do que a maior mina situada na África, na região de Carajás, no Pará); 412 mil hectares com ferro, manganês, cobre, níquel e outro também em Mato Grosso e Roraima; no Rio Trombetas, Pará, a bauxita e em Roraima a cassiterita, urânio e nióbio. O nióbio é mineral para indústria nuclear. Também a floresta é *habitat* natural de 324 espécies de mamíferos e cerca de mil espécies de pássaros e de cinco mil espécies vegetais, totalizando mais de 10 milhões de espécies vivas na Amazônia.

Em meio a toda a riqueza vivem as populações indígenas e os povos da floresta vulneráveis ao assédio e à cobiça estrangeira, por vezes travestida de missionários e benfeitores, que fazem daquelas populações alvos fáceis aos seus objetivos inconfessáveis.

A *Declaração Universal dos Direitos dos Povos Indígenas*, aprovada pela ONU, deve receber especial atenção do Brasil, porque as terras ocupadas por índios, além da vasta extensão, é manancial de riquezas.

Esta declaração de direitos, a pretexto de defender direitos humanos dos indígenas, foi aos poucos transformada, para finalmente incorporar as verdadeiras intenções políticas e econômicas de países que cobiçam a Amazônia, sob o disfarce de defensores do meio ambiente.

O Brasil votou a favor da declaração que contém no texto que os índios têm autodeterminação, direito de vetar atividades militares, liberdade em relação aos Estados nos quais vivem, pleno reconhecimento de suas próprias leis, de terem livres as “estruturas políticas, econômicas e sociais, especialmente seus direitos a terras, territórios e recursos”, que as decisões do Judiciário sobre conflitos em que o índio seja parte possa ser revista por tribunais internacionais, direito a pleno reconhecimento de suas próprias leis, dentre outros. Portanto, dispositivos que reconhecem direitos que, se exercidos em nosso país, levaria à ofensa à integridade do nosso território e à soberania do Estado Brasileiro.

Aliás, aberração jurídica porque é pacífica a noção de que os tribunais internacionais são complementares, não são tribunais de revisão dos julgados nacionais em direitos humanos conforme estabelece todo o Direito Internacional e o Direito Internacional dos Direitos Humanos.

A partir desta *Declaração de Direitos Indígenas da ONU*, as tribos na América Latina, com mais facilidade alcançam a autonomia, para depois adquirirem independência em relação ao governo central. Em 12 abril de 2008 cinco tribos e seus líderes, após declaração de autonomia, iniciaram a redação dos seus estatutos, todas dentro do território mais rico dos departamentos que visam tornarem-se autônomos, em ato na Confederação Indígena do Oriente Boliviano (Cidob), na cidade de Santa Cruz de La Sierra. Naquele país há 36 tribos, que preenchem as condições da *Declaração dos Direitos Indígenas da ONU* para uma autonomia que a nova Constituição do país admitiu.

Espera-se que o Estado Brasileiro não entregue terras de riqueza incalculável à cobiça estrangeira e que o índio seja indígena brasileiro, respeitado na sua diversidade cultural, mas lídimo integrante do povo e, como tal, não pode ser separado, preservando-se a integridade territorial e a soberania brasileira. A história não perdoará aqueles que recortarem o território para entregá-lo à satisfação de interesses outros que não sejam os do nosso país.

A mencionada Declaração da ONU não visa o bem-estar do indígena, mas é uma articulada estratégia para tornar aqueles povos independentes e, neste caso, sendo despreparados para administrar a riqueza, ensejariam, então, a intervenção de outros grupos ou Estados. Índios e não-índios, no território brasileiro, inclusive em faixa de fronteira, estão sob a égide da bandeira brasileira. Qualquer ato contrário caracteriza afronta à bandeira nacional.

Este é o desafio dos estudiosos em direitos humanos: compreender e distinguir a real defesa de direitos humanos e interesses espúrios travestidos de direitos humanos, que ocultam objetivos inconfessáveis e de conseqüências imprevisíveis.

4. ÁFRICA E DESCENDENTES

A África sobrevive à colonização, a exploração de seus filhos, por séculos, e além das questões econômicas, o problema das etnias em conflito. No Quênia, por exemplo, vivem 29 etnias, e a expectativa de vida não passa de 49 anos; metade vive abaixo da linha da pobreza, mas é um país do qual dependem outras vítimas que transitam por seus estreitos, para alcançar Oceano Índico, sendo o principal entreposto do oeste da África para a Ruanda, Uganda, Burundi e República Democrática do Congo.

O sofrimento de uma população, que por séculos sangrou suas riquezas para os povos de outros continentes e após tantas lutas por independência de suas terras e de seus descendentes, em conflitos internos, ainda busca encontrar o único caminho para a felicidade e a democracia.

O continente africano convive com regimes ditatoriais, que eclodiram a partir do processo de descolonização. Em 2008 o continente celebra o 50º aniversário de sua primeira independência, em 1958, que foi em Gana.

Alguns ditadores, que se mantém no poder foram líderes pela libertação, mas sufocaram o nascimento de partidos e de movimentos políticos. Daí a falta de liberdade política e o golpe de Estado para manutenção no poder, com o uso da força sobre um povo sofrido e espoliado.

Há países africanos sem liberdade política, outros com pouca liberdade e poucos com liberdade. Alguns deles promovem eleições para desfazer a idéia de ditaduras, mas os pleitos são eivados de ilegitimidade, segundo os organismos internacionais. Segundo a ONG *Freedom House*, os países com piores indicadores econômicos e sociais são aqueles sem liberdade e com liberdade parcial. Em Angola, após a guerra civil, as eleições parlamentares programadas para 2006 foram adiadas para setembro de 2007 e as presidenciais para 2009 pelo presidente, que se mantém no poder desde 1979, mas que conseguiu aumentar os investimentos na saúde, educação e infra-estrutura para moradias nos últimos anos e obteve leve melhora nos indicadores de pobreza e por isso o país teme um retrocesso na sua saída do governo.

O *princípio da tolerância* é caminho para paz e democracia.[13] Este princípio prevalece para que os discriminados historicamente não se tornem também discriminadores, porque brancos e negros no Brasil são *cidadãos brasileiros*.

A política do *apartheid*, de *segregação racial*, oficializada em 1948 na África do Sul, quando o novo Partido Nacional chegou ao poder, que proibiu aos negros o acesso à propriedade da terra, à participação política e ao casamento com brancos, perdurou até 1992, quando o plebiscito só para brancos votou o seu fim. Os negros viveram em zonas residenciais subjacentes e, após o massacre de Sharpeville, em 1960, quando a polícia matou 67 negros, o Congresso Nacional Africano fez campanha de desobediência civil e seu presidente Nelson Mandela foi preso em 1962 até 1990. O presidente eleito do Congresso, Frederik Klerk, revogou leis raciais e o Congresso recuperou a liberdade de Mandela, que foi eleito presidente nas primeiras eleições multirraciais de 1994.

---

13 ABREU, Sérgio de, *Os Descaminhos da Tolerância*, Lumen Juris, 1999, Rio de Janeiro.

A luta contra a segregação racial contou em suas fileiras com o combativo Martin Luther King, pastor norte-americano, doutor em teologia, gosto apurado para ópera e jazz, capaz de discutir filosofia com a mesma facilidade com que comentava a programação radiofônica. Em 1947, com a independência da Índia, o pastor desperta interesse de conhecer a vida e os ensinamentos de Gandhi, líder que pregava a conquista dos direitos humanos sem uso da violência, o desafio às injustiças com a "resistência em não-cooperar com o mal" e a *doutrina do satyagraha*, com sua força, que mobilizou multidões a resistir sem armas às armas dos ingleses, com sua tecnologia e riqueza superiores. Ele recebeu influência de Gandhi (1869-1948), que o ensinou a não atacar o inimigo com o mesmo ódio que ele demonstra. King lutou pelo sonho que em manifestação de 250.000 pessoas negras e brancas, em agosto de 1963, declarou:

> "(...) eu tenho uma sonho: que um dia nas colinas vermelhas da Geórgia, os filhos de ex-escravos e os filhos de ex-senhores de escravos possam se sentar juntos à mesa da fraternidade (..)."[14]

Na luta em favor dos direitos civis nos EUA, King é preso várias vezes. Mas em dezembro de 1956 acaba a segregação nos ônibus de Montgomery. Em 1959 ele visita a Índia. Em 28 de agosto de 1963 lidera a Marcha para Washington; em 1964 é aprovada a Lei de Direitos Civis e King recebe o Prêmio Nobel da Paz; em 6 de agosto foi aprovada a Lei dos Direitos ao Voto. Em 1967 ele declara repúdio à Guerra do Vietnã e prepara a Marcha dos Pobres para Washington, mas em meio aos preparativos, no dia 4 de abril de 1968, é assassinado em Memphis. Três meses depois é apontado culpado um presidiário foragido chamado James Earl Ray. A morte de Luther King não deteve as massas na luta pelos direitos civis nos EUA, porque a semente fora plantada.

O princípio da tolerância, de natureza pacificadora, impede que se ache natural o racismo do negro em relação ao branco, porque acirraria um conflito, que existe no Brasil, mas não de modo violento.

Uma autoridade da Secretaria Nacional Especial manifestou que "é natural que quem foi açoitado a vida toda não tenha obrigação de gostar de quem o açoitou", em demonstração de atraso civilizatório. Logo na semana seguinte ocorreu um incêndio de três alojamentos de alunos africanos da Guiné-Bissau, na Universidade de Brasília, em 27.3.2007, quando 10 universitários sofreram

14 SHUKER, Nancy, *Martin Luther King*, Nova Cultural, 1987, p. 11.

ataque. Tal afirmativa recebeu críticas de todos os níveis, como estratégia para não se construir uma violência entre brancos e negros no Brasil.

O que existe é a elitização da cor, associada à condição sócio-econômica. Verificamos isto na prática jurídica e policial.

A origem da história dos negros sempre foi uma história de exploração e discriminação. Críticos e especialistas opinam que Ações Afirmativas, para corrigir erros históricos, deveriam ser formuladas não com relação a negros, mas a obesos, homossexuais, travestis e todos que integrem grupos apartados historicamente. O antropólogo Luís Mota considera que as ações afirmativas no Brasil decorrem dos EUA.

A origem da denominada *ação afirmativa* estaria no Livro de John Rowls, de 1971, um tratado sobre a igualdade, no bojo de medidas para minimizar nos EUA a discriminação de minorias. No direito brasileiro alguns estudos tratam das ações afirmativas, mas é Barbosa Gomes que apresenta definição adequada: conjunto de políticas públicas e privadas de caráter compulsório, facultativo ou voluntário, concebidas com vistas ao combate à discriminação racial, de gênero, por deficiência física e de origem nacional, bem como corrigir ou mitigar os efeitos presentes de discriminação praticada no passado, tendo por objetivo a concretização de ideal de efetiva igualdade de acesso a bens fundamentais, como educação e emprego".[15]

A política de cotas e o *Projeto do Estatuto da Igualdade Racial*, que estabelece política diferenciada para negros nas instituições políticas, sofrem severas críticas, dentre elas a de José Carlos Miranda, do Movimento Negro Socialista; socióloga Bila Sorj; da antropóloga Yonne Maggie (UFRJ). Todos integram a *Coletânea Divisões Perigosas: Políticas Raciais no Brasil Contemporâneo*, assinada por geneticistas, educadores, historiadores e antropólogos respeitados, cuja tônica considera que a política de cotas instaura legalmente o racismo no Brasil, em lugar de combatê-lo. Para outros é uma política importada dos países anglo-saxônicos, em que a realidade é bem diferente.

Apesar das críticas, o sistema de cotas para beneficiar os negros é a fórmula para corrigir a histórica falta de acesso às universidades que resulta na ausência de negros em postos de comando, em funções políticas e administrativas

---

15 *Uma Teoria da Justiça*, UNB; BARBOSA GOMES, Joaquim B., *Revista de Informação Legislativa*, Brasília, ano 38, nº 151, jul/set. 2001, pp. 153; BERGMANN, Barabar, *Defense of Affirmative Action*, New York, Basic Book, 1996; ver ainda MELO, Monica, O Princípio da Igualdade à Luz das Ações Afirmativas: o Enfoque da Discriminação Positiva, *Cadernos de Direito Constitucional e Ciência Política*, ano 6, nº 25. out/dez 1998.

do Estado e em cargos de altos executivos da iniciativa privada. Por outro lado, brancos ou índios, de comunidades carentes, podem ficar prejudicados no acesso à universidade.

O Brasil parece ratificar o discurso binário norte-americano de brancos e pretos e desconhece o mestiço de negro com branco, ou o caboclo de índio com branco muito comum no interior, especialmente no Amazonas e no vale de São Francisco, segundo Antônio Risário.

Cumpre ressaltar que nem todos os negros são pobres e nem todos os brancos são ricos, o que conduz a cota racial nas universidades para outro patamar[16] e, segundo corrobora Foucault, a exclusão não é de cor, mas é de condições sociais e econômicas.

O Gilberto Freire, de *Sobrados e Mucambos*, não se separa do Sérgio Buarque, nem do Florestan Fernandes, para quem as elites no Brasil são criadas feito flores de estufa. O Brasil não é retrato preto e branco. Ele é colorido com índios, caboclos e mestiços.

16 *Utopia Brasileira e os Movimentos Negros*, Editora 34, p. 440.

Capítulo XII

VIOLAÇÕES EM RAZÃO DA IDADE OU DO SEXO

1. ABUSOS CONTRA CRIANÇAS E ADOLESCENTES

Apesar dos esforços dos organismos internacionais no combate à violação dos direitos da criança e do adolescente, ainda são alarmantes os casos, com aceitação do Estado, por todo o mundo: o abuso em todas as formas, a exploração sexual, no trabalho e a econômica, a negligência e os maus-tratos.

O *Conselho de Prevenção contra o Abuso Infantil*, da Organização Mundial da Saúde, define como o abuso ou maus-tratos à criança "todas as formas de tratamento doentio físico ou emocional, abuso sexual, negligência ou tratamento negligente, exploração comercial ou outro tipo de exploração, causando danos reais ou potenciais para a saúde, sobrevivência, desenvolvimento ou dignidade da criança, no contexto de uma relação de responsabilidade, confiança ou poder".[1]

Dentre as violações de direitos contra crianças e adolescente as mais comuns são: 1. punições corporais e psicológicas; 2. abuso sexual e exploração sexual; 3. casamento precoce; 4. uso e aliciamento em conflito armado e práticas ilícitas; 5. exploração da mão de obra infantil e submissão ao trabalho escravo; 6. negligência e abandono; 7. abusos e violência em geral.

1) A *punição corporal* de crianças é legal em muitos países e socialmente aceita em outros, embora a Convenção das Nações Unidas sobre os Direitos da Criança mantenha a exigência da proteção contra todas as formas de violência física ou mental.

A Suécia foi o primeiro país a proibir a punição corporal, seguido por mais 10 outros, que adotaram a medida. No ano 2000 a Corte Suprema de Israel

---

1 *Relatório da OMS*, 2003.

declara ilegal todo tipo de punição corporal, A Constituição da Etiópia de 1994 assegura o direito da criança de estar livre de punição corporal nas instituições e escolas, banida também na República da Coréia, Nova Zelândia, Tailândia e Uganda. Mas na Etiópia pesquisas indicam que 21% das crianças das escolas urbanas e 64% em áreas rurais relatam contusões e tumefações em seus corpos por punições de seus pais. Mas pesquisas indicam que ainda em pelo menos 60 países ainda existe punição corporal a jovens infratores, que permanece legal e em relação à criança é ilegal em 11 países apenas.[2]

No Brasil, onde se mantém ainda a cultura de que bater em criança é para educar, a violência deve ser denunciada porque é matéria de direito público e não privado, ainda que no âmbito doméstico, embora falte às autoridades públicas amplo trabalho de educação, conscientização e orientação de pais e profissionais na prevenção.

Práticas desse tipo ocorrem em qualquer classe social, inclusive na classe média, algumas com resultado letal.

2) O *abuso sexual e a exploração sexual*. No Brasil o autor dos crimes de estupro e de atentado violento ao pudor, previstos nos arts. 213 e 214 do Código Penal, praticados contra menor de 14 anos, terá a pena aumentada e a aplicação da pena terá regime diferenciado, mas não tipifica o crime de incesto.

A exploração sexual infantil ainda não foi combatida de modo sistemático no Brasil, onde viceja por todo o território, e a pedofilia ainda não foi tipificada na lei penal, que pune seus autores por abuso sexual.

Os abusos sexuais contra crianças, em grande número, ocorrem na própria família da vítima. Em Mogi das Cruzes, menina foi abusada por seu tio, irmão de seu pai, desde os oito anos, até que o tipo de abuso piorou aos 12 anos de idade, quando ela adoeceu e passou por várias internações em hospitais, sem que se descobrisse a causa, já que não contava o que se passava, em face das ameaças do abusador, que cortou as patas do cãozinho, em demonstração do que faria com ela. Levada à psicóloga, esta diagnosticou e, após relato da menina, contou aos pais para as providências cabíveis.

O problema é recorrente em todas as classes sociais. Contudo, o problema torna-se mais grave nas populações carentes, em que não há acompanhamento psicológico, predomina a ignorância, não há condições econômicas para afastar

---

2 *Relatório da OMS*, 2003, p. 64.

o abusador e o Estado ainda não construiu uma necessária e verdadeira política de acolhimento para as vítimas e suas famílias.

O *Relatório do Conselho de Defesa de Direitos Humanos*, de junho de 2008, conta que os pais vendem seus filhos, e que o aliciamento para prostituição começa na própria família. Os abusos sexuais são de tal forma graves dentro da própria casa que o promotor de Justiça Lauro Freitas, em Abaetetuba, disse que, além da venda das crianças por falta de pão, os absurdos chegam a níveis estarrecedores, conforme o caso de a vítima engravidar, sem a família saber ainda se o bebê é do pai, do irmão mais velho ou do mais novo.[3]

Em face da quantidade de abusos sexuais contra crianças, alguns cometidos até contra meninas com meses de nascimento, o Poder Legislativo instaurou a Comissão Parlamentar de Inquérito da Pedofilia, para buscar meios de punir os pedófilos e tornar a *internet* mais segura para as crianças, além de auxiliar na elaboração do projeto de Lei que tipifica a *pedofilia* como crime.

Nos EUA, onde a pedofilia é crime, há dificuldades operacionais para comprová-la na *internet.* Na Holanda a idade para a proteção é somente até 13 anos de idade, enquanto nos demais países é de 18 anos, para divulgação das fotos de abusos.

Segundo o Presidente da mencionada CPI, no Brasil, Deputado Federal Magno Malta, uma foto de criança sendo abusada custa em torno de 100 dólares entre os pedófilos, cujos *sites* viraram comércio degradante. Em razão disto, o Brasil já possui mapeamento destes *sites* e atua para que a tecnologia mais avançada possa combater esta prática criminosa.

3) O *casamento precoce* não é encontrado no Brasil, que dispõe de legislação rígida, com limite de idade, mas é comum da África do Sul e na Ásia, embora ocorra no Oriente Médio e em parte da América Latina e na Europa oriental;[4] na Etiópia e parte da África o casamento na idade de oito a sete anos não é raro; ainda na República Democrática do Congo, em Mali, e em Níger.[5]

Em pesquisa no Estado de Rjasthan, na Índia, entre 5 mil mulheres: 56% casam antes de 15 anos e destas, 17% antes de 10 anos e em outra pesquisa, no

---

3 *Folha de São Paulo*, 15.6.2008, p. 17.

4 OMS, ob.cit., p. 155.

5 *Idem*, p. 155; *Early Marriage: Whose Right to Choose?, London, Forum or Marriage and the Rihts of Women and Girls*, 2000; *UNICEF Innocent Reseach Center.Erly Marriege: Child Spouses. Innocente Digest*, 2001, nº 7.

Estado de Madhya Pradesh, indica-se que 14% das meninas se casam entre 10 e 14 anos.

4) *Aliciamento.* Em Uganda, colônia inglesa que se tornou independente em 1962, governada por um dos mais truculentos ditadores, Idi Amin Dada, que exterminou mais de três mil pessoas na década de 80 e seqüestrou crianças para usá-las como escudo.

Nos campos de refugiados persiste o medo de seqüestro de crianças e adolescentes, que preferem dormir nas ruas, em hospitais e escolas, por conta dos ataques aos abrigos. Elas são o alvo mais fácil e preferido porque comem menos, pesam menos e são mais obedientes. Assim são usadas para transportar armas e manipulá-las.

O jovem sem perspectiva de direção da família e do Estado engrossa as fileiras nas atividades criminosas, especialmente o tráfico de drogas e a marginalidade, cujas conseqüências são notadas por todos.

O *Observatório das Favelas* indicou, em pesquisa de abril/2004 a maio/2006, o número de vezes que os adolescentes sofreram extorsão policial.[6]

5) *Negligência.* No Quênia é comum a negligência, conforme 21,9% do relato das crianças. No Canadá, um estudo nacional, com relato de casos ao serviço de bem-estar das crianças, conclui que entre os comprovados há 19% de negligência física; 12% abandono; 11% de negligência educacional; e 45% de danos físicos, resultantes de falhas dos pais em supervisão apropriada.

A negligência ou abandono, embora punidos pelo ECA, torna-se ineficaz no Brasil, em face da desagregação familiar, aliciamento ao tráfico de drogas e a pobreza, sem que o Estado tenha efetivamente um projeto de inclusão social para preparar as futuras gerações.

6) *Violência e abusos em geral.* No Brasil somente 10% dos abusos contra crianças são denunciados. Segundo o Sistema de Informação sobre a Mortalidade (SIM), do Ministério da Saúde, entre 2000 e 2007, no Laboratório de Estudos da Criança, da USP, foram notificados 156.754 casos de violência doméstica contra crianças e adolescentes, dos quais 65.669 por negligência, 49.481 por violência física, 26.590 por violência psicológica, 17.482 por violência sexual e que ocorreram 532 mortes por violência doméstica.

---

6 *JB*, 25.12.2006, p. A 14.

No mundo do abuso sexual as meninas correm mais riscos do que meninos; mais de 130 milhões entre seis e 11 anos de idade não estão na escola, das quais 60% são meninas, que, proibidas de receberem educação, são mantidas para trabalho doméstico e cuidar dos irmãos ou para auxiliar no sustento da família; mulheres e meninas em situação de pobreza correm mais risco de estupro, enquanto desempenham tarefas diárias, do que aquelas em situação econômica superior.

Segundo dos dados do IBGE o número de empregadas domésticas infantis é assustador: em 2006 foram das 410.732 empregadas domésticas, 164.783 tinham entre cinco e 15 anos; 94% são meninas; 15% das empregadas não na freqüentam escola entre cinco e 15 anos de idade e entre 16 e 17 anos de idade a taxa dobra para 30% fora da escola; o salário das adolescentes entre 16 e 17 anos é de R$ 137,08 e nas meninas de 10 e 15 anos o valor cai para R$ 79,10; elas são 14.807 meninas e meninos de 10 a 17 anos que trabalham em casas de estranhos sem nada receberem. E, segundo a OIT, quando a classe mais baixa aumentou a renda, possibilitou contratar crianças para trabalho doméstico, por ser menos oneroso. Portanto, para grande parte destas crianças a universalização do ensino ainda não chegou à prática, apenas está na lei formal e no discurso dos governantes. O PND-2006, do IBGE, demonstra que 48 % das jovens de 16 e 17 anos trabalham 40 horas ou mais por semana e entre meninas de 10 a 15 anos são 29,5 % nesta situação e muitas sofrem violência física, verbal e/ou psicológica e outras abuso sexual. Esta é a realidade em que vive parte da futura geração de adultos.

A denúncia é obrigatória por lei por profissionais da saúde na Argentina, Espanha, Estados Unidos, Finlândia, Israel, Quirguistão, República da Coréia, Ruanda, na Siri Lanka. Mas pesquisa mundial indica que dos 58 países, que responderam às pesquisas, 33 têm leis apropriadas obrigatórias de denúncia e 20 têm denúncia voluntária.

No Brasil, conforme o ECA, art.13, os profissionais da saúde são obrigados a notificarem os casos de violência contra a criança, mas o número ainda é pequeno em relação aos casos efetivamente ocorridos. Sem uma pesquisa oficial sobre o problema, apesar da UNICEF ter concluído no Relatório de 2000 que cerca de 18 mil crianças, principalmente entre sete e 14 anos, sofrem maus-tratos físicos todos os meses no Brasil, onde não há dados estatísticos sobre violência psicológica, poucos dados sobre violência sexual, que inclui exploração sexual comercial, especialmente de meninas, exploração na prostituição e envio para fora do país, que é uma conseqüência do baixo nível sócio-econômico e que transformou o país em forte exportador de meninas e mulheres para a Europa.

Países vizinhos já possuem lei específica de proteção doméstica, dentre eles Argentina, Bolívia, Chile, Colômbia, Costa Rica, Equador, El salvador, Guatemala, Honduras, Nicarágua, Panamá, Paraguai, Peru, Porto Rico, Uruguai e Venezuela, todas com dispositivos voltados para a responsabilização e a recuperação do agressor, conforme lições do Promotor de Justiça de Defesa da Infância e da Juventude do Distrito Federal, Anderson Pereira de Andrade, que também observa que o discurso da revalorização do papel da vítima não ocorre, pois as vítimas de violência doméstica ficam na prática desamparadas e desprotegidas porque: 1. poucos investimentos sociais para o acolhimento destas vítimas e ajuda financeira; 2. pouco apoio psicossocial para superação do problema; 3. há o tratamento da legislação à violência doméstica é de *menor potencial ofensivo*, o que banaliza este tipo de violência, seja contra criança ou adolescente, idoso ou mulher. Todos estes países definem em lei a violência doméstica, com medidas cíveis e criminais, algumas baseadas nas manifestações físicas e psicológicas, (Argentina e Chile), também sexual (Bolívia, Equador e Paraguai), e outras que incorporam ademais a violência patrimonial, (Costa Rica, Guatemala, Honduras e Uruguai). No alentado estudo, este promotor transcreve a lei uruguaia, por ser mais recente:

> "Art. 2º Constitui violência doméstica toda ação ou omissão, direta ou indireta, que por qualquer meio menoscabe, limitando ilegitimamente o livre exercício e o gozo dos direitos humanos de uma pessoa, causada por outra com a qual tenha ou haja tido uma relação de namoro ou com a qual tenha ou haja tido uma relação afetiva baseada na coabitação e originada por parentesco, por matrimônio ou por união de fato".[7]

Nota-se que a legislação do Uruguai em matéria de violência doméstica, avançou ao proteger a vítima daqueles que mantém relações de fato ou namoro, levando-se em conta que é comum a violência, inclusive sexual, contra a criança, praticada também por padrastos ou assemelhados.

O Paraguai, em meados do século XIX, diminuiu a delinqüência, quando o Estado favoreceu camadas populares nas suas necessidades, sem ataques à criminalidade diretamente, ao reforçar a educação de base e implementar a reestruturação fundiária.

No Brasil a denúncia é obrigatória. Há órgãos de proteção e o Estatuto da Criança e do Adolescente acompanha as sugestões das normas internacionais

7 ANDRADE, Anderson Pereira,Violência Doméstica contra Crianças e Adolescentes: Prevenção, Repressão e Proteção à Vítima no Âmbito Brasileiro e Latino-Americano, em *Revista de informação Legislativa*, Brasília, ano 40, nº 160 out/dez 2003, pp. 147-162.

no que toca ao direito formal e às noções teóricas, embora na prática os dados, acima expostos, indiquem a ausência do Estado, sem desmerecer a luta de abnegados defensores e magistrados, que se dedicam à nobre causa.

Avançou, tardiamente, o Tribunal de Justiça do Estado do Rio de Janeiro, ao instalar uma vara para abusos contra crianças e adolescentes.

Mas sob fundamento de uma correta aplicação do ECA, um juiz de Fernandópolis condenou em multa de três salários mínimos a mãe de um jovem de 17 anos, que o educa sozinha e é pobre, por conta das faltas do filho na escola, pelo péssimo rendimento escolar, reincidência na condução de moto sem habilitação e comportamento desrespeitoso.

A atuação do poder público, já avançou quanto à denúncia em relação à exploração da criança no trabalho e à exploração sexual, mas ainda tem que avançar quanto à violência, inclusive a doméstica. Entretanto, não adianta apenas a denúncia. Vale dizer que não basta a notificação dos casos, mas é preciso desenvolver políticas de acolhimento.

As intermináveis discussões sobre idade penal não alteram as condições dos adolescentes, porque os verdadeiros problemas são anteriores e mais profundos.

O Estado, como regulador das relações sociais, no que toca à criança pobre, ainda se apresenta, nas pesquisas sobre o tema, de forma ambígua, porque oscila da ação repressiva às políticas assistencialistas. Sem projeto consistente, longe estamos de elaborar um processo de socialização e inserção social das crianças e adolescentes, como estratégia para construção da cidadania.

A *Convenção sobre os Direitos da Criança* ainda não foi compreendida, e, embora ratificada por quase todos os países, precisa sair do papel para alcançar as ruas, se queremos um país justo e superar discursos ideologizados e intelectualizados, para humanizá-la na prática, independente dos dividendos políticos e eleitoreiros que as transformações possam trazer.

Quanto aos direitos humanos das crianças indígenas poucos reconhecem e nem as ONGS que cuidam de criança e adolescente não-índias.

Algumas etnias ainda mantém a lenda de que a criança só adquire alma quando começa a falar e enquanto não tem alma pode ser enterrada viva em casos de gêmeos, defeito físico ou até problemas com a fala, inclusive ausência do tratamento adequado, como por exemplo o hipotireoidismo que sem remédio torna a criança muda ou sem andar . Vidas que se poderiam salvar com tratamento são ceifadas pela ignorância, falta de informação e descaso do Estado e da sociedade, que preferem fazer vista grossa para esta realidade, que mais dia menos dia não poderá mais ser disfarçada. Urge cuidar melhor dos direitos humanos da criança indígena.

Um país que pretende levar a mensagem de combate à fome, que quer uma visibilidade e papel de destaque no âmbito internacional, ainda tem criança na rua em grande quantidade, prostituição infantil, é o maior exportador de pedofilia na internet, deixa morrer suas crianças indígenas de modo cruel e não possui uma política adequada de acolhimento para crianças e adolescentes que sofrem abusos ou por aquelas que estão no cárcere com suas mães.

A Câmara dos Deputados instaurou a *Comissão Parlamentar de Inquérito da Pedofilia*, com vistas a determinar os focos de pedofilia, os pedófilos encontrados por todo o país e entregá-los à Justiça. A CPI, presidida pelo Deputado Federal Magno Malta, que enfrentou todas as barreiras e dificuldades, em face dos abusos sexuais perpetrados contra crianças de apenas alguns meses de idade, diante dos atos bárbaros que descobriu, decidiu propor ao Legislativo a tipificação do crime de pedofilia. Enquanto o pedófilo não tem sua tipicidade em lei recebe tratamento aquém da gravidade da situação. Na investigação da CPI foram encontrados autores de atrocidades em todas as classes sociais e ocupantes de cargos públicos, até então acobertados pela capa da impunidade, mantida pelo status social ou profissional, algumas autoridades públicas, mas que agora são presos, quando provada a autoria do crime, indicada por esta CPI.

Prevenção primária

O grande desafio não é a responsabilização do agressor, mas é a prevenção primária, anterior à ocorrência de abuso ou violência. Ela está baseada na conscientização, educação e capacitação de profissionais, que envolvem diversos atores e não apenas poucos profissionais. É preciso chegar antes que a criança seja mais um número no boletim médico, na delegacia de polícia ou no estado letal. Quando a criança já se tornou vítima, é caso de prevenção secundária e depois a prevenção terciária.

Não há trabalho de prevenção primária no plano institucional e o Estado transita ausente dos fatos, entre afirmações de intenções sobre o problema, sem práticas pedagógicas efetivas, nem mesmo o desenvolvimento do tema nas universidades, as quais não respondem às necessidades da sociedade. O problema da violência doméstica, inclusive quanto ao agressor de violência física ou sexual, ou ainda os casos letais, não tem sido objeto de estudo nem investigação com profundidade na ordem do dia das universidades, em graduação ou pós-graduação, nem mesmo na Psiquiatria e na Psicologia.

A prevenção primária, embora tímida, já integra a agenda de algumas ONGs, cujos integrantes desenvolvem um trabalho de solidariedade, com famílias e crianças carentes, com resultados positivos para aquela comunidade.

A violência contra a criança é endêmica e não há indicadores para dizer se houve aumento de casos, mas houve aumento do número de notificações.

A família, que pratica abusos, deixa morrer ou mata aqueles que teoricamente deveria proteger, porque os colocou no mundo, é objeto de prevenção primária para profissionais preparados no âmbito multidisciplinar. Mas as políticas públicas relacionadas à violência contra a criança e adolescente são insuficientes e inadequadas, apesar do esforço do governo federal.

Muitas vezes entre a denúncia e o real atendimento há uma distância e a política de atendimento não funciona na prática, até chegar ao estado letal da criança, por um conjunto de fatores que vão desde o reduzido número de integrantes do Conselho Tutelar, em relação ao número da população, até a lentidão do Ministério Público em sua ação. Mas é inegável pelo senso comum ou pelo senso acadêmico que o poder público está ausente nesta questão.

Qualquer ação ou investimento será pouco, no combate às variadas formas de violências contra a criança e o adolescente, sejam resultantes da pobreza ou em famílias de classe média, se o país deseja preparar adequadamente as futuras gerações.

2. Mulheres

Violências contra as mulheres, principalmente a sexual, no mundo todo, em tempo de paz ou de guerra são repudiadas e reprimidas, mas longe de serem erradicadas.

Entende-se violência contra as mulheres a violência física, psicológica e sexual, tais como: 1. no âmbito da família ou unidade doméstica ou em qualquer relação interpessoal, que o agressor compartilhe, tenha compartilhado ou não a sua residência, incluindo-se, entre outras formas, o estupro, os maus-tratos e o abuso sexual; 2. o oriunda na comunidade e cometida por qualquer pessoa, incluindo, entre outras formas, estupro, abuso sexual, tortura, tráfico de mulher, prostituição forçada, seqüestro e assédio sexual no local do trabalho, bem como em instituições educacionais, serviços de saúde ou qualquer outro local; 3. perpetrada ou tolerada pelo Estado ou seus agentes, onde quer que ocorra.

As pesquisas não distinguem quando os autores são estranhos ou parceiros íntimos, variando os números: em Manilla nas Filipinas 0,3%; em Gaborone em Botsuana 0,8%; em Buenos Aires na Argentina 5,8%; em Rio de Janeiro no Brasil 8%, conforme indicaram pesquisa entre várias capitais do mundo sobre prática de estupro. É muito alto o índice de estupros no nosso país. Cidades brasileiras indicam alto índice, especialmente no Rio de Janeiro, com percentual de mulheres de 16 anos ou mais, que relataram agressões sexuais no período entre 1992 e 1997.[8]

Mas ocorrem estupros como arma de guerra, no total de 10 000 a 60.000, durante o conflito entre 1992 e 1995 na Bósnia-Herzegóvina, além dos registros nos conflitos violentos em Bangladesh, durante a guerra de independência, nos conflitos em Argélia, Índia (Kashmir), Indonésia, Timor Leste, Serra leoa, Libéria, Ruanda, Uganda e dentre outros. Não é possível uma estimativa completa destes casos, pois as vítimas procuram esconder o trauma ou temem pressões políticas e ocultam a tortura. Nestas circunstâncias, o estupro é forma de tortura. Mas a ocorrência da violência sexual em conflitos armados, recentemente denunciados, e discutidos fez em 1995 o Alto Comissariado das Nações Unidas para Refugiados estabelecer diretrizes sobre a prevenção e foi com base no trabalho na Guiné e na República Unida da Tanzânia que o Comitê Internacional de Resgate desenvolveu programa de combate a essa violência para os refugiados.

A Delegacia da Mulher foi criada em São Paulo, em meados da década de 80, e nos grandes centros tem origem na luta das mulheres para a criação de serviços de proteção contra a violência doméstica e sexual, principalmente nos grupos autônomos e nas ONGS, no final da década de 70. Na classificação dos Estados brasileiros, segundo a disponibilidade de Núcleos ou Delegacias Especializadas de Atendimento às Mulheres, destaca-se o Estado do Rio de Janeiro, com 23 municípios, e por último quase todos os Estados do Nordeste.

Importante avanço do direito é a inclusão, na jurisdição do Tribunal Penal Internacional, dos crimes, durante os conflitos, de estupro, escravidão sexual e de prostituição, gravidez e esterilização forçadas, dentre outras formas de violência sexual, comparáveis em gravidade aos crimes contra a humanidade.

Os tratados internacionais visam fixar padrões para a legislação nacional e sugerir que os Estados desenvolvam campanhas e reformas legais de repressão e prevenção destes abusos.

É grande o índice de violência contra a mulher, principalmente a violência doméstica, que em sua maioria não consegue a punição para o agressor.

Por conta disso, a senhora Maria da Penha Maia Fernandes sofreu paraplegia irreversível e outras agressões por parte de seu marido, no domicílio do casal em Fortaleza, no Ceará, em 29 de maio de 1983, sob a tolerância do Estado em relação ao agressor. Então, em 20 de agosto de 2008, a Comissão Interamericana de Direitos Humanos recebeu denúncia do Centro pela Justiça e pelo Direito Internacional (CEJIL), do Comitê Latino-Americano de Defesa dos Direitos da

8 Relatório da OMS de 2003.

Mulher (CLADEM), com base nos arts. 44 e 46 da Convenção Americana de Direitos Humanos e art. 12 da Convenção Interamericana para Prevenir, Punir e Erradicar a Violência contra Mulher (Convenção de Belém do Pará ou CVM).[9]

Após exame do caso e cumpridas as exigências formais, à luz das normas legais, ficou provado o esgotamento dos recursos internos junto às autoridades locais, vez que a justiça brasileira manteve o caso por 15 anos sem proferir sentença definitiva e que o processo ficou desde 1997 no Tribunal de Justiça do Ceará, aguardando a decisão do segundo recurso de apelação, portanto em atraso injustificado.

Assim sendo, depois de minuciosa verificação de responsabilidade do Estado, aquela Comissão decidiu reiterar ao Estado Brasileiro recomendações, dentre elas: 1. completar rapidamente o processo penal do responsável pela agressão; 2. investigação séria, imparcial e exaustiva, a fim de determinar irregularidades e atrasos injustificados, medidas administrativas, legislativas e judiciárias correspondentes; 3. adoção, sem prejuízo de ações que possam ser instauradas contra o responsável civil da agressão, de medidas necessárias para que o Estado assegure à vítima a reparação simbólica e material, em face do atraso que impediu a oportuna reparação de indenização civil; 4. prosseguir e intensificar o processo de reforma, que evite a tolerância estatal e o tratamento discriminatório com respeito à violência doméstica contra mulheres no Brasil, recomendando-se particularmente o seguinte: *a*) medidas de capacitação e sensibilização dos funcionários judiciais e policiais especializados, para que compreendam a importância de não tolerar a violência doméstica; *b*) simplificar os procedimentos judiciais penais, a fim de que possa ser reduzido o tempo processual, sem afetar os direitos e garantias do devido processo; *c*) estabelecimento de formas alternativas às judiciais, rápidas e efetivas de solução de conflitos intrafamiliares, bem como de sensibilização com respeito à sua gravidade e às conseqüências penais que gera; *d*) multiplicar o número de delegacias policiais especiais para a defesa dos direitos da mulher e dotá-las dos recursos especiais necessários à efetiva tramitação e investigação de todas as denúncias de violência doméstica, bem como prestar apoio ao Ministério Público na preparação de seus informes judiciais; *e*) incluir em seus planos pedagógicos unidades curriculares destinadas à compreensão da importância do respeito à mulher e a seus direitos, reconhecidos na Convenção de Belém do Pará, bem como o manejo dos conflitos intrafami-

---

9 A vítima relatou seu sofrimento no livro *Sobrevivi, Posso Contar*, Fortaleza, 1994, cujas páginas foram anexadas ao Processo da Comissão Interamericana de Direitos Humanos; ver, na Comissão, Relatório nº 54/01, de 16 de abril de 2001, Caso nº 12.051.

liares; 5. apresentação de relatório à Comissão, em prazo de 60 dias, a partir da tramitação deste relatório ao Estado, um relatório sobre o cumprimento destas recomendações para os efeitos do art. 51(1) da Convenção Americana.

Em 1994 a Convenção de Belém do Pará assim denomina a *Convenção Interamericana para Prevenir, Punir e Erradicar a Violência Contra a Mulher*, adotada pela Assembléia Geral da Organização dos Estados Americanos, que foi aprovada em 6.6.1994 e ratificada pelo Brasil em 27.11.1995, cujo art. 7º apresenta o rol dos deveres dos Estados.

A partir de então o Brasil quase nada fez em cumprimento ao tratado, salvo acrescentar ao parágrafo único do art. 69 da Lei nº 9.099/95, dos Juizados Especiais Criminais, ao aprovar a Lei nº 10.455, de 14.05.1001, o seguinte:

> "Em caso de violência doméstica, o juiz poderá determinar, como medida de cautela, seu afastamento do lar, domicílio ou local de convivência com a vítima."

Ainda assim as pesquisas demonstram o alto índice de violência doméstica psicológica, física ou sexual por parte de algum homem, pai, marido, companheiro, padrasto e outros. Mais grave é a legislação tratar da violência doméstica como crime de pouco potencial ofensivo, o que deixa impunes os agressores, por vezes contumazes, à mulher e à criança ou ao adolescente. O que ocorre é que o agressor punido com a pena correspondente a pouco potencial ofensivo continua na reincidência.

Finalmente, em 7 de agosto de 2006, o Presidente da República sancionou a Lei nº 11.340, conhecida como Lei Maria da Penha, que dispõe sobre mecanismos que coíbem a violência familiar e doméstica e possibilita ao poder estatal uma estrutura de proteção.

A violência doméstica no Brasil é tratada com pouco ou quase nenhum interesse pelas autoridades. Somente a violência física recebe atenção do legislador: a lesão corporal, art. 129 do CP; os maus-tratos, art. 136 do CP; e a ameaça, art. 147 do CP; porque os arts. 232 e 233 do ECA raramente são aplicados, em face da falta de denúncias.

Das notificações de violência doméstica contra mulher somente a quarta parte é investigada, conforme mostrou o estudo da União de Mulheres de São Paulo, mencionado pelo relatório da referida Comissão, como, por exemplo, em 1994, de 86.815 queixas de mulheres agredidas, das quais somente foram iniciadas 24.103 investigações policiais.

Embora por muito tempo a Comissão ficasse sem resposta do Estado Brasileiro, este elaborou tardiamente lei que pune autor de violência doméstica em 2006 e somente em 2008 a vítima recebe a indenização.

O STF acabou com a figura anômala da *defesa da hora* que era usada como justificativa para a violência doméstica e homicídios contra mulheres e ainda assim o índice desse tipo de violência continua alto.

No Brasil foi criada em 2002 a *Secretaria de Estado dos Direitos da Mulher*, vinculada ao Ministério da Justiça e responsável pelo Conselho Nacional dos Direitos das Mulheres (CNDM), instituído pela Lei nº 7.353, de 1985, enquanto o Código Penal, no art. 129, passa a vigorar com o tipo da violência doméstica:

> "Se a lesão for praticada contra ascendente, descendente, irmão ou cônjuge ou companheira, ou com quem conviva ou tenha convivência, ou ainda, prevalecendo-se o agente das relações domésticas, de coabitação ou de hospitalidade, pena de detenção de um ano, com pena aumentada em 1/3 se nos casos previstos dos §§ 1º e 3º deste artigo."

Os dispositivos legais no Brasil não serão suficientes sem a prevenção primária, que é aquela realizada pelo Estado e em comunidades carentes também por ONGs, para que não ocorram todos os dias mais um boletim médico ou uma ocorrência policial sem resultado.

No Brasil outra questão a ser enfrentada é *exportação de mulheres* para a prostituição, que segue os seguintes passos: 1. donos de bordéis na Europa encomendam mulheres brasileiras para trabalho em casas noturnas e pagam em geral 15 mil reais; 2. estes empresários da noite contratam emissários para virem ao Brasil e localizarem as aliciadoras; 3. aliciadoras convencem as jovens, com promessas de nova vida na Europa; 4. agentes de viagens são consultados, porque dispõem de informações privilegiadas sobre países com menos chances de deportação; 5. prostitutas, ao chegarem à Europa, são tornadas reféns dos empresários da noite, que cobram-lhes despesas de viagens e retém os passaportes.

Mas a polícia federal traçou o crescimento do tráfico de mulheres do Pará e do Amazonas, rumo às áreas de garimpo do Suriname, Guiana, Guiana Francesa e Venezuela, compradas por cinco mil reais.

Segundo pesquisas do IUPERJ, quando uma prostituta de origem pobre é deportada não há repercussão alguma, porém a sociedade e o governo reagem quando a jovem é de classe média.

Cumpre ressaltar que a polícia federal efetuou a prisão de envolvidos com este crime: 18 em 2004, 39 em 2005, 68 em 2006, 20 em 2007. Mas não se sabe a estatística das condenações pelos tribunais pela prática deste crime.[10]

---

10 *O Globo*, 23.3.2008, p.3.

A prevenção primária em relação à violência de todos os tipos contra a mulher, seja a violência doméstica ou o tráfico para exploração sexual, teria resultados mais satisfatórios do que a simples elaboração de leis sem reiterada aplicação na prática.

A *Convenção Interamericana Para Prevenir, Punir e Erradicar a Violência Contra a Mulher*, aprovada pela Assembléia Geral da OEA, em 9.6.1994, foi incorporada ao nosso ordenamento jurídico em Decreto Presidencial nº 1.973, de 1996. A Lei nº 9.029/95, que define *crimes de discriminação*, fixa: 1. exigência de teste, exame, perícia, laudo, atestado, declaração e qualquer outro procedimento relativo à esterilização ou a estado de gravidez; 2. a adoção de quaisquer medidas de iniciativa de empregador que configure: *a*) indução ou instigamento à esterilização; *b*) promoção de controle de natalidade ou planejamento familiar, realizado por instituições públicas ou privadas, submetidas às normas de Sistema Único de Saúde (SUS) sob pena de detenção de um a dois anos e multa.

Na *Conferência Mundial dos Direitos Humanos*, em 1993, em Viena, o art. 18 reconhece que os "direitos humanos das mulheres e das meninas são inalienáveis e constituem parte integrante e indivisível dos direitos universais. A violência de gênero e todas as formas de assédio e exploração sexual são incompatíveis com a dignidade e o valor da pessoa humana e devem ser eliminadas. Os direitos humanos das mulheres devem ser parte integrante das atividades das Nações Unidas, que devem incluir a promoção de todos os instrumentos de direitos humanos relacionados às mulheres".

Mulheres e meninas em situação de pobreza correm mais risco de estupro, enquanto desempenham tarefas diárias, do que aquelas em situação melhor economicamente. O mesmo ocorre com as mulheres mais pobres, porque estão mais expostas a risco de violência por parte de parceiro íntimo.

A violência sexual contra as mulheres reflete a desigualdade do gênero.

Dentre as intervenções positivas estão: *a*) prevenção primária; *b*) apoio às vítimas de agressão sexual; *c*) medidas para aumentar a possibilidade de encontrar e punir os ofensores; *d*) estratégias para mudar normas sociais; *e*) preparar profissionais na área de saúde capacitados para coleta de evidências e auxiliar os julgamentos; *f*) médicos e psicólogos especializados para identificar possíveis casos de abusos e elaborar campanhas; *g*) fixação de códigos adequados à prática e procedimentos de denúncias.

O fator cultural ainda prepondera em alguns países muçulmanos onde ocorre a mutilação genital feminina de 9 a 13 anos, que é repudiada por cerca de 60 organizações não-governamentais, que criaram uma força-tarefa de combate à prática, embora ainda seja comum entre as mulheres casadas no Egito, onde foi criado um movimento contrário em 1994. A Sociedade Egípcia de Ginecologia e Obstetrícia declarou a prática inútil e danosa, a Ministra da Saúde e População emitiu decreto proibindo a execução da mutilação, líderes religiosos muçulmanos expressaram sua oposição à pratica, a *Conferência sobre População e Saúde Reprodutora no Mundo Muçulmano*, em 1998, adotou recomendação para abolir qualquer forma de violência contra as mulheres, ressaltando que o *sharia* (lei islâmica) não contém obrigação de circuncisão das meninas. Nota-se então que a prática tem raízes culturais daqueles povos, ainda que o *sharia* não os obriguem a praticar. Países, dentre eles Gana, Guiné, Burkin-Faso e Senegal, baniram a circuncisão feminina, mas cerca de dois milhões de mulheres da África Subsariana mantêm a prática e 130 milhões em todo o continente já passaram pela mutilação.

A OMS adotou, em 1993, resolução contra esta prática, porque coloca em risco a saúde da mulher, muitas vezes sem cuidados médicos, que variam da costura da vagina de crianças até a mutilação, causando cistos, penetrações dolorosas, incontinência urinária e dificuldades no parto. Assim, a Eritréia proibiu esta prática, sob pena de multa e prisão a quem peça, estimule ou promova a mutilação genital feminina.

Este é exemplo de que a defesa de direitos humanos não é a defesa da cultura ocidental de imposição de padrões culturais. A universalização destes direitos não visa tornar o mundo homogêneo, mas tão- somente resguardar a pessoa humana em sua dignidade e integridade física e psíquica. Portanto, qualquer prática que cause dor e risco à saúde não pode ficar restrita à defesa de uma cultura, posto que nem mesmo a cultura pode ser justificativa para práticas que aviltam, degradam ou imponham dor e sofrimento físico e psíquico. A dor e o sangue são iguais, em qualquer mulher branca ou negra, em qualquer continente ou religião.

A aplicação de penalidades impostas à mulher ainda remonta à barbárie em alguns países. No Paquistão o sexo extra-matrimonial, que envolve adultério e violação sexual, se a mulher for casada, a pena máxima é apedrejamento até a morte e para as solteiras são 100 chibatadas e 10 anos de prisão. No regime de Saddan Hussein o cargo de *violador da honra* foi criado para realizar o serviço de estupro de filha, mulher, mãe ou irmã do detento e na sua presença, como forma de intimidação.

Em face da barbárie contra as mulheres, o Estatuto de Roma inclui, entre os crimes de gênero, o estupro, a escravidão sexual, prostituição forçada, gravidez, esterilização forçadas, formas de violência sexual que violam a Convenção de Genebra de 1947, comparáveis se em grávidas a crimes contra a humanidade, em avanço neste aspecto o direito dos povos.

O *Fundo de Desenvolvimento da Mulher*, da ONU, não conseguiu impedir o aliciamento da mulher por grupos especializados em mantê-las no exterior sob forma de escravidão, a pretexto de oferecimento de trabalho, porque o fenômeno é conseqüência clara do fator econômico, inclusive no Brasil, onde as redes se espalharam.

A cultura impõe comportamentos e cria obstáculos ao fazer com que as transformações ocorram de forma lenta e gradativa. Por exemplo, a primeira mulher eleita no Brasil foi Alzira Soriano, no Rio de Grande do Norte, em 1929, que sofreu diversas ofensas de opositores, dentre eles um que disse: “perdi para uma prostituta”. Hoje as mulheres competem na política sem visível preconceito nas eleições.

Algumas mulheres recebem destaque na luta por direitos humanos:

Shira Ebadi, advogada iraniana, primeira mulher juíza no país, representante da corrente reformista do islamismo porque defendia nova interpretação de suas leis, residiu em Teerã de 1975 a 1979, onde presidiu a Audiência de Teerã, mas se viu obrigada a demitir-se do cargo com a revolução islâmica. Passou a atuar como advogada e professora da Universidade de Teerã e contribuiu para a condução à presidência do reformista Mohamed Khatami, mas diante da repressão tornou-se opositora. Dedicou-se à conciliar o Islã aos direitos fundamentais do homem, publicou livros sobre o tema, defendeu o estatuto das mulheres e das crianças, opôs-se à sociedade patriarcal, que consagra no Código Penal que a criança como propriedade do pai ou da família paterna, criou a associação de apoio para os direitos das crianças, lutou por alterações das leis de divórcio e de herança que discriminavam as mulheres, amargou o cárcere iraniano várias vezes e foi condenada a 18 meses de liberdade condicional. Destacou-se na luta em defesa de intelectuais, estudantes, dissidentes e perseguidos, por democracia e por direitos das mulheres nos tribunais em divórcios e guarda dos filhos e já esteve proibida de advogar por cinco anos. Odiada por conservadores, recebeu o Prêmio dos Direitos do Homem em 2001 e em 2004 torna-se a 11ª mulher a receber o Prêmio Nobel da Paz.

As outras mulheres que receberam o Nobel foram: em 1905, *Bertha von Suttner*, escritora austríaca; em 1931, *Jane Addams*, filantropa americana; em 1946, *Emily Greene Balch*, pacifista americana, recebeu o prêmio por ter realizado o melhor trabalho em prol da fraternidade, do entendimento entre as nações, da abolição ou redução do armamento e da celebração de encontros a favor da paz; em 1979, *Madre Tereza de Calcutá*, nascida em 1910 e falecida em 5.9.1997; ao receber o prêmio declara-o “em nome dos famintos, dos pobres e de quem se sente abandonado”; chegou aos 19 anos na Índia como Irmã de Nossa Senhora de Loreti e em 1950 funda em Calcutá a Congregação das Missionárias da Caridade, que se estende pelo mundo, ao abrir 563 casas em 128 países para acolhimento de crianças abandonadas, leprosos e doentes, que aliviavam com carinho e orações, diante do flagelo que encontravam na caridade mais pura e solidariedade com os carentes; *Belty Williams e Maired Corrigann*, pacifistas norte-irlandesas, em 1976; em 1982, *Alva Myrdal*, pedagoga, diplomata, lutou pela paz e contra o desarmamento e, quando ministra sueca do desarmamento, lutou incansavelmente pelos interesses dos pobres e desassistidos; em 1991, *Aung San Suu Kvi*, nascida na Birmânia, passou a infância na Índia, onde a mãe era embaixadora, estudou em Oxford e depois foi funcionária da ONU em Nova York e ao retornar ao seu país, desde 1988, passou a lutar pela democracia e a favor dos direitos humanos; em 1992, *Rigoberta Mmenchu*, índia quichú, líder guatemalteca, trabalhadora nas plantações de café, algodão e cana-de-açúcar, trabalha na defesa dos índios e camponeses. A escolha da ONU em estabelecer 1993 o *Ano Internacional dos Povos Indígenas*, muito se deve a ela; em 1997, *Jodi Williams*, coordenadora da campanha contra minas terrestres, coordenou mais de 100 mil ONGs, em vários países, campanhas contra os horrores das minas, que causam a cada ano 30 mil mortes; *Wangari Maathai*, primeira mulher africana com visão holística da questão ambiental, corajosa lutadora contra a opressão no Quênia, reconhecida ativista que une a ciência e o engajamento social e político, fundou o *Movimento do Cinturão Verd*e, que fez mulheres pobres plantarem 30 milhões de árvores, com reflexo no mundo, tornou-se a melhor voz de força da África, através do ensino, do planejamento familiar, da alimentação e contra a corrupção, conquistou o respeito no mundo.

Todo tipo de violação de direitos contra a mulher são perpetrados, embora ela tenha alcançado o direito de voto pela primeira vez na Nova Zelândia em 1893, sendo o Brasil um dos sistemas jurídicos mais adiantados em relação a elas.

Cumpre ressaltar a questão cultural. Ora, naquilo que causa dor física, psíquica ou qualquer sofrimento à mulher, deve prevalecer a norma de direitos humanos. Porém, em países, como por exemplo a Arábia Saudita, em que polícia religiosa exerce rigoroso controle na conduta feminina, inclusive no seu cotidiano, o que para as demais culturas seria falta de autonomia da vontade, não se pode falar em violação de direitos da mulher porque os procedimentos são aceitos culturalmente por todo o povo e somente cabe àquelas mulheres aceitar ou transformar a sua própria cultura.

O *Relatório da Anistia Internacional*, de 5 de maio de 2008, registrou que há denúncias de que as mulheres, em comunidades marginalizadas, ficam expostas à violência de delinqüentes e da polícia. Elas têm a cabeça raspada quando consideradas infiéis, expulsas da comunidade por serem HIV positivo, forçadas a favores sexuais e aquelas que lutam por justiça em nome de familiares mortos pela polícia eram constantemente ameaçados. Elas sofrem tortura, abuso sexual e espancamento em delegacias e celas prisionais.

Por fim gizamos que, apesar da visibilidade, independência e dos direitos políticos que a mulher conquistou, as *Ordens Maçônicas no Brasil* não admitem o ingresso de mulheres nem reconhecem a *Ordem Maçônica Mista Internacional Le Droit Humane*, com sede na França e lojas em todos os continentes reconhecidas, nas quais homens e mulheres são iguais e por isso mulheres são admitidas. Isto denota que as ordens maçônicas, exclusivamente integradas por homens no Brasil, ainda mantém resistências e argumentos sem fundamento consistente, salvo as conveniências não explicitadas por seus integrantes, distantes dos novos tempos, que preconizam a universalização da participação feminina em todas as associações humanas porque a mulher conquistou independência, portando livre e igual ao homem em direitos e deveres.

Urge que a mencionada restrição, que não conduz à justa e perfeita busca por uma sociedade mais harmoniosa, tão longe das exigências do avanço civilizatório, seja revista, para que no seio destas ordens possa reinar a verdadeira igualdade entre homens e mulheres livres e de bons costumes.

3. IDOSOS E PORTADORES DE NECESSIDADES ESPECIAIS

Os abusos contra idosos foram descritos pela primeira vez, em 1975, em revistas científicas britânicas, que apontaram, por exemplo, para o espancamento de avós como questão social e política. Práticas perversas foram identificadas, primeiro, em países desenvolvidos, onde é maior a pesquisa sobre o tema, definido pela rede internacional para preservação de abuso ao idoso e citado pela OMS, em relatório de 2003, como "ato simples ou repetido, ou ausência de ação apropriada, que ocorre no contexto de qualquer relacionamento em que haja uma expectativa de confiança, que cause dano ou tensão em pessoa idosa".

As violações contra os idosos, em todo o mundo, podem ser classificadas:[11] *a*) físicas: surras e brutalidades físicas; *b*) emocionais ou verbais: discriminação com base na idade, insultos, injúrias, difamação, intimidação, acusações falsas, sofrimento psicológico e crueldade mental; *c*) financeiro: extorsão e controle de dinheiro de pensão; apropriação de bens móveis e imóveis; exploração de idosos para práticas, como tomar conta de netos; *d*) negligência, perda do respeito,

11 OMS, ob. cit., p. 139.

recusa de afeto, falta de interesse pelo bem-estar; *e*) acusações de bruxarias: estigma e ostracismo; *f*) abuso permanente no sistema: tratamento desumano nas clínicas de saúde e nas repartições encarregadas de pensões e marginalização pelos governos.

O abuso contra idosos foi identificado por pesquisador da Noruega como triângulo de violência: vítima, ofensor e aqueles a quem assiste observar os atores principais, conforme revela o Relatório da OMS de 2003, página 133.

Quanto à ação legal poucos países dispõem de obrigatoriedade em caso de abuso contra idoso, dentre eles o Canadá, alguns Estados dos EUA e Israel. Portanto, isto é, para erradicar os problemas, são necessárias leis e políticas efetivas e estratégias de prevenção.

Urgem leis que incluam o idoso como grupo ao tratar da violência doméstica ou intrafamiliar, no âmbito criminal e cível, explicitar o abuso, a negligência e a exploração ao idoso e leis específicas, a exemplo do Brasil, com o Estatuto do Idoso.

Em alguns países africanos, como por exemplo, a República Unida da Tanzânia, cerca de 500 idosas são acusadas de bruxarias e assassinatos e expulsas de suas casas para viverem na pobreza em áreas urbanas.

Maus-tratos também são identificados em quase todos os países onde existem instituições de cuidados continuados, como instituições asilares, *residencial care*, hospitais ou instituições-dia.

No Brasil os casos de suspeita ou confirmação de maus-tratos contra idosos devem ser informados pelos profissionais de saúde, que estão obrigados a comunicar à autoridade policial, ao Ministério Público e aos Conselhos Municipais, Estaduais ou Nacional do Idoso (art.19 do Estatuto do Idoso).

Cumpre aos Conselhos de Idosos, ao Ministério Público e à Vigilância Sanitária, além de outros previstos em lei, a fiscalização às entidades governamentais e não-governamentais e de atendimento ao idoso, as quais, sem prejuízo da responsabilidade civil e criminal de seus dirigentes e prepostos, que, estando sujeitos às penalidades de advertência e de afastamento provisório ou definitivo de seus dirigentes, poderão receber sanção de fechamento da unidade ou interdição do programa, se for entidade governamental. Em caso de entidades não-governamentais, podem sofrer as penalidades de advertência, multa, supervisão parcial ou total de repasse de verba pública, interdição da unidade ou suspensão do programa de proibição de atendimento ao idoso.

A lei de proteção ao idoso, em nosso ordenamento, destina-se a assegurar direitos, elenca as garantias com prioridade no parágrafo único do art. 3º, bem como as medidas específicas de proteção, por requerimento do MP, além de dispor sobre as entidades de atendimento e a fiscalização delas, as penalidades aplicáveis e infrações administrativas e sua apuração administrativa e judicial, bem como do acesso à justiça e os crimes em espécie. São poucos os trabalhos jurídicos sobre a proteção dos idosos e mais raros ainda sobre proteção dos deficientes físicos e dos portadores de necessidades especiais em geral.[12]

Esta lei minudente que contém normas e princípios para proteção ao idoso e direção para os Poderes Executivo e Judiciário, longe está de ser observada e cumprida, podendo-se dizer que ainda não foi aplicada e nem observada na sua totalidade, apenas em parte, posto que o humano direito ao atendimento, por órgãos públicos e estabelecimentos particulares, ainda não se concretizou.

Quanto à proteção das pessoas portadoras de deficiência, a Constituição, no art. 203, IV, estabelece que a assistência social comunitária será prestada a quem dela necessitar, independente de contribuição à seguridade social e tem por objetivos a habilitação, reabilitação e promoção de sua integração na vida comunitária. Esta é regra genérica, reafirmada por dispositivos mais específicos, ainda na igualdade material do art. 5º, no direito ao trabalho, à luz do inciso XXXI, que veda qualquer discriminação no tocante a salário e critérios de admissão do trabalhador portador de deficiência. O art. 37, VIII, também prevê que a lei reservará percentual dos cargos e empregos para as pessoas portadoras de deficiência e definirá os critérios de sua admissão.

A dificuldade de alcançar lugares, que a arquitetura cria obstáculos, e nos meios de transporte, foi superada pela previsão constitucional do art. 244, *caput,* ao prever que a lei disporá sobre a adaptação dos logradouros, dos edifícios de uso público e dos veículos de transporte coletivo existentes, a fim de garantir acesso adequado às pessoas portadoras de deficiência, conforme o art. 227, § 2º, ao estabelecer que a "a lei disporá sobre normas de construção de logradouros e dos edifícios de uso público e de fabricação de veículos de transporte coletivo, a fim de garantir acesso adequado às pessoas portadoras de deficiência".

Cumpre ressaltar que a Lei nº 7.853/89 inclui no rol de direitos protegidos pela ação civil pública os direitos da pessoa portadora de deficiência. O MP tem legitimidade para defender o interesse dessas pessoas, assim como associações, fundações e sociedades de economia mista, se incluída entres suas finalidades e o Decreto nº 3.298/99 disciplina critérios mínimos para aqueles que se enquadram na proteção das pessoas portadoras de deficiência.

---

12 ARAÚJO, Luiz Alberto David, *A Proteção Constitucional das Pessoas Portadoras de Deficiência*, Brasília, Corde, 1997; MARTINEZ, Wladimir Novais, LTR, *Direito dos Idosos*, PERES, Ana Paulo Ariston Barjon, *A Proteção dos Idosos*, Ed. Juruá; GODINHO, Robson Renault, *Direito Dos Idosos*, Lumen Juris.

4. DIREITOS SEXUAIS

A Holanda é o país que desde 1998 assegura aos homossexuais, na legislação, o direito à adoção e à socialização de minorias, seguido pelo Estado de Nova Jersey, nos EUA.

Ainda há pena de morte para a prática do homossexualismo no Paquistão, Irã, Arábia Saudita, Iraque, Sudão e Afeganistão e proibida na legislação do Chile, Equador e Nicarágua.

A Inglaterra, onde a intolerância sexual é minoritária, é o Estado que incentiva a discussão sobre homossexualismo nas instituições de ensino, com o programa escolar *no outsiders* (sem páreas), que conta com o apoio do Ministério da Educação, após a lei de 2003 que veda discriminação sobre sexualidade. O objetivo é prevenir que crianças sofram discriminações por terem pais homossexuais. Este projeto usa contos de fatos alternativos, mas encontra resistências, inclusive do *Conselho Muçulmano Britânico*, que considera o projeto uma promoção da noção familiar contrária aos preceitos islâmicos.

Na Polônia a luta é diferente. O tema é tabu para o partido homofóbico de direita *Liga Ultra-Católica das Famílias Polonesas*, cujo líder fora acusado de intolerância ao elaborar projeto de propaganda homossexual nas escolas. Naquele país mais de 10 mil professores de ensino marcharam em março de 2007 em Varsóvia em sinal de protesto contra a política do governo que queria banir o que chamou propaganda homossexual nas escolas e contou com um projeto que permite demitir professores gays ou outra pessoa que promova o homossexualismo em qualquer instituição acadêmica. Na Polônia a comunidade homossexual vive sob abusos físicos e morais, onde a homofobia é comum, de credo predominantemente católico e as autoridades em maioria são adeptas de políticas discriminatórias, condenam a liberdade sexual e viceja a intolerância.

A Europa, na construção de um projeto comum de união, que se sustenta na liberdade, na igualdade e respeito, não poderá retroceder.

A *Corte Européia de Direitos Humanos* decidiu que a existência de legislação penal na Irlanda do Norte, que proibia as relações homossexuais masculinas, era contrária ao direito de respeito à vida privada, na qual se inclui a vida sexual, no caso Dudgen, por sentença de 22.11.1981.

No Brasil, qualquer discriminação é proibida pela Constituição e expressamente as instituições científicas e culturais das mais respeitáveis condenam a discriminação aos homossexuais, dentre elas: Sociedade para o Progresso da Ciência (SBPC), 1981; Associação Brasileira de Antropologia (ABA), 1982; Associação Brasileira de Estudos Populacionais (ABEP), 1988; Associação

Nacional de Pós-Graduação em Ciências Sociais (ANPOCS), 1984; Associação Brasileira de Psiquiatria (ABP), 1984.

Segundo relatório da Anistia Internacional a África lidera em número de países em que o homossexualismo é crime: dos 53 países do continente, 34 condenaram a prática (64%); na Ásia são 27 dos 43 países (62%), perfazendo no mundo um total de 76 países, que consideram o homossexualismo ilegal, dos quais oito países punem com pena de morte e em sete países com prisão perpétua.

Ainda nas pesquisas da *Anistia Internacional*, o Brasil, onde o tema é debatido sem tabu, tem evoluído; é modelo para outras nações pelo esforço dos ativistas por trabalharem na adoção de medidas legais que visam acabar com a discriminação.

Evoluiu também a jurisprudência brasileira desde 1996, ao incluir o companheiro do mesmo sexo no plano de saúde previdenciário e na adoção de criança por pessoas do mesmo sexo, embora neste aspecto ainda seja muito difícil o reconhecimento deste direito pelos magistrados. Por outro lado, é o país onde há níveis altíssimos de violências contra homossexuais e impunidades por estes atos. A opressão sexual em geral é violenta e banalizada, porque corriqueiramente movida por preconceitos arraigados na cultura dos povos.

A Convenção Internacional sobre Discriminação contra a Mulher, art. 5º, reza expressamente que a "modificação de padrões socioculturais dos homens e mulheres", para alcançar a "eliminação de preconceitos e práticas consuetudinárias e de qualquer violação, que sejam baseadas na idéia de inferioridade ou superioridade a qualquer dos sexos ou função estereotipada a homens e mulheres"

Ativistas criticaram o Brasil por ter recuado da moção a ser apresentada na ONU no início de 2004, condenando o preconceito contra este grupo, sob justificativa da *Secretaria de Direitos Humanos* de ser uma retirada estratégica, diante da falta de consenso.

A ONU elenca os chamados direitos sexuais que são direitos humanos.

O antropólogo Luiz Carrrara considera direitos sexuais um significante flutuante, porque não teria definição precisa e uma palavra pode ser substituída por outra. Direito sexual como direito de usufruir o próprio corpo. Para ele, a sexualidade, considerada do ponto de vista dos direitos humanos, deve ser pensada a partir de três eixos, relativos à: *a*) expressão de sexualidade ou de orientação sexual, na qual o homossexualismo é tema central e questões de não-discriminação, adoção e união civil; *b*) relação sexual propriamente dita, que abrange a prostituição, idade de consentimento, divórcio e violência sexual; *c*) questão vinculada às conseqüências das relações sexuais, incluindo a reprodução, AIDS e doenças sexualmente transmitidas.

A noção de humanidade tende a oscilar entre a inclusão na ordem social dominante e a construção de ordens sociais paralelas, ao arrepio da lei e da proteção estatal.

No Estado do Ceará, Janaína Dutra ressalta em sua pesquisa o seguinte: de 165 travestis, 95 se prostituem, mesmo que eventualmente; 62% vivem em prostituição, dos quais 42% são arrimos de família. Estes dados sinalizam para urgência de políticas públicas, pois que a discriminação na família ou o preconceito de raça e de classe social levam à prostituição como forma de sobrevivência.[13]

O direito sexual e liberdade sexual estão associados à responsabilidade e consentimento e carecem de regulamentação, que não bloqueiem, mas removam os obstáculos ao exercício desse direitos, que, segundo o antropólogo, faça nascer um novo regime de liberdades e do qual não resulte perigo sexual

Neste novo regime de liberdades se insere, para superar abordagens tradicionais e conservadoras, o direito democrático da sexualidade, do qual se extraem os direitos à liberdade sexual; à autonomia sexuintegridade, à segurança do corpo sexual; à expressão sexual; à associação sexual; às escolhas reprodutivas livres e responsáveis; à informação sexual livre de discriminação; ao prazer sexual e à intimidade sexual. Todos esses direitos, com fundamento na liberdade, privacidade, autonomia e segurança, conexos ao direito à vida e de não sofrer exploração sexual, sendo a liberdade e a igualdade os meios positivos de promoção dos direitos sexuais.

Cresce o número de homens e mulheres que buscam as condições objetivas de vida, além do fator econômico, mas ao bem-estar, de compor uma comunidade que os acolha e os aceite sem restrições. Esta busca por novas sociabilidades includentes ainda enfrenta a timidez no reconhecimento jurídico das relações amorosas entre pessoas do mesmo sexo, o que compele muitos ao auto-exílio

13 Ver A Saga da minoria mais desprezada na América, in *O Globo*, 21.maio.1998, p. 7; ver também *A Cidadania e os Direitos Humanos de Gays, Lésbicas e Travestis no Brasil*, Almeida Luiz Mello; ver ainda RIOS, Roger Raupp, A discriminação por gênero e por orientação sexual, Justiça Federal da Seção Judiciária do Rio Grande do Sul, Porto Alegre, pp. 165 a 178; e *idem*, Piovesan, Felipe, pp. 179 a 185; idem, *O Princípio da Igualdade e a Discriminação por Orientação Sexual. A Homossexualidade no Direito Brasileiro e Norte-Americano*, São Paulo, Revista dos tribunais, 2002, 192 página, o autor trata do tema com enfoque do Direito Constitucional e toma por base o *princípio da igualdade*, e compara o *sistema norte- americano* com o nosso; idem, *A Homossexualidade no Direito*, Porto Alegre, Livraria do advogado, Esmafe, 2001.

em espaços de coisas de convivência entre ditos iguais sem visibilidade social ostensiva.[14]

Mais preocupante é a exclusão com que muitos se encontram a partir da expulsão nas famílias, combinado com o "cenário cosmopolita e fascista", que se impõe aos modos de socialização e cristalização dos modelos determinados e discriminados, pois, ao negar-lhes direitos, bens e serviços, os travestis e transexuais são levados à prostituição.

Osmundo Pinho analisa o mundo de exclusão, a hegemonia heterossexual e a hegemonia homossexual na crítica à esfera pública hegemônica ou dominante e heterossexual e excludente .[15]

São instrumentos internacionais de proteção de direitos humanos: 1. acesso à informação e educação sexual e reprodutiva; 2. serviço de saúde sexual e reprodutiva acessíveis, seguras e adequadas; 3. serviço social e legal de suporte para estes direitos; 4. políticas de segurança para coibir e eliminar todo tipo de violência; 5. políticas que promovam e garantam a igualdade; 6. políticas que promovam e fixem responsabilidade sexual e fertilidade.

Incidem a injustiça, a discriminação, a opressão, a exploração e a violência sobre inúmeras identidades e práticas sexuais subalternas ou outras condições a ela associadas, como o soropositividade para HIV-AIDS.

No âmbito internacional a *Corte Européia de Direitos Humanos*, no caso Christini Goodwin, sobre o reconhecimento do direito a cirurgia de mudança de sexo em transexuais, marca uma nova fase para o tratamento jurídico da questão, ao transpor o aparato burocrático, que impõe sofrimento ao indivíduo. O reconhecimento dos direitos que a decisão assegura é início de uma tendência a ser difundida por todos os tribunais, para então considerar outros critérios, além do

---

14 Peres,William Siqueira, *Violência, Exclusão e Sofrimento Psíquico*, p. 116, *in Homossexualidade: Produção, Cultura, Cidadania e Saúde*, org. Luis Felipe Reis [*et al*.], Rio de Janeiro, ABIA, 2004; é professor do departamento de Psicologia Clínica da FCJ/UNESP e doutor em Saúde Coletiva; ver ainda Ana Lea Kornblit e Mario Pecheny, *Gays y Lesbicanas:Formación de la Identidad y Derechos Humanos,* Buenos Aires, La Comera,1998; ver Mario Pecheny, *La Salud como Vetor del Reconocimiento de los Derechos de las Minorias Sexuais, in* DOMINGUEZ, Mon A.; FREDERICO, A.; FINDLING, L.; MENDEZ, Diz A., *La Salud in Crises. Uma Mirada desde las Ciências Sociales*. Buenos Aires, 2006, pp. 199-215; ver ainda R.Petchesky, *Direitos Sexuais: Um Novo Conceito na Prática Política Internacional, in* Barbosa, R. PARKER (org.), *Sexualidade pelo Avesso: Direitos, Identidades e Poder*, São Paulo, Editora 34, 1999.

15 *A Guerra dos Mundos Homossexuais- Resistência e Contra-Hegemonia de Raça e Gênero*, pp. 127/133, *in* ob. cit., o autor é doutor em Ciências Sociais pela UNICAMP.

biológico, para designar o sexo do indivíduo e facilitar que o pós-operado transexual obtenha o registro civil com prenome e indicação sexual correta.[16]

Nas Forças Armadas os casos de transexuais operados ou de homossexuais têm levado a procedimentos administrativos de reforma ou transferência para outros Estados, do que resulta que as vítimas da discriminação cheguem aos tribunais para vindicar direitos humanos. Nova ótica em relação a este tipo de conflitos começa a ser difundida na opinião pública e em alguns setores da sociedade civil. A tendência nas Forças Armadas por todo o mundo tem sido de não mais acolher a discriminação. No Brasil, além das decisões dos tribunais contra a discriminação nas Forças Armadas e na preservação dos direitos humanos dos militares, é preciso reformular a legislação, a fim de que não mais persista a homofobia e a intolerância em todas as instituições. A pressão dos fatos e da realidade, até então oculta, ao vir à tona nos meios de comunicação de massa, produzirá efeitos transformadores de condutas e normas disciplinares para adequar as normas jurídicas e disciplinares às práticas sociais.

Em 2008 um sargento foi preso sob acusação de deserção, no Batalhão de Polícia do Exército em Brasília, após assumir publicamente um relacionamento homossexual com um sargento que recebeu baixa do Exército. O acusado de deserção foi mantido preso, com pedido de liberdade negado pelo Conselho Permanente da 11ª Circunscrição Judiciária Militar e negado pedido de liminar ao recorrer ao STM (Superior tribunal Militar), mas o STF, por decisão do Ministro Gilmar Mendes, determinou, em 30.7.2008, "imediata concessão da liberdade provisória" porque o desertor não foi julgado nos 60 dias a contar da data de sua apresentação voluntária ou captura, conforme reza o Código Penal Militar.

Práticas sociais estigmatizadas, até como sexualidade desviante, sob impacto e pressão de ideologias religiosas hegemônicas, ainda não encontrou no Estado a força necessária para enfrentar difíceis temas conforme a prostituição, o que propicia e facilita a violência contra profissionais do sexo e a sua exploração.

A prostituição, que ainda clama por atenção à situação de vulnerabilidade feminina no âmbito cultural e econômico, encontra na legislação internacional o repúdio à exploração, com a afirmação da intolerabilidade à exploração sexual,

---

16 VERÇOSA, Fabiano, Transexuais – Reconhecimento Jurídico da Cirurgia de Mudança de Sexo, *Arquivos de Direitos Humanos,* vol. 5, pp. 312-327; ver ainda PERES, Ana Paula Ariston Barion, *Transexualismo: o Direito a uma nova Identidade Sexual*, Rio de Janeiro, Renorvar, 2001; ver ITAXASO, María Elosegui, *La Transexulidade: Jurisprudência y Argumentación Jurídica Granada*, Editorial Comares, 1999.

incluindo o tráfico de mulheres e a *Convenção Internacional para Repressão ao Tráfico de Pessoas e Lenocínio* optou pela não-criminalização e não-regulamentação quanto às profissionais do sexo.

O Brasil ainda não conseguiu acabar com a exploração infantil. Porém, a prostituição masculina recebe tratamento diferente da polícia e dos operadores jurídicos, submetendo-a incorretamente ao delito de vadiagem.

No âmbito dos direitos em relação ao sexo a grande luta hoje é a da criminalização da homofobia, que deve ser bem tipificada, para evitar interpretações equivocadas.

Capítulo XIII

VIOLAÇÕES DOS DIREITOS SOCIAIS BÁSICOS

1. DIREITOS SOCIAIS

Os direitos sociais prescrevem obrigações dos Estados de garanti-los a todos. Mas uma sociedade não eqüitativa no âmbito econômico e político tende a gerar instituições econômicas e sociais que defendem os privilégios daqueles que influenciam e opõem restrições dos grupos socialmente inseridos na escala inferior da estrutura distributiva. [1]

Antes de se ter acesso à saúde pública, educação e todos os demais direitos, a pessoa humana tem o direito de existir como pessoa e para isto precisa do registro civil para ser reconhecida pelo Estado. Não havia um registro único de nascimentos feito pelos cartórios. Assim, o IBGE denomina subregistros aqueles que não integram as estatísticas, não existem oficialmente e serão incluídos no próximo censo. Os sem-registros não conseguem exercer os direitos sociais. Há uma via *crucis* para efetuar o registro de crianças com mais de 12 anos. Os notários começaram a fazer o cadastro para quem nasce a partir de 2006 e no Tribunal do Estado do Rio de Janeiro, o magistrado Siro Darlan põe em prática o *Programa Quem Sou Eu*, que promove mutirões para fornecer o registro civil e facilitar as segundas vias de certidões de nascimento. A falta de registro de nascimento, que é comum entre dos ciganos mais carentes, em face de seu nomadismo, resulta em obstáculos para todos os atos da vida civil, por falta de documento de identificação.

---

1 Ver MACHINEA, José Luis y HOPENHAYAN, Martin, *La Esquiva Equidade em el Desarrolo Latinoamericano*, p. 29, *Anuário Iberoamericano,* 2006, EFE, Madrid, Ediciones Piramide, 2000.

A Cúpula do Milênio traçou os oito principais objetivos do milênio: 1. erradicar a extrema pobreza e a fome; 2. atingir o ensino primário universal; 3. promover a igualdade entre os seres e a autonomia da mulher; 4. reduzir a mortalidade infantil; 5. melhorar a saúde materna; 6. combater a HIV/AIDS, malária e outras doenças; 7. garantir a sustentabilidade do ambiente; 8. estabelecer uma parceria mundial para o desenvolvimento.

Os direitos sociais constitucionais são liberdades positivas que o Estado esta obrigado a observar, com vistas a melhoria das condições de vida dos hipossuficientes, para concretizar a igualdade social ou pelo menos reduzir a desigualdade social, que é objetivo do Estado Brasileiro, no art. 3º, III, explicitado no art. 6º, principalmente.

As revoluções liberais inseriram o indivíduo no centro da organização social. Mas para que ele tivesse sua a autonomia social, para que a liberdade pudesse ser exercida por todos e não apenas por aqueles que detinham o capital, foi preciso alargar o acesso à saúde, emprego, habitação e outros elementos sociais fundamentais ao seu desenvolvimento integral. As leis de comércio internacional e a legislação de direitos humanos foram desenvolvidas de modo mais ou menos isoladas umas das outras. Assim, o *Relatório da Comissão de Direitos Humanos da ONU* instou os Estados que integram a OMC a considerarem as implicações para os direitos humanos na questão da liberalização do comércio de serviços, especialmente a saúde, a educação e o abastecimento de água, na análise de Tim Kessler. Este ressaltou o fato de que à medida que a prestação de serviços privados, nos últimos cinco ou 10 anos, aumentou, a opinião pública registrou maior número de episódios de disparada de preços, baixa produtividade e corrupção nesses serviços.[2]

O argumento de equilibrar valores de eficiência e a prudência fiscal com um marco de direitos humanos está apoiado não só pelo senso comum e por evidências.

Os direitos sociais, na categoria de direitos humanos, é idéia que se desenvolveu em torno da noção de responsabilidade do Estado, somada ao princípio de solidariedade que, na Constituição brasileira em vigor, consta do art. 3º, I.

Vicente Barreto encontra fundamento em dois argumentos de Hoffe: o primeiro está na importância funcional da responsabilidade social, porque se não houvesse esta responsabilidade, a liberdade e a participação deixariam de existir historicamente; o segundo argumento consiste em considerar a responsabilidade

---

2 Do Contrato Social aos Contratos Privados: Privatização Banalizada, *Observatório da Cidadania,* 2003, p. 19.

social do poder público como atributo absoluto da organização estatal, portanto uma questão da própria natureza do Estado.[3]

A Declaração Universal dos Direitos do Homem, de 1948, ao reconhecer os direitos econômicos, sociais e culturais indispensáveis à dignidade e ao livre desenvolvimento da personalidade humana, deu positividade no âmbito internacional, ao dispor, no art. 23, sobre direitos de proteção do trabalhador. Pactos foram elaborados para ampliar e dar efetividade a esses direitos. O *Pacto Internacional de Direitos Econômicos, Sociais e Culturais* estabelece o direito de gozar de condições de trabalho justas e favoráveis, para assegurar a todas as pessoas uma existência digna para si e para a sua família prevista no art. 7º, além da proteção contra a fome e reforma de recursos agrários, para propiciar os recursos naturais necessários. Portanto, os direitos sociais foram reconhecidos para garantir a existência material digna, com a prestação positiva do Estado.

Se os direitos civis e políticos são de aplicabilidade plena e imediata, a auto-aplicabilidade dos direitos sociais é discutível. O *Pacto de Direitos Econômicos, Culturais e Sociais* estabelece que os Estados Partes concordam em adotar medidas para tornar os direitos efetivos, inclusive a adoção de recomendações, prestação de assistência e organização técnicas, reuniões regionais e técnicas em conjunto com os governos interessados para consultas e estudos. De um lado a tese de que sem recursos econômicos os Estados não seriam responsabilizados no âmbito internacional por violação de direitos sociais. Do outro lado a tese de que o Estado-Parte, que aderiu ao Pacto em referência, assumiu o compromisso de adotar medidas para o efetivo direito. Esta segunda corrente tem sido adotada.

2. EXPLORAÇÃO DA MÃO-DE-OBRA (TRABALHO ANÁLOGO AO TRABALHO ESCRAVO)

Émile Zola retratou a exploração do trabalho do homem e da mulher em sua obra literária *Germinal* (1850).

O ordenamento jurídico referente aos trabalhadores evoluiu de 5 de janeiro de 1907, quando o Presidente Afonso Pena assinou o Decreto nº 1.637, sobre criação de sindicatos profissionais e de cooperativas inspirado na legislação francesa de 1884, até os nossos dias. Pazzianotto relata e analisa as etapas das

---

3 BARRETO, Vicente, Ética e Direitos Humanos: Aporias Preliminares, in *Anais do VI Seminário Nacional de Pesquisa e Pós-Graduação em Direito*, UERJ, 1997, p. 159.

relações trabalhistas no Brasil, marcadas pela violência e pelos conflitos até hoje insolúveis, de um movimento sindical que o autor considera imaturo.[4]

Nos anos 30 a OIT preocupou-se com os trabalhadores migrantes e suas famílias, ao promover uma Convenção em 1939, que não entrou em vigor por falta de ratificações, mas com sucesso uma outra em 1949 com o mesmo título. A Convenção sobre Trabalhadores Migrantes de 1975, além de acolher o princípio da igualdade de tratamento e oportunidade para trabalhadores migrantes legalmente estabelecidos no território do Estado, visa coibir o tráfico de mão-de-obra e a migração clandestina, que negam direitos sindicais, seguros sociais e tudo que diga respeito ao trabalho e à ocupação.

A criação das varas itinerantes, no âmbito da Justiça do Trabalho, pela Lei nº 10.770/2003, contribuem para erradicar o trabalho escravo e a exploração da mão-de-obra. As primeiras varas foram instaladas no município de Redenção, no sul do Pará, um dos principais redutos da exploração.

O Ministério Público Federal criou as forças-tarefas para combate ao trabalho escravo e ajuizou denúncias que atingiram 118 pessoas de maio de 2003 a junho de 2004. A Erradicação de Trabalho Escravo (CONAETE) utiliza dentre outros procedimentos a ação civil pública e as ações civis coletivas, pleiteando dano moral e ajustamento de conduta.

Outra medida relevante é a divulgação pelo Ministério do Trabalho do cadastro de empregadores, que tenham mantido trabalhadores em condições análogas à de escravo, em lista de condenados administrativamente.

Ricardo Fiqueira,[5] ao tratar da migração e do trabalho escravo, desde o escravismo antigo, distingue a escravidão clássica daquela que se vê hoje no Brasil e analisa o fato desses trabalhadores resgatados retornarem à submissão degradante por mais de uma vez.

Algumas iniciativas de combate a prática desta exploração humana estão: 1. apoio ao associativismo e cooperativismo; 2. implementação de projetos de assentamentos; 3. acesso à educação; 4. documento de trabalhador rural; 5. levantamento e fiscalização cadastrais de imóveis rurais, com incidência de trabalho escravo.

Ainda como medidas urgentes gerais, a serem adotadas, podemos citar a diminuição da vulnerabilidade; prevenção ao aliciamento; a reinclusão de trabalhadores libertados e o resgate da cidadania.

---

4 *100 Anos de Sindicalismo*, PAZZIANOTTO, Almir, Ed. Lex.

5 Pisando fora da própria sombra – a escravidão por dívida no Brasil contemporâneo.

Critérios rígidos de punição aos exploradores de trabalhadores contribuem para erradicação do trabalho escravo, tais como a exclusão da pessoa física ou jurídica em certames licitatórios. A Lei nº 8.666/93, no inciso IV do art. 29, dispõe sobre a exigência de prova de regularidade relativa à seguridade social e ao FGTS, demonstrando situação regular no cumprimento de encargos sociais. Portanto, apesar das opiniões em contrário, é legal a restrição, porque os exploradores de trabalhador têm custos mais baixos em face daquele que mantém suas atividades conforme a lei, logo em violação ao princípio da igualdade entre participantes do certame licitatório.

O trabalho infantil, nas faixas etárias impróprias de cinco a nove anos e de 10 a 15 anos de idade, ocorre principalmente em atividades agrícolas, enquanto nos grupos de 16 e 17 anos de idade o trabalho é predominante em atividade não-agrícola.

O trabalho agrícola na Região Nordeste (55,2%), é predominantemente entre meninos (74,2%), mas as meninas aumentaram a participação nessa atividade em 1, 3%. Em 2005 observou-se que das crianças de 10 a 17 anos ocupadas, 76% delas começam a trabalhar com menos de 15 anos de idade e no Piauí o percentual chega a 94%. O trabalho infantil vem se reduzindo nos últimos anos, mas em 2005 ocorreu ligeiro aumento em relação a 2004, quando houve aumento de 148 mil crianças de cinco a sete anos de idade, no Nordeste e Sudeste, porque nos demais houve queda. A exploração, dentro de casa, do trabalho infantil, segundo a OIT, em cruzamento de dados da Pesquisa Nacional por Amostra de Domicílios, apresentou as seguintes características em 2006: das 410.732 empregadas domésticas, 162.783 têm de cinco a 11 anos; 94% são meninas; da faixa etária de cinco a 15 anos, 15% empregadas não freqüentam a escola e de 16 e 17 anos a taxa de ausência na escola dobra para 30%; o salário médio das adolescentes de 16 e 17 anos é de R$ 137,08 e nas meninas é de R$ 79,10; são 14.807 meninas e meninos entre 10 e 17 anos que trabalham em casa de estranhos sem nada receber.[6]

Pesquisa de Jane Maria Pereira, realizada no Estado do Rio de Janeiro, observou que a informalização, inscrições em ocupações pouco qualificadas e desemprego são contraponto de décadas de baixo dinamismo econômico e de modernidade liberal. Nesta pesquisa verificou-se um crescimento da população no trabalho informal sem carteira, por conta própria, sem contribuição à previdência social e dos trabalhadores domésticos. Por outro lado, houve o incre-

6 Síntese de Indicadores Sociais 2006 – IBGE; dados de 2006 da OIT cruzados com PNAD/2006, publicados pelo *O Globo*, 13.4.2008, p. 33.

mento à população ocupada no Rio de Janeiro entre 1991 a 2000 nas seguintes ocupações: domésticas – ranço da servidão; agregado de vigilante; guardas e vigias vinculados às necessidades produzidas pela violência urbana; vendedores na disputa de ponto de comércio nas ruas; ocupação ligada à alimentação (garçons, copeiros, cozinheiros, barmans) e ocupações ligadas ao "culto da forma" (cabeleireiro, manicure, esteticistas e assemelhados).[7]

3. O DIREITO ALIMENTAR

"A fome onde quer que ela se instale será sempre um ato político", assinala Nélida Pinõl, no livro *República dos Sonhos*.

A fome não decorre da inexistência de alimento, mas na desigualdade do acesso alimentar. Ela é percebida na preocupação que o alimento acabe antes que haja dinheiro para adquirir mais, o que ressalta a dimensão psicológica da insegurança alimentar, o comprometimento da qualidade da dieta e a restrição da disponibilidade de alimentos.[8]

O direito alimentar integra a segunda geração de direitos, que são conectos à igualdade e à solidariedade, que transcendem fronteiras nacionais, para se situarem em reivindicação de direito universal entre cidadãos do mundo.

A garantia da segurança alimentar depende das políticas públicas implementadas, conforme períodos de governo, com seus projetos políticos.

O problema crônico da insegurança alimentar junto à pobreza e à desigualdade distributiva estatal da sociedade está inserido na qualidade sanitária e nutricional dos alimentos, à conservação e controle dos recursos fitogenéticos e ao acesso alimentar.

O acesso à alimentação, incluído entre os direitos humanos, em si, independe de qualquer justificativa a sua negação por razões políticas ou econômicas.

A pioneira análise foi escrita em 1940, *A Geografia da Fome*, por Josué de Castro e um dos trabalhos mais relevantes fez reabrir a discussão da segurança alimentar, que é o *Mapa da Fome*, pelo IPEA, em 1993.

A garantia do acesso alimentar está contida na política da segurança alimentar, que é parte do conjunto das políticas sociais, que por sua vez é categoria das políticas públicas, no moderno Estado de Bem-estar, sendo que cada siste-

---

7 Souto de Oliveira, Mutação no Mercado do Trabalho Fluminense; (Triste) Espetáculo, *ENCE nos 50 Anos: um Olhar sobre o Rio de Janeiro*, Escola Nacional de Ciências Estatísticas, Rio de Janeiro, IBGE, 2000.

8 *Segurança Alimentar*, IBGE, Rio de Janeiro, 2006.

ma de proteção social corresponde a um modo dominante de implementação de políticas.

Este modelo pode ser de políticas sociais: 1. com público-alvo os segmentos penalizados da sociedade, pela sua situação no mercado, que visam fornecer a estes grupos a satisfação mínima de suas necessidades – *modelo residual*; 2. implementadas em benefício dos segmentos sociais específicos, selecionados pelo Estado – *modelo meritório-particularista*; 3. conduzidas para beneficiar igualmente a todos os cidadãos – *modelo universal-redistributivo*.[9]

As três dimensões para os programas que visam garantir a acessibilidade alimentar são: 1. *programas regulatórios* – atuam sobre os preços, estimulam a concorrência para melhorar serviços e reduzir preços de refeições, normalizam o acesso por regras e padrões gerando efeitos universais, mas favorecem as populações mais carentes; 2. *programas compensatórios* – suplementam déficits nutricionais ou calóricos por doação de gêneros alimentícios e vendas subsidiadas; são de caráter emergencial ou em bases estruturais, como por exemplo, na merenda escolar.

A cidadania alimentar amplia o conhecimento dos consumidores sobre preços no varejo e nas redes de distribuição de alimentos, das características nutricionais de produtos e hábitos de consumo, de seus efeitos na saúde e bem-estar da população.

A *Cúpula Mundial da Alimentação*, com participação de 186 países, reconheceu que a fome é ao mesmo tempo causa e conseqüência, mas cinco anos depois, em junho de 2002, verificou que a meta fixada não será atingida em face da redução dos famintos estar abaixo do um terço do fora acordado.

A Somália hoje é um Estado falido e carente de alimentos. Mais de 2,5 milhões dos oito milhões de somalis dependem de alimentos doados, mas segundo a ONU este número tende a subir para 3,5 milhões de pessoas. País que vive a anarquia, sem governo central desde 1991, quando as milícias derrubaram o ditador Siad Barre, cujos conflitos fizeram com que um milhão de pessoas fugissem, prejudicaram a ajuda humanitária e o comércio, para atingir uma inflação de 500%, que causou a elevação de preços dos produtos básicos. Além disso, 90%

9 PESSANHA, Lavínia Davis Rangel, *Segurança Alimentar como um Princípio Orientador de Políticas Públicas*: *Implicações e Conexões para o Caso Brasileiro*, Tese de Doutorado, Rio de janeiro, CPDA/URRJ, 1998; ver ainda MONTEIRO, Cláudia, O Panorama da Nutrição Infantil nos Anos 90, in *Cadernos de Políticas Sociais, Série Documentos para Discussão*, nº 1, 1997; MALUF, R.S., Segurança Alimentar e Desenvolvimento Econômico na América Latina, *Revista de Política Econômica*, vol. 15, nº 1, 1995.

dos mantimentos enviados pela ONU sofre ataque dos piratas, que impedem que alcancem o destino. Tudo isto faz dos somalis o povo mais sofrido, onde funcionários da ONU são mortos e dezenas de agentes estrangeiros desaparecidos e o povo dizimado.

4. O DIREITO À SAÚDE E À MORADIA ADEQUADA

Todos têm direito a um lar seguro e a viver em paz e com dignidade. Estes direitos receberam reconhecimento global em instrumentos internacionais e especialmente no Acordo Internacional Sobre os Direitos Econômicos, Sociais e Culturais.

O direito à saúde implica no acesso igualitário dos serviços na prevenção e recuperação.

A garantia está nas políticas sociais e econômicas e de redução de risco de doenças.

No Brasil, o direito à saúde de todos, reconhecido apenas formalmente da Constituição Federal, depende da elaboração de normas e políticas públicas para dar aplicação à norma constitucional programática. Para tanto preciso é viabilizar: 1. o acesso aos serviços; 2. infra-estrutura de serviços; 3. recursos humanos; 4. equipamentos e suprimentos (faltam medicamentos e manutenção); 5. acesso a novas tecnologias; 6. atividades de assistência à saúde com mais eficiência; 7. formulação de políticas de saúde com mais engajamento em debates políticos no âmbito nacional.

O saneamento básico, a moradia em local adequado, a vigilância sanitária e a fiscalização das águas para consumo humano integram as atribuições do Estado para o funcionamento eficaz de um sistema de saúde.

A Constituição brasileira de 1988 fez incluir, com a Emenda nº 26, de 2000, o direitos à moradia entre os direitos sociais. Também foram promulgados o Estatuto das Cidades e a Medida Provisória nº 2.220 e de 2001, que criaram normas que regulamentam instrumentos jurídicos e urbanísticos para assegura com que a função social da propriedade, o direito de moradia e o direito à cidadania possam ser materializados.

Além da falta de esgotamento sanitário e de água potável para a moradia adequada, há outro fator complicador, que é a privatização de serviços essenciais, que acabam por colocar em risco a saúde das pessoas, como, por exemplo, o acesso à água potável. Famílias pobres não podem pagar o acesso à água.

O direito à vida saudável e suas condições básicas é violado quando a pessoa passa horas em filas de emergências, é atendido com ausência de urbanidade, delicadeza e educação por funcionários ou seguranças de hospitais públicos e permanece horas em macas improvisadas nos corredores sem atendimento ou alguém é impedido por um segurança de entrar em hospital para receber a informação que tem direito, sobre familiar em estado grave.

Através de programas da OMS, por exemplo, *Saúde Como Um Ponto Para a Paz*, os profissionais de saúde estão sendo organizados em áreas de conflito real ou potencial, tentando levar estabilidade e reconstrução, à medida que os conflitos cessam, para ajudar a conciliar comunidades divididas e destruídas por lutas. Os serviços de saúde são afetados nos conflitos armados e em Moçambique e na Nicarágua o pessoal médico foi alvo específico.

Além dos problemas da saúde em regiões atingidas por conflitos há os problemas da saúde nos países em desenvolvimento, conforme o Brasil.

Somados às deficiências do sistema de saúde e de atendimento médico e hospitalar à população de baixa renda ou sem renda, estão os fatores decorrentes da insalubridade, geradora de doenças, e a falta de políticas públicas nas áreas de moradia insalubre.

O surto de dengue tornou mais evidente o colapso do sistema de saúde, na cidade do Rio de Janeiro, quanto ao atendimento médico-hospitalar, devido à ausência do município na prevenção adequada no combate aos focos do mosquito transmissor. A ausência da autoridade estatal e a politização inicial do problema, em lugar da eficiência na prevenção, resultaram em dramático episódio de mortes e desconforto para toda a população, que comprovam o despreparo e a leniência das autoridades sanitárias e de saúde para com a população do Município do Rio de Janeiro.

As pesquisas apontam que em 2003 foram constatadas 117 irregularidades pela *Agência de Vigilância Sanitária*. O censo de 2000 do IBGE mostra que a cidade de Belém abriga uma população que cresce onde 25% da cidade é ocupada por moradias precárias, que abrigam 1/3 da população, possuindo 93 favelas, enquanto que contava com 20 favelas 10 anos antes e que somente 5% da cidade contava com rede de esgoto.

O chamado aglomerado subnormal é um conjunto constituído por no mínimo 51 unidades habitacionais (casas ou barracos), ocupando ou tendo ocupado até recentemente terreno de propriedade alheia (público ou privado) e dispostos de forma desordenada e densa, carente, em maioria, de serviços públicos e essenciais.[10]

10 Gráfico de *O Globo* de 9.5.2004; ver "Pensando as Favelas do Rio de Janeiro 1906-2000", VALLADARES, Lúcia do Prado, Ed. Relume Dumará, 2003.

O grave problema do direito humano à moradia adequada não se afasta das distorções que se inserem no direito urbanístico, no direito das cidades. Em alentado estudo dos elementos do direito urbanístico, Pereira Lira, ao tratar do "inchaço das cidades, ressalta, dentre outros fatores, no âmbito nacional, o incentivo da publicidade e da mídia, principalmente da televisão, ao mostrar cores sofisticadas e atraentes uma cidade enganadoramente cativante", além da estrutura fundiária concentracionista e latifundiária e a industrialização a partir dos anos 50.[11]

O Estatuto das Cidades, Lei nº 10.257/2001, para dar melhor aplicação ao art. 182 da Constituição Federal em vigor, longe está para resolver os problemas do direito humano à moradia digna da população, porque são mais profundos os problemas da moradia, aliás expostos de modo didático por Pereira Lira.

Já se discute o direito do saneamento, que é o conjunto de serviços, infraestrutura e instalações operacionais, que são o abastecimento de água potável, esgotamento sanitário, limpeza urbana e manejo de resíduos sólidos e drenagem e manejo de águas pluviais urbanas, sendo o saneamento todo serviço prestado ou posto à disposição e instalação, segundo Antunes Alochio.[12] A Lei Federal nº 11.445/2007 traça o rol dos princípios expressos para o saneamento, no art. 2º, mas destacamos: 1. universalização de acesso ao saneamento; 2. integralidade, isto é, todas as atividades e componentes devem ser em conjunto; 3. princípio do abastecimento de água, esgotamento sanitário, limpeza urbana e manejo dos resíduos, realizados de forma adequada à saúde pública e à proteção do meio ambiente; 4. princípio da disponibilidade em todas as áreas urbanas, de serviços de drenagem e de manutenção das águas pluviais adequadas à saúde pública e à segurança da vida e do patrimônio público e privado; 5. adoção de métodos e técnicas e processos que levem em conta as peculiaridades locais e regionais; 6. articulação com as políticas públicas de desenvolvimento urbano e regional, de habitação, de combate à pobreza e de sua erradicação, de proteção ambiental, de promoção da saúde e outras de relevante interesse social, voltadas para melhorar a qualidade de vida, para as quais o saneamento básico seja fator determinante; 7. princípio da eficiência e sustentabilidade econômica; 8. utilização de tecnologias apropriadas, considerando a capacidade de pagamento dos usuários e a ado-

---

11 PEREIRA LIRA, Ricardo Cesar, *Elementos de Direito Urbanístico*, Rio de Janeiro, Renovar, pp. 342-343.

12 ANTUNES ALOCHIO, Luiz Henrique, *Direito de Saneamento*, Millenium Editora, 2007, p. 19.

ção de soluções graduais e progressivas; 9. transferência da ações, baseada em sistemas de informações e processos decisórios institucionalizados; 10. princípio de controle social; 11. princípio da segurança, qualidade e regularidade, isto também incluindo uma prestação higienicamente segura; 12. princípio da integração das infra-estruturas e serviços com gestão eficiente de recursos hídricos.

A maior parte destes princípios não foi observada na prestação destes serviços nem a prestação foi universalizada. O acesso à moradia não basta; é preciso moradia adequada e digna.

O crescimento caótico, que reflete a condição social dos habitantes da cidade, segundo Pereira Lira, que assinala a ocupação desordenada e iníqua, que determina condições dilacerantes para toda a cidade quanto à qualidade de vida, inclusive pela intensa violência urbana, conclui dentre outros aspectos a necessidade de regularização fundiária como instrumento da legitimação e urbanização de áreas em que estão assentadas a população de baixa renda, além de acertadamente criticar a Constituição em vigor, que deixou à lei complementar e à lei ordinária a definição de parâmetros básicos, cuja ausência oferece obstáculo à justa distribuição da terra, que aliás, a nosso ver, foi mais tímida do que a do período ditatorial neste aspecto.

Nota-se que São Paulo e Rio de Janeiro estão entre as cidades com maior aglomerado urbano, de acordo com a ONU, em *World Urbanization Prospects: The 2003 Revision*, que mostra as principais aglomerações urbanas, por milhões de habitantes em 2003: México, 18,7; Mombai (ex-Bombaim), 17,4; São Paulo, 17,9; Nova Dela (Índia), 14,1; Calcutá (Índia), 13,8; Xangai (China), 12,8; Rio de Janeiro, 11,2.

5. DIREITO À INCLUSÃO E AO DESENVOLVIMENTO

A exclusão social é violadora da dignidade da pessoa humana, na medida em que ela afasta o homem da participação social e política e propicia outras violações e abusos, ao inserir esta parte da população em espaço marginal na sociedade, inviabilizando o exercício pleno da cidadania.

Onde existem os sem-moradia, sem-hospital e sem-remédio, sem-salubridade, sem-trabalho, sem-alimentação, sem-assistência à criança, sem-instrução, sem-dignidade, sem-nada, há os sem-respeito à dignidade humana.

A inclusão social compõe um conjunto de direitos que insere o homem dentre aqueles que podem efetivamente reivindicar ou exigir direitos formalmente reconhecidos.

Estudos vários demonstram a urgência de pesquisa sistemática em todo o mundo para examinar o impacto da privatização da habitação, abastecimento de água e saneamento sobre os direitos humanos nas comunidades de baixa renda e marginalizados.

O objetivo é assegurar que: 1. o comércio nacional e internacional e as políticas e acordos de investimento e da dívida sejam formulados em respeito aos direitos dos indivíduos e das comunidades; 2. que os princípios que geriam as abordagens neoliberais sobre as privatizações e a comodificação (transformação em mercadoria) da habitação, água e saneamento, tais como recuperação de custos e vendas por setores rentáveis (*unbundling*), possam ser confrontados pelos princípios de direitos humanos de não-discriminação e igualdade; 3. exercício progressivo e responsabilidade social.[13]

O direito à inclusão social pressupõe o reconhecimento da indivisibilidade dos direitos humanos, nos quais estão integrados os direitos à moradia adequada, saneamento, água potável e habitação; alimentação adequada, saúde com sistema de prevenção, trabalho, educação e todas as condições indispensáveis ao desenvolvimento integral do homem, que o colocam em capacitação de ser cidadão, isto é, ter participação na vontade estatal.

Para fortalecer a efetivação do direito à inclusão social, o sistema global, com o Pacto Internacional dos Direitos Econômicos, Sociais e Culturais, possui apenas um mecanismo de monitoramento. No sistema regional interamericano já há previsões de um sistema de petições à *Comissão Interamericana de Direitos Humanos* para denunciar violações do direito à educação e aos direitos sindicais, no Protocolo de São Salvador, mas resta litigar nos outros direitos econômicos, sociais e culturais por meio de demandas por violação a direitos civis que, por ora, ficariam como "porta de entrada", como, por exemplo, o fornecimento de medicamento para portadores do HIV, com base no art. 4º da Convenção Interamericana do Direito à Vida; demissão sumária de trabalhador, com fundamento na violação do devido processo legal (caso Baena Ricardo X Panamá).

A pobreza absoluta é violação do direito humano à inclusão social. A população de rua não é incluída nos censos oficiais, sem domicílio para cumprir exigências metodológicas de pesquisas. Isto significa que os sem-terra e os sem-teto não constam das estatísticas. Os brasileiros sem acesso a endereço,

13 Direitos Humanos Sucateados, Uma Ameaça às Pessoas Pobres, Milloon Kothari, pp. 26-31, *in Observatório da Cidadania; População Pobre Versus Mercado*, Relatório 2003. Milloon Kothari é relator especial da ONU para Habitação Adequada, na Comissão de Direitos Humanos, mora em Nova Délhi, na Índia.

alcançável pelo correio, não comunicáveis ou localizáveis, demandam acessos sociais em áreas onde serviços públicos não chegam, dentre eles os povos da Amazônia.[14]

De um lado as agências, cujos interesses delimitam em agendas intervencionistas, que geram restrição de direitos, e do outro as cúpulas mundiais, que traçam agenda mínima. Mas os dados em todo o planeta indicam ainda as condições de vulnerabilidade dos direitos humanos, senão vejamos, conforme o PNUD de 1998: um bilhão sem moradia adequada, dois bilhões sem energia e 799 mulheres subnutridas; um bilhão sem acesso à água potável; 2,4 bilhões sem acesso ao saneamento básico; 878 milhões de adultos analfabetos. A FAO em 1999, relatou dois entre cada cinco crianças em desenvolvimento são raquíticas; uma em cada três crianças têm peso abaixo do normal; um entre 10 sofrem seqüelas irreversíveis.

A OMT relata que 250 milhões de crianças entre 5 e 14 anos de idade trabalham fora de casa em condições inadequadas: soldados, prostitutas, na agricultura, na construção, na indústria têxtil e produção de tapetes.

Segundo a USDA, 34 mil crianças com menos de cinco anos de idade morrem com fome ou doença evitáveis a cada dia e para a OMS, metade dos mortos, 50.000 por dia, são por causas relacionadas à pobreza. Ao todo os seis bilhões de pessoas, mais de 2,8 bilhões vivem com menos de 2,15 dólares por pessoa por dia.

Para a Cúpula Mundial da Alimentação, por 186 países, a fome é ao mesmo tempo causa e resultado, mas cinco anos depois, em 2002, nota-se que a meta não será atingida, em face da redução de famintos estar abaixo do um terço do acordado.

Cumpre ressaltar que alguns fatores contribuem para permanência da exclusão social, dentre eles o fato da carência de políticas vocacionadas para os direitos humanos das agências financeiras, conforme o Banco Mundial e o Fundo Monetário Internacional.[15]

O Relatório de Desenvolvimento Humano 2004, do Programa das Nações Unidas para o Desenvolvimento (PNUD), divulgado em julho de 2004 revelou

---

14 Ver Mapa de Exclusão/Inclusão Social, Fundo de Amparo à Pesquisa, em parceria com o Instituto Nacional de Pesquisas Especiais-INPE; ver Mapas de Fonte: PUC/SP, INPE, Polis, 2002.

15 Ver SACHS I. Desenvolvimento, Direitos Humanos e Cidadania, *in Direitos Humanos no Século XXI*, 1998, p. 56: "O desenvolvimento enquanto apropriações dos direitos humanos", *Estudos Avançados*, vol. 12, nº 33, 1998.

os 117 países analisados já não crescem conforme cresciam na década de 80, quanto à qualidade e amplitude de educação, a expectativa de vida e a renda da população e em 46 países as pessoas são mais pobres e em 125 países há mais pessoas com fome.

Cumpre assinalar que das 100 maiores economias mundiais, 51 são empresas multinacionais e 49 são Estados nacionais.

Embora seja função do Estado, e não do mercado, aliviar as conseqüências da pobreza, conforme analisam os estudos, algumas medidas podem ser tomadas em relação à empresa, dentre elas as sanções comerciais às empresas violadoras de direitos e a adoção da taxa *tobin* sobre os investimentos financeiros internacionais

À medida que a prestação de serviços privados nos últimos cinco ou 10 anos aumentou, a opinião pública registrou maior o número de episódios de disparada de preços, baixa qualidade e corrupção nos serviços essenciais de saúde, educação e abastecimento de água.

A palavra privatização vem desaparecendo para introduzir a expressão parceria público-privada (PPP).

Modelos de políticas sociais com programas de transferência de renda e implementação de pactos de solidariedade para a democracia entre a sociedade e seus diversos setores é indispensável para vencer a exclusão social no Brasil.

Capítulo XIV

OBSTÁCULOS

O primeiro dos obstáculos que entrava o exercício pleno de alguns direitos do homem é o fator cultural. A universalização dos direitos humanos exige um mínimo de valores comuns. A cultura não deve impedir que estes direito básicos sejam violados, sob o argumento dos que não querem que floresça o respeito aos direitos humanos, ou que sustentam que a tese da defesa dos direitos humanos é discurso que visa ocidentalizar o mundo.

Hoje a Ciência Médica aponta para os danos e riscos à pessoa e as pesquisas científicas para novos direitos. Ora, por mais antiga que seja a cultura de um grupo, a Ciência norteia limitações aos procedimentos humanos. A dor e o sofrimento físico e psíquicos são os mesmos em qualquer cultura, porque a estrutura biológica é igual em qualquer parte do planeta.

Outro problema é o dos conflitos étnicos. A sociedade multiétnica contém conflitos, que estão na origem de sua formação. A França e a Inglaterra, quando dividiriam a África, não quiseram dar atenção às diferenças étnicas. O mesmo ocorreu no Iraque e na Turquia, onde curdos foram obrigados a conviverem com inimigos e em outros países foram separados. A independência iraquiana, em 1958, não favoreceu a nacionalidade curda e a ascensão de ditadores acirrou os conflitos entre eles, os xiitas e os sunitas. Os Estados mais avançados, como Inglaterra, França e EUA, foram movidos por interesses próprios, utilizando a justificativa de liberdade e de democracia.

O outro obstáculo é o da garantia no âmbito jurídico. Conforme observamos nos capítulos anteriores, sem universalização da punição não há o efeito pedagógico de inibição dos Estados nas práticas abusivas. A certeza da impunidade, ainda que o direito seja reconhecido e garantido formalmente em norma legal ou tratados e convenções, facilita o desrespeito contumaz.

Também constitui obstáculo a falta de profissionais preparados para lidarem com este tipo de problema, o que acalenta as práticas abusivas. A preparação de profissionais capacitados em direitos humanos, conforme sugestões das Nações Unidas, seria um passo rumo à eficácia da defesa destes direitos e à prevenção de sua violação. O desconhecimento do tema por parte de profissionais da saúde, das polícias e dos três poderes, mantém a letargia do Estado e a apatia da população diante das violações de direitos. Urge capacitação profissional e difusão de noções básicas à população que não tem instrumentos claros e eficientes de denúncias. A Defensoria Pública, o Ministério Público e as Corregedorias estão longe de resultados satisfatórios neste campo e distantes de suas reais finalidades por várias razões, inclusive aprimoramento no tema. O despreparo notório de policiais e militares, no Brasil, ao agirem sem preparo técnico, conforme o índice de óbitos por ações nas ruas ou em comunidades carentes. Provam suas ações, dentre elas, no Estado do Rio de Janeiro, os militares que entregaram três detidos, sem qualquer ordem de prisão, para um grupo rival, que torturou e matou os jovens, e os policiais militares que desfecharam tiros de fuzis contra carro parado com mãe e dois filhos, um de poucos meses e outro de três anos, este que foi morto, tudo por engano, com a desculpa de confundir com o carro de delinqüentes que perseguiam. Em face deste episódio desumano as autoridades de segurança pública decidiram trocar o uso de fuzil por carabina, porque esta tem menor alcance para as ruas, o que confirma o despreparo dos policiais, que precisariam de treinamento correto, antes da utilização de qualquer armamento ou abordagens.

O problema da administração pública representa obstáculo ao exercício pleno de direitos humanos sociais. A estrutura administrativa brasileira não possui adequado controle formal de verbas públicas, especialmente verbas municipais e aquelas repassadas pelo governo federal, destinadas à saúde, à educação e à moradia, para saneamento básico, urbanização e hospitais, que são desviadas por conta da corrupção, que campeia sem pudor ou respeito à Lei de Improbidade Administrativa e ao Código Penal. A prestação positiva do Estado nestas áreas é prejudicada por desvio de finalidade, sintoma que indica uma administração sem participação e controle da população local, portanto não democrática.

O outro obstáculo é o econômico-social. Quanto menor a condição econômica e social, mais vulnerável e maior a incidência de violação a pessoa está sujeita, porque menores as possibilidades de informação para a denúncia e defesa das vítimas. A exclusão social, portanto, em si já é violação à dignidade da pessoa humana, mas é fator duplicador de vitimização, na medida em que constitui fator de dificuldade à denúncia e à defesa.

No âmbito interno o capital financeiro e especulativo supera o investimento do capital produtivo, sobrecarregado com a carga tributária e acaba por afetar o crescimento econômico e aumenta o desemprego.

O *Consenso de Washington*, opinião partilhada do Departamento de Tesouro, pelo Federal Reserve e pelo Departamento de Estado dos EUA, pelos Ministérios das Finanças dos países do Grupo dos Sete e pelos presidentes dos 20 maiores bancos internacionais, permanentemente ouvidos por organismos multilaterais, tem feito desaparecer gradativamente os direitos sociais, na perspectiva transformadora levando à marginalidade pessoas expulsas do mercado formal de emprego, fazendo crescer o número dos sem-renda, sem-teto, sem-comida, sem-coisa alguma, na análise realista de Morais Oura Ferreira.[1]

O aspecto político é outro entrave. A organização política e social, submetida a um sistema representativo que viceja em sociedade repleta de excluídos, tem dificuldades e resistências para construir formas de controle social ao exercício pleno de direitos humanos. Sistema representativo, modo de organização da nação, quando representa mais um grupo que outro, tende a expressar a exclusão em suas leis, em seu sistema judiciário e em seu aparato estatal, que atua a serviço dos representados, neste caso, parte apenas da população.

Na mesma linha de exclusão é preciso verificar que a ONU, organismo internacional que congrega quase todos os Estados do planeta, possui na sua estrutura o *Conselho de Segurança*, de função relevante, mas composto permanentemente por países mais ricos, em especial os EUA, o que faz com que suas decisões não sejam democráticas, por falta de representatividade. Portanto, somente quando a estrutura da ONU for reformulada será possível extrair decisões justas e imparciais.

Algumas medidas pontuais podem ser adotadas, se houver vontade política, para prevenir a violação de direitos humanos no âmbito do direito interno, dentre elas:

1. sistematização didática de direitos humanos e fixação de bibliografia básica;

2. inclusão dos direitos humanos na grade curricular, como elemento obrigatório nos Cursos de Direito e de Ciência Política, como elemento eletivo nos demais cursos, em especial de Psicologia, Medicina, Enfermagem; obrigatório nas Academias Militares e de Polícias e Escola de Magistratura; incentivo de criação de Cursos de Pós-graduação, Mestrado e Doutorado, bem como adoção do tema nas linhas de pesquisa acadêmica nos cursos de Direito, Medicina, Psicologia, Sociologia e Antropologia;

---

1 "O direito do trabalho no conjunto mais amplo dos direitos humanos. Aspectos de sua proteção jurídica no atual direito constitucional", TST, vol. 66, 2002, p. 74.

3. inclusão do tema nos concursos para o Ministério Público, Defensoria Pública, Procuradorias, Magistratura, Exame da OAB e Polícias Civil e Militar.

4. criação de Estágios em Direitos Humanos em locais de Estágios de Prática Forense;

5. incentivo às instituições que incluam prêmios para pesquisas sobre direitos humanos;

6. obrigatoriedade de relatórios e estatísticas anuais na OAB, Ministério Público, Magistratura e Comissões do Poder Legislativo sobre violação de direitos humanos;

7. campanha sistemática do governo junto aos meios de comunicação de massa sobre o tema;

8. obrigatoriedade de divulgação ampla dos relatórios de violações de direitos humanos da ONU, OEA e ONGs, em especial da *Anistia Internacional* e da *Human Rigths Watch*;

9. Varas especializadas em violação de direitos humanos; criação urgente por todo o país de varas especializadas em abusos contra crianças e adolescentes; urgente programa de prevenção primária contra abuso e violência contra criança e adolescente, em especial a violência doméstica; tipificação penal da pedofilia e prevenção primária; obrigatoriedade de políticas de acolhimento, aplicadas por todos os Estados da Federação para vítimas de abusos sexuais, violência doméstica e, em geral, se necessário à família, incluindo o aumento do número de membros do *Conselho Tutelar* e sua melhor capacitação;

10. inclusão na lista de crimes violadores de direitos humanos, com pena aumentada: matar advogados, jornalistas, professores no exercício da profissão ou em razão do exercício de suas funções, especialmente vinculados à defesa de direitos humanos;

11. pena aumentada quando o crime de qualquer natureza seja praticado contra quem esteja na defesa de direitos humanos, incluindo não apenas o homicídio, mas também o constrangimento ilegal, a calúnia e a injúria, para coibir a perseguição que sofrem os defensores de direitos humanos;

12. disque-denúncia específico para violações de direitos humanos, com um rol expresso e amplamente difundido nos meios de comunicação de massa, em todos os Estados da Federação, dentre os mais comuns: condição análoga à escravidão, maus-tratos, agressões à mulher, criança, adolescente, idosos, deficientes, moradores de rua e ciganos; exploração da prostituição, aliciamento e abuso sexual infantil; tráfico de mulheres; abusos da autoridade policial;

13. penalidades pecuniárias rigorosas, estabelecidas em lei, para estabelecimentos privados, especialmente escolas, restaurantes e hotéis, que discriminem negros, homossexuais, ciganos, índios e outros; penalidades pecuniárias mais

rigorosas, em lei, para agente público que recebe verbas destinadas especificamente à saúde, educação, construção de moradias populares e saneamento e desvia a aplicação para proveito próprio ou de outrem, vez que a lei de improbidade administrativa não vem surtindo o efeito pedagógico necessário;

14. punição mais rigorosa específica a agentes públicos em repartições públicas ou por particular que preste serviço público, quando recusarem atendimento ou praticarem maus-tratos a idosos, negros, homossexuais, ciganos e a qualquer pessoa, ou qualquer discriminação em razão da origem de nascimento ou condição social;

15. reforma estrutural do sistema prisional e exclusão da pena privativa de liberdade, para adoção de penas alternativas, para quem não ofereça risco à sociedade;

16. reforma urgente da segurança pública nos Estados da Federação, que inclua revisão das técnicas de abordagem e cursos rigorosos para policiais, a fim de evitar erros e óbitos;

17. realização urgente de mutirões, para facilitar o registro de nascimento, ou segunda via, em todo o território nacional, especialmente para os ciganos e populações das florestas, das regiões mais longínquas do Norte e Nordeste, principalmente das pessoas em idade adulta.

[illegible]

[illegible]

[illegible]

[illegible]

[illegible]

BIBLIOGRAFIA

1ª PARTE

ADLER, Laure, *Nos Passos de Hannah Arendt*, Ed. Record.

ARAGÃO, Selma, *Direitos Humanos na Ordem Internacional*, Forense, Rio de janeiro, 2000.

________. *Direitos Humanos do Mundo Antigo ao Brasil de Todos*, Forense, Rio de Janeiro, 3ª edição.

ARENDT, Hannah, *As Origens do Totalitarismo*, trad. Roberto Raje, Rio de Janeiro, 1979.

________, *Eichmann em Jerusalém – Um Relato sobre a Banalidade do Mal*, trad. José Rubens Siqueira, São Paulo, Cia. das letras, 1999.

ATHAYDE, Austragésio e IKEDA, Daisaku, *Diálogo: Direitos Humanos no Século XXI*, Rio de Janeiro, Record, 2000.

BATISTA, M.A.R.; GALVÃO, O. M. R., *Desigualdades Raciais no Mercado de Trabalho Brasileiro, Estudos Afro-Asiáticos*, Rio de janeiro, Centro de Estudos Afro-Asiáticos, nº 23, pp.71-95, 1992.

BENVENUTO Lima Jr., Jayme, *Os Direitos Humanos Econômicos, Sociais e Culturais*, Rio de Janeiro, Ed. Renovar, 2000.

BETANCOURT, Ingrid, *Carta à Mãe – Direto do Inferno*, Rio de Janeiro, Ed. Agir, 2008.

BICUDO, Hélio (coord.), *A Arquitetura Internacional dos Direitos do Homem*, São Paulo, FTD, 1997.

SANTOS, Boaventura de Souza, Uma concepção multicultural de direitos humanos, *Revista Lua Nova*, vol. 39.

BOBBIO, Norberto, *A Era dos Direitos*, trad. Carlos Nelson Coutinho, São Paulo, Campus, 1992.

________, *O Futuro da Democracia*, São Paulo, Ed. Paz e Terra, 7ª ed., 2000.

________, *Teoria Geral da Política: a Filosófica Política e as Lições dos Clássicos*, São Paulo, Ed. Campus, 2000.

________, *Liberdade e Igualdade*, Rio de Janeiro, Ediouro, 2002.

BOFF, Leonardo, *Direitos Humanos: Uma Desafio à Comunicação*, São Paulo, Edições Paulinas, 1983.

BONAVIDES, Paulo, *Curso de Direito Constitucional*, São Paulo, Malheiros, 2000.

BURDEAU, George, *Le Liberté Publique*, Librairie Génerale de Droit et de Jurisprudence, 1972,4ª edição.

CABRA, Marco Gerardo Monroy, *Los Derechos Humanos*, Bogotá, Editorial Temis Libreria.

CANOTILHO, José Joaquim Gomes, *Direito Constitucional*, 7ª ed., Coimbra, Almedina.

CAMPBELL,Tom, A pobreza como violação dos direitos humanos: justiça global, direitos humanos e empresas multinacionais, *Pobreza e Desigualdade no Brasil: Traçando Caminhos para a Inclusão Social*, organização Marlova Jovchelovitch Noleto e Jorge Werthen, Brasília, Unesco, 2003.

CANÇADO TRINDADE, Antonio Augusto, *O Esgotamento dos Recursos Internos*, 2ª ed., Brasília, UnB, 1997.

_______, *A Proteção Internacional dos Direitos Humanos. Fundamentos e Instrumentos Básicos*, São Paulo: ed. saraiva. 1991.

_______, *Tratado de Direito Internacional dos Direitos Humanos*, vol. 1 e vol. 2, Porto Alegre: Sérgio Antonio Fabris Editor, 1997 e 1999.

_______, *Memorial em prol de uma nova mentalidade quanto à proteção de direitos humanos nos planos internacional e nacional*, Anais do VI Seminário Nacional de Pesquisa e Pós-Graduação em Direito, UERJ, Rio de Janeiro, 1997.

_______, *A Recta Ratio nos Fundamentos do Jus Gentium como Direito Internacional da Humanidade*, discurso de posse, Cadeira nº 37.

CARVAZERE, Thelma Thais, *Direito Internacional da Pessoa Humana: a Circulação Internacional na Pessoa*, 2ª edição. Rio de Janeiro, Renovar.

COLLIARD, Claude-Albert, *Libertés Publiques*, 5ª ed., Précis Dalloz, 1975.

COMPARATO, Konder. *A Afirmação Histórica dos Direitos Humanos,* São Paulo, Ed. Saraiva, 2000.

DIMENSTEIN, Gilberto, *Democracia em Pedaços: Direitos Humanos no Brasil*, São Paulo, Companhia das Letras, 1996.

DONNELLY, Jack, *Universal Human Rights in Theory and Pratictive,* p. 123.

GARCIA, Emerson, *Proteção Internacional dos Direitos Humanos Breves Reflexões sobre os Sistemas Convencional e Não-Convencional*, Rio de Janeiro, Lumen Juris, 2005.

DUARTE MEDEIROS, Ana Letícia Baraúna, *Direito Internacional dos Direitos Humanos na América Latina – Uma Reflexão Filosófica da Negação da Alteridade*, Rio de Janeiro, Lumen Juris, 2006.

Michel FOUCAULT, *Vigiar e Punir*, Editora Vozes, Petrópolis.

GUERRA, Sidney, *Direitos Humanos na Ordem Jurídica Internacional e Reflexos na Ordem Constitucional Brasileira*, Rio de Janeiro, Lumen Juris.

GOMES, Joaquim B. Barbosa, Considerações sobre o instituto da ação afirmativa, *Arquivos de Direitos Humanos*, (org.), vol. 3, Rio de Janeiro, Renovar, 2001.

HASENBALG, Carlos A., Entre o mito e os fatos: racismo e relações sociais no Brasil, Dados, *Revista de Ciências Sociais*, Rio de Janeiro, vol. 2, nº 38, 1995.

HEYDECKER J.; JOE J.; LEEB, John, *O Julgamento de Nuremberg*, trad. Jaime Mas e Leite de Melo, editorial Íbis Ltda., 1962.

HERKENHOFF, João Batista, *A Construção Universal de Uma Utopia*, Ed.Santuário, São Paulo, 1997.

________, *Direitos Humanos, Uma Idéia, Muitas Vozes*, Aparecida, SP, Editora Santuário, 1998.

JARDIM, Tarciso Dal Maso, O que é o tribunal penal internacional, Brasília, *Revista de Informação Legislativa*, ano 41, nº 164, out/dez, 2004.

LAFER, Celso. *A Reconstrução dos Direitos Humanos – Um Diálogo com o Pensamento de Hannah Arendt*. São Paulo, Companhia das Letras, 1991.

________, *Ensaios sobre a Liberdade*, São Paulo, Perspectiva, 1980.

________, *A Internacionalização dos Direitos Humanos: Habitação, Racismo e Relações Internacionais*, São Paulo, Manoli, 2005.

________, Variações sobre os direitos humanos, *O Estado de São Paulo*, fls. A2, 18.02.2007.

LESSER, Jeffey H., *O Brasil e a Questão Judaica: Imigração, Diplomacia e Preconceito*, Rio de Janeiro, Imago, 1995.

Maluf, R.S., Segurança alimentar e desenvolvimento econômico na América Latina, *Revista de Política Econômica*, vol. 15, nº 1, 1995.

MATTOS, Adherbal Meira, *Direito Internacional Público*, Rio de Janeiro, Renovar, 2ª edição.

MATTOS, Renata Soares Bonavides, *Direitos do Presidiário e sua Violação*, São Paulo, Ed. Método, 2002, 215 página.

MAZUOLLI, Valério de Oliveira, *Curso de Direito Internacional Público*, São Paulo, Revista dos Tribunais, 2006.

________, *Direitos Humanos, Constituição e os Tratados Internacionais*, São Paulo, Juarez de Oliveira, 2002.

________, *Direitos Humanos e Cidadania à Luz do Novo Direito Internacional*, Campinas, Minelli, 2002.

________, *Soberania e a Proteção Internacional dos Direitos Humanos: Dois Fundamentos Irreconciliáveis*, Revista de Informação Legislativa, ano 39, nº 156, out/dez 2002, pp. 169-177.

MELLO, Celso Duvivieur Albuquerque. *Curso de Direito Internacional Público*, vols. I e II, 5ª edição, Rio de Janeiro, Renovar, 2005.

_______, *Direitos Humanos e Conflitos Armados*, Rio de Janeiro, Renovar, 1996.

_______, Antinomias dos direitos internacional dos direitos humanos, *Arquivos de Direitos Humanos* (org.), vol. 3.

_______, *Direito Constitucional Internacional*, Rio de Janeiro, Renovar, 2ª ed., 2000.

_______, Direito internacional e direitos humanos, *Arquivos de Direitos Humanos* (org.), vol. 5.

MORAES, Alexandre de, *Direitos Humanos Fundamentais*, São Paulo, Atlas, 2003.

_______, *Direito Constitucional*, São Paulo, Atlas, 2007.

MOURGEON, Jacques, *Les Droits de l'Homme*, Press Universitaires de France, 1978.

RAMOS, André de Carvalho, *Direitos Humanos em Juízo – Comentários aos Casos Contenciosos e Consultivos da Corte Interamericana de Direitos Humanos*, São Paulo, Max Limonad, 2001.

________, *Processo Internacional de Direitos Humanos: Análise dos Sistemas de Apuração de Violações de Direitos Humanos e Implementação das Decisões no Brasil*, Rio de Janeiro, Renovar, 2002.

________, *Teoria Geral dos Direitos Humanos na Ordem Internacional*, Rio de Janeiro, Renovar, 2005.

OLIVEIRA, Almir, *Curso de Direitos Humanos*, Rio de Janeiro, Forense, 2000.

PAZZIANOTTO, Almir, *100 anos de Sindicalismo*, Ed. Lex, São Paulo, 2006.

PINAUD, João Luis Duboc, *Longas Noites sem Direitos Humanos, Ópera em Quatro Atos*, Rio de Janeiro, 2005.

PIOVESAN, Flávia, *Temas de Direitos Humanos*, São Paulo, Max Limonad. 2003.

_______, *Direitos Humanos e o Direito Constitucional*, São Paulo, Saraiva, 2006.

_______, Direitos humanos e o princípio da dignidade humana, *Revista dos Advogados da Associação de Advogados de São Paulo*, ano 23, nº 70, São Paulo.

_______, *Direitos Humanos e Justiça Internacional*, São Paulo, Ed. Saraiva.

_______, *Pobreza como Violação dos Direitos Humanos: Traçando Caminhos para a Inclusão*, organização Marlova Jovchelovitch Noleto e Jorge Werthen, Brasília, UNESCO, 2000.

_______, Direitos humanos e o ensino superior, *Arquivos de Direitos Humanos*, nº 5, Rio de Janeiro, Renovar, 2003.

RODRIGUES GUERRA, Bernardo Pereira de Lucena, *Direito Internacional dos Direitos Humanos. Nova Mentalidade Emergente Pós-1945*, Curitiba, Juruá, 2006.

ROBERT, Jaques, *Liberté Publique*, Paris, Editions Montchrestein, 1971.

SAMPAIO, José Adércio Leite, *Direitos Fundamentais*, Belo Horizonte, Del Rey, 2004.

SCHWARTZ, Bernard, *Os Grandes Direitos da Humanidade*, Forense, Rio de Janeiro, 1972.

SILVA, José Afonso da, *Curso de Direito Constitucional Positivo*, São Paulo, Malheiros, 2004.

STEINER, H.; ALSTON, P., *International Human Rights in Context: Law, Politics and Morals*, 2ª ed., Oxford, Oxford University Press, 2000.

SWINNARKI, Cristophe, *O Direito Internacional Humanitário*, Núcleo de Estudos sobre a Violência, USP, Editora Revista dos Tribunais, 1990, pp.19-94.

WHITAKER DA CUNHA, Luiz Fernando, *Teoria do Estado*, Rio de Janeiro, Forense, 2ª edição.

________, *Teologia e Política*, São Paulo, Scortecci, 2005.

WOLKMER, Antonio Carlos (org.), *Direitos Humanos e Filosofia Jurídica na América Latina,* Rio de Janeiro, Editora Lumen Juris, 2004.

ZWEITER, Waldemar, *A Gênese Judaica dos Direitos Humanos*, Topbooks Editora.

2ª PARTE

ABREU, Sérgio, *Os Descaminhos da Intolerância. O Afro-Brasileiro e o Princípio da Igualdade e da Isonomia no Direito Constitucional*, Rio de janeiro, Ed. Lumen Juris, 1999.

ALVES, José Eustáquio Diniz, *Demografia, Democracia e Direitos Humanos*, Rio de Janeiro, Escola de Ciências Estatísticas, textos para discussão, 2005, p. 33.

ARAÚJO, Luiz Albero David, *A Proteção Constitucional das Pessoas Portadoras de Deficiência*, Brasília, Corde, 1997.

ARQUIDIOCESE DE SÃO PAULO, *Brasil, Nunca Mais*, 5ª ed., Petrópolis, Vozes, 1985.

ARNS, D. Paulo Evaristo, *Em Defesa dos Diretos Humanos*, Rio de Janeiro, editora Brasília/Rio, 1978.

BARRETO. Vicente, Ética e direitos humanos: aporias preliminares, *in Anais do VI Seminário Nacional de Pesquisa e Pós-Graduação em Direito*, UERJ, 1997.

BELTRÃO, Kaizô, Iwawani; TEIXEIRA, Moema de Poli, *O Vermelho e o Negro: Viéis da Cor e Gênero nas Carreiras Universitárias*, textos para discussão, nº 19, Escola de Ciências e Estatísticas, IBGE, p. 75.

BATISTA, M.A.R.; GALVÃO, O.M.R. *Desigualdades Raciais no Mercado de Trabalho Brasileiro*, Estudos Afro-Asiáticos, Rio de janeiro, Centro de Estudos Afro-Asiáticos, nº 23, pp. 71-95, dez. 1992.

CAMPBELL, Tom, *A Pobreza como Violação de Direitos Humanos: Justiça Global, Direitos Humanos e Empresas Multinacionais. Pobreza e Desigualdade no Brasil: Traçando Caminhos para a Inclusão Social*, organização Marlova Jovchelovitch Noleto e Jorge Werthein, Brasília, UNESCO, 2003.

COSTA, Sérgio, A mestiçagem e seus contrários, etnicidade e nacionalidade no Brasil contemporâneo, *Tempo Social*, USP, vol. 13, nº 1, pp. 143-158, 2001.

D'ARAÚJO, Maria Celina; SOARES, Gláucio Ary Dillon & CASTRO, Celso (org.), *Os Anos de Chumbo: Memória Militar sobre a Repressão*, Rio de Janeiro, Relume Dumará, 1994.

DUTRA, Janaína, *Desconstruindo a Sexualidade.*

FERREIRA, Elizabeth F. Xavier, *Mulheres: Militância e Memória*, Rio de janeiro, Editora Fundação Getúlio Vargas, 1996.

FERREIRA, Wolgran Junqueira, *Direitos e Garantias Individuais, Comentários ao art. 5º da Constituição Federal de 1988*, Bauru, SP, EDIPRO, 1997.

GODINHO, Robson Renault, *Direito Dos Idosos*, Lumen Juris.

GUIMARÃES, Antônio Sérgio, *Classes Sociais, Raças e Democracia*, S. Paulo, Editora 34, 2002.

HASENBALG, Carlos A., *Entre o Mito e os Fatos: Racismo e Relações Sociais no Brasil*, Dados, Revista de Ciências sociais, Rio de Janeiro, vol. 2, nº 38, 1995.

ITAXASO, María Elosegui, *La Transexulidade: Jurisprudência y Argumentación Jurídica*, Granada, Editorial Comares, 1999.

KESSLER, Tim, Do contrato social aos contratos privados: privatização banalizada, *Observatório da Cidadania 2003*, pp. 18-25.

KRISTEVA, Júlia, *O Gênio Feminino – A Vida, a Loucura, as Palavras*, Editora Rocco, 240 páginas.

MAIA, Luciano Mariz; ROCHA, Carmem Lúcia Antunes, *A Proteção das Minorias no Direito Brasileiro*, Seminário Internacional as Minorias e Direitos, Série Cadernos de CEJ, vol. 24, Brasília 2003, pp. 69-92.

MALUF, R.S., Segurança alimentar e desenvolvimento econômico na América Latina, *Revista de Política Econômica*, vol. 15, nº 1, 1995.

MATTOS, Renata Soares Bonavides, *Direitos do Presidiário e sua Violação*, São Paulo, Ed. Método, 2002.

MONTEIRO, O panorama da nutrição infantil nos anos 90, *Cadernos de Políticas Sociais*, Série Documentos para Discussão, vol. 1, 1997.

OLIVEIRA, Dijaci David de [org.], *50 Anos Depois: Relações Sociais e Grupos Socialmente Segregados*, Brasília, Movimento Nacional de Direitos Humanos, 1999.

PAZZIANOTTO, Almir, *100 anos de Sindicalismo*, Ed. Lex, 2007.

PECHENY, Mario e Lea, KORNBLIT, *Gays y Lesbicanas: Formación de la Identidad y Derechos Humanos,* Buenos Aires, La Comera, 1998.

PETCHESHY, R. Direitos sexuais: um novo direitos na prática política internacional, Barbosa, R. Parker [org.], *Sexualidade pelo Avesso: Direitos, Identidade e Poder*, S. Paulo, Editora 34, 1999.

PEREIRA LIRA, Ricardo Cesar, *Direito Urbanístico*, Rio de Jeneiro, Renovar.

PERES, Ana Paulo Ariston Barjon, *A Proteção dos Idosos,* Ed. Juruá.

PETRUCELLI, José Luis, *Raça, Etnicidade e Origem nos Censos de EUA, França, Canadá e Grã-Bretanha*, Estudos Afro-Asiáticos, ano 24, pp. 533-561, set-dez 2002.

__________, *A Cor Denominada: Estudos sobre a Classificação Étnico-Racial*, Rio de Janeiro, DP&a, 2007.

PESSANHA, Lavínia Davis Rangel, *Segurança Alimentar como um Princípio Orientador de Políticas Públicas: Implicações e Conexões para o Caso Brasil*, Tese de Doutorado, Rio de janeiro, CPDA/URRJ, 1998.

__________, *A Experiência Brasileira em Políticas Públicas para a Garantia do Direito ao Alimento*, Rio de janeiro, Textos para Discussão nº 5, Escola Nacional de Ciência Estatística, 2002. p. 67.

RISÁRIO, Antônio, *Utopia Brasileira e Movimentos Negros*, Editora 34, São Paulo.

RIOS, Roger Raupp, A discriminação por gênero e por orientação sexual, Justiça Federal da Seção Judiciário do Rio Grande do Sul, Porto Alegre, pp. 165 a 178.

__________, *O Princípio da Igualdade e a Discriminação por Orientação Sexual. A Homossexualidade no Direito Brasileiro e Norte-Americano*, São Paulo, Revista dos tribunais, 2002.

__________, *A Homossexualidade no Direito*, Porto Alegre, Livraria do advogado, Esmafe, 2001.

SALET, Ingo Wolfgang, *Dignidade da Pessoa Humana e Direitos Fundamentais*, Porto Alegre, Livraria do Advogado, 2001.

SCHWARTZMAN, S., Fora de foco: Diversidade e identidade étnica no Brasil, *Novos Estudos CEBRAP*, São Paulo, Centro Brasileiro de Análise e Planejamento, nº 5, pp. 83-96, nov. 1999.

SHUKER, Nancy, *Martin Luther King*, Nova Cultural, 1987.

SOARES, Guido Fernando Silva, Os direitos humanos e a proteção dos estrangeiros, em *Revista de Informação Legislativa*, Brasília, ano 41, nº 162, abr/jun, pp. 169-204.

VAINHA, Ronaldo, *História Indígena, Brasil: 5000 Anos de Povoamento*, IBGE, pp. 37-45.

VERÇOSA, Fabiano, Transexuais – Reconhecimento jurídico da cirurgia de mudança de sexo, *Arquivos de Direitos Humanos*, vol. 5.

Walter Claudius, Direitos Fundamentais e suas características, *Caderno de Direitos Constitucional e Ciência Política*, nº 29. out-dez -1999.

WISTRICH, Robert S., *Hitler and the Holocaust*, Modern Library Edition, New York, 2001.

JORNAIS E RELATÓRIOS

ASSOCIAÇÃO BRASILEIRA DA AGRO-INDÚSTRIA, Segurança Alimentar – Uma Abordagem Agrobusiness.

Entrevista do advogado Antônio Modesto da Silveira concedida à autora em 21.1.2008.

FOLHA DE SÃO PAULO, CARVALHO FILHO, Luis Francisco, Para reprimir ditadores e facínoras, 3.12.1998.

GLOBO, A saga da minoria mais desprezada na América, 21.5.1998, p. 7.

IBGE, Perfil dos municípios brasileiros.

_______.Síntese de Indicadores Sociais, 2004, 2006 e 2007.

_______. Pesquisa Nacional por Amostra de Domicílio, 2004 e 2006.

IPEA, Mapa da Fome, 1993.

ORGANIZAÇÃO MUNDIAL DA SAÚDE, Relatório 2003.

SECRETARIA ESPECIAL DE DIREITOS HUMANOS, *Direito à Verdade e à Memória*, relatório- livro, Comissão Especial de Sobreviventes e Desaparecidos Políticos, Brasília, 2007, 400 páginas.

Este livro foi impresso nas oficinas gráficas da Editora Vozes Ltda.,
Rua Frei Luís, 100 – Petrópolis, RJ,
com papel fornecido pelo editor.